THOMAS HENNINGS

Persönliche Haftung und Mitverschulden von Kindern im französischen Deliktsrecht

Schriften zum Internationalen Recht

Band 59

Persönliche Haftung und Mitverschulden von Kindern im französischen Deliktsrecht

Von

Dr. Thomas Hennings

Duncker & Humblot · Berlin

Die Deutsche Bibliothek – CIP-Einheitsaufnahme

Hennings, Thomas
Persönliche Haftung und Mitverschulden von Kindern im französischen Deliktsrecht / von Thomas Hennings. – Berlin : Duncker und Humblot, 1992
(Schriften zum Internationalen Recht ; Bd. 59)
Zugl.: Marburg, Univ., Diss., 1992
ISBN 3-428-07597-8
NE: GT

Fotoprint: Werner Hildebrand, Berlin 65
Printed in Germany

ISSN 0720-7646
ISBN 3-428-07597-8

Inhaltsverzeichnis

Zweiter Teil

Das französische Recht 25

Erstes Kapitel

Das Kind als Schädiger 25

Abkürzungsverzeichnis

a.A.	= anderer Ansicht
a.a.O.	= am angebenen Ort
Abs.	= Absatz
AcP	= Archiv für die civilistische Praxis
a.E.	= am Ende
a.F.	= alte Fassung
Anm.	= Anmerkung
arg.	= argumentum ex
Art.	= Artikel, Article
Ass.nat.	= Assemblée nationale
Ass.plén.	= Assemblée plénière
AtomG	= Atomgesetz
Aufl.	= Auflage
BB	= Der Betriebs-Berater
Bd.	= Band
BGB	= Bürgerliches Gesetzbuch
BGH(Z)	= Bundesgerichtshof (Entscheidungen des Bundesgerichtshofs in Zivilsachen, herausgegeben von den Mitgliedern des BGH und der Bundesanwaltschaft)
Bull.	= Bulletin des Arrêts de la Cour de Cassation
bzw.	= beziehungsweise
c.	= contre
Cass.	= Cour de Cassation
Cass.civ.II	= Cour de Cassation, deuxième chambre civile
Cass.civ.sect.soc.	= Cour de Cassation, chambre civile, section sociale
Cass.crim.	= Cour de Cassation, chambre criminelle
Cass.req.	= Cour de Cassation, chambre des requêtes
C.c.	= Code civil
ch.	= chambre
ch.corr.	= chambre correctionnelle
Chr.	= Chronique
ch.réun.	= Cour de Cassation, chambres réunies
concl.	= conclusions
C.pén.	= Code pénal
C.proc.pén.	= Code de procédure pénal
D.	= Recueil Dalloz Sirey
dact.	= dactylographié
DAR	= Deutsches Autorecht

D.C.	= Recueil critique de Jurisprudence et de Législation (Dalloz, 1941 - 1946)
ders.	= derselbe
D.H.	= Recueil Dalloz Hebdomadaire (1924 - 1940)
d.h.	= das heißt
dies.	= dieselbe
Diss.	= Dissertation
Doc.Parl.	= Documents Parlementaires
Doctr.	= Doctrine
D.P.	= Recueil Périodique et Critique Dalloz (1924 - 1940)
f.	= folgende
FamRZ	= Zeitschrift für das gesamte Familienrecht
Fasc.	= Fascicule
ff.	= fortfolgende
Fn.	= Fußnote
Fs.	= Festschrift
GG	= Grundgesetz
G.P.	= Gazette du Palais
GVG	= Gerichtsverfassungsgesetz
HPflG	= Haftpflichtgesetz
Hrsg.	= Herausgeber
hrsg.	= herausgegeben
i.d.F.	= in der Fassung
insbes.	= insbesondere
I.R.	= Informations rapides
i.V.m.	= in Verbindung mit
J.	= Jurisprudence
JA	= Juristische Arbeitsblätter
J.Cl.	= Juris Classeur Civil
J.C.P.	= Juris Classeur Périodique (La Semaine Juridique), édition générale
J.O.	= Journal Officiel
JR	= Juristische Rundschau
JuS	= Juristische Schulung
JZ	= Juristenzeitung
Kap.	= Kapitel
LG	= Landgericht
li.Sp.	= linke Spalte
LM	= Lindenmaier-Möhring, Nachschlagewerk des Bundesgerichtshofs in Zivilsachen
LuftVG	= Luftverkehrsgesetz
MDR	= Monatsschrift für Deutsches Recht
mi.Sp.	= mittlere Spalte
Motive II	= Motive der 1. Kommission zu dem Entwurfe eines Bürgerlichen Gesetzbuches für das Deutsche Reich, Band II
MünchKomm	= Münchener Kommentar zum Bürgerlichen Gesetzbuch

m.w.N.	= mit weiteren Nachweisen
Nds.Rpfl.	= Der niedersächsische Rechtspfleger
n.F.	= neue Fassung
NJW	= Neue Juristische Wochenschrift
NJW-RR	= Rechtsprechungs-Rundschau der Neuen Juristischen Wochenschrift
Nr.	= Nummer
Nrn.	= Nummern
obs.	= observations
OLG	= Oberlandesgericht
Pan.	= Panorama de Jurisprudence
parl.	= parlementaire(s)
Pasicr.	= Pasicrésie
PflVG	= Pflichtversicherungsgesetz
Protokolle II	= Protokolle der Kommission für die zweite Lesung des Entwurfs des Bürgerlichen Gesetzbuchs, Band II
RabelsZ	= Zeitschrift für ausländisches und internationales Recht, begründet von Ernst Rabel
rapp.	= rapport
Rép.Defr.	= Répertoire Defrénois
Rép.Dr.Civ.	= Répertoire de Droit Civil
re.Sp.	= rechte Spalte
Rev.crit.	= Revue critique de législation et de jurisprudence
Rev.gén.ass.terr.	= Revue générale des assurances terrestres
Rev.gén.dr.	= Revue générale de droit
Rev.trim.dr.civ.	= Revue trimestrielle de droit civil
Rev.trim.dr.comp.	= Revue trimestrielle de droit comparé
RG	= Reichsgericht
RGRK	= Reichsgerichtsrätekommentar
RGZ	= Entscheidungen des Reichsgerichts in Zivilsachen, herausgegeben von den Mitgliedern des Gerichtshofes und der Reichsanwaltschaft
Rn.	= Randnummer
S.	= Seite / Satz / Sirey
sog.	= sogenannte
Somm.	= Sommaires de jurisprudence
StGB	= Strafgesetzbuch
t.	= tome
Trib.civ.	= Tribunal civil
Trib.comm.	= Tribunal commercial
Trib.corr.	= Tribunal correctionnelle
Trib.gr.inst.	= Tribunal de grande instance
Trib.p.enf.	= Tribunal pour enfants
VersR	= Versicherungsrecht
vgl.	= vergleiche
VVG	= Gesetz über den Versicherungsvertrag

WHG	= Wasserhaushaltsgesetz
WI	= Informationen zum Versicherungs- und Haftpflichtrecht, hrsg. von Wussow
z.B.	= zum Beispiel
ZIP	= Zeitschrift für Wirtschaftsrecht
zit.	= zitiert
ZPO	= Zivilprozeßordnung
ZRP	= Zeitschrift für Rechtspolitik

Urteile der französischen Berufungsgerichte (Cours d'appel) werden nur mit dem Ort des jeweiligen Gerichts zitiert.

Einleitung

Die deliktsrechtliche Haftung Minderjähriger ist jüngst wieder in die rechtswissenschaftliche Diskussion geraten. In Deutschland stand § 828 Abs. 2 BGB sogar auf dem verfassungsrechtlichen Prüfstand, nachdem das OLG Celle am 26.5.1989 einen diesbezüglichen Vorlagebeschluß gemäß Art. 100 Abs. 1, S. 1 GG erlassen hatte[1]. Zu einer Entscheidung des Bundesverfassungsgerichts über diesen Vorlagebeschluß wird es allerdings nicht kommen, weil sich die Prozeßparteien zwischenzeitlich im Wege des Vergleichs geeinigt haben. Es bleibt aber festzuhalten, daß das OLG Celle ein deutliches Zeichen im Sinne einer stärkeren Begrenzung der Minderjährigenhaftung gesetzt hat[2].

Demgegenüber ist die jüngste höchstrichterliche Rechtsprechung in Frankreich in die entgegengesetzte Richtung orientiert. Die in Deutschland bisher wenig beachteten Grundsatzurteile des Kassationshofs vom 9.5.1984[3] haben zu einer erstaunlichen Ausweitung der Minderjährigenhaftung geführt. Vor diesem Hintergrund ist eine nähere Untersuchung der diesbezüglichen Rechtsentwicklung in Frankreich von großem Interesse.

In der Rechtspraxis schälen sich in beiden Ländern vor allem drei Fallgruppen heraus, in denen die persönliche Haftung von Kindern relevant ist. Während die Schädigungen im Straßenverkehr ein Ausfluß der modernen technischen Entwicklung sind und vor allem das Mitverschulden geschädig-

---

[1] NJW-RR 1989, 791 ff. = VersR 1989, 709 mit Anm. Lorenz = JZ 1990, 294; siehe dazu näher unten S. 9 ff.

[2] Ähnlich das LG Bremen, NJW-RR 1991, 1432, das die verfassungsrechtlichen Argumente des OLG Celle im Rahmen des § 242 BGB über die Grundsätze der unzulässigen Rechtsausübung einbringt und für bestimmte Fälle ein Leistungsverweigerungsrecht des schädigenden Kindes annimmt (insoweit einem noch weiter gehenden Ansatz von Canaris, JZ 1987, 993, 1001 f. und 1990, 679, 681 folgend); de lege ferenda für einen stärkeren Minderjährigenschutz Scheffen, ZRP 1991, 458 ff.

[3] Cass., Ass.plén., 9.5.1984, Bull.civ. Ass.plén., Nrn. 1-4, Bull.crim., Nr. 162 = D. 1984.J.525, concl. Cabannes, note Chabas = J.C.P. 1984.II.20255, obs. Dejean de la Batie, 20256, obs. Jourdain, 20291, rapp. Fédou; obs. Huet, Rev.trim.dr.civ. 1984, S. 508; siehe dazu näher unten S. 100 ff.

ter Kinder betreffen[4], sind die beiden anderen Fallgruppen zeitlos. Sie haben seit jeher zur Beschäftigung mit den sich daraus ergebenden Rechtsproblemen geführt.

Zunächst sind hier diejenigen Schädigungen zu nennen, die sich Kinder untereinander beim Spielen zufügen. Von besonderer praktischer Bedeutung sind ferner die Fälle, in denen Kinder durch das Spielen mit Feuer Schäden verursachen. Gerade im deutschen Recht ist es anhand dieser Fallgruppe in den letzten Jahren zu einer intensiven Diskussion der Kinder- und Aufsichtspflichtigenhaftung gekommen, weil durch Brände leicht enorme Schadenssummen entstehen, die das Vermögen des Kindes bzw. der Familie im Falle der Haftung mit einem Schlag vernichten oder noch für lange Zeit belasten können[5].

Man muß sich auch vor Augen halten, daß das geflügelte Wort "Eltern haften für ihre Kinder" nicht Anlaß zu Fehldeutungen geben darf: Eltern haften keineswegs immer für die durch ihre Kinder verursachten Schädigungen anderer, denn die dafür geltenden Bestimmungen sind weder in Deutschland[6] noch in Frankreich[7] im Sinne einer Gefährdungs- oder Garantiehaftung ausgestaltet. Die persönliche Haftung von Kindern ist eine Realität, auch wenn sie einer besonderen Behandlung bedarf.

Zwar ist der Zugriff auf das Vermögen des Kindes im Wege seiner persönlichen Haftung in den meisten Fällen nicht besonders lukrativ, da Kinder sich jedenfalls selbst noch kein nennenswertes Vermögen erwirtschaften können. In Einzelfällen sind aber auch Kinder schon wohlhabend, etwa durch den Anfall einer Erbschaft. Dem trägt § 829 BGB Rechnung, indem er ausnahmsweise eine Billigkeitshaftung zuläßt, die unter anderem von den "Verhältnissen der Beteiligten" und damit maßgeblich von den Vermögensverhältnissen abhängig ist[8]. Hier stellt sich ferner die Frage, ob das Eingreifen eines Haftpflichtversicherungsschutzes auf Seiten des Schädigers Auswirkungen auf das Ob und das Wieviel seiner Haftung hat[9].

---

[4] Hierzu gibt es in Frankreich ein interessantes Spezialgesetz (siehe unten S. 183 ff.), und auch in Deutschland wird zunehmend eine besondere Regelung dieser Sachverhalte gefordert und praktiziert (siehe unten S. 22 f.).

[5] Ein solcher Fall war auch der Anlaß für den vorgenannten Vorlagebeschluß des OLG Celle; siehe ferner BGH NJW 1983, 2821 = VersR 1983, 734; OLG Stuttgart, NJW 1984, 182; BGH NJW 1984, 1958, 2574; Rauscher, JuS 1985, 757; Berning/Vortmann, JA 1986, 12.

[6] Dazu jüngst Albilt: Haften Eltern für ihre Kinder? (1987)

[7] Wenn auch dort die Elternhaftung wesentlich strenger gehandhabt wird als im deutschen Recht; siehe dazu unten S. 91 ff., 122 ff.

[8] Siehe auch unten S. 16 zur Berücksichtigung der zukünftigen Entwicklung der Vermögensverhältnisse im Rahmen des § 829 BGB.

[9] Dazu näher unten S. 13 ff.

Und wenn die Einsichtsfähigkeit und das Verschulden des Minderjährigen zu bejahen sind, ist seine Vermögenslosigkeit zur Zeit der Schädigung nach geltendem Recht kein Hinderungsgrund für seine volle Haftung, die sich deshalb u.U. über Jahrzehnte erstrecken kann[10].

Soweit kein Aufsichtspflichtiger haftet und auch keine Versicherung den Schaden deckt, ist die persönliche Haftung des Kindes für den Geschädigten die einzige Möglichkeit, den erlittenen Schaden ersetzt zu bekommen. Und wenn der Geschädigte von seiner eigenen Versicherung Ersatzleistungen erhält, wird diese stets die Möglichkeit eines Rückgriffs beim Schädiger in Erwägung ziehen[11]. Neben den Besonderheiten in rechtstheoretischer Sicht ist die Frage nach der persönlichen Haftung von Kindern mithin auch von beachtlicher praktischer Relevanz.

Sofern ein Kind selbst geschädigt wird, stellen sich für die Frage einer eventuellen Anspruchskürzung aufgrund eigenen Mitverschuldens ähnliche Probleme gewissermaßen spiegelbildlich: Inwieweit kann einem Kind sein eigenes schadensmitursächliches Verhalten derart zugerechnet werden, daß es zumindest einen Teil seines Schadens selbst tragen muß? Ist dabei auch das schadensmitursächliche Fehlverhalten von Aufsichtspersonen, insbesondere der Eltern, mit anspruchhsmindernder Wirkung anzurechnen?

Die Einbeziehung der Mitverschuldensproblematik in die vorliegende Untersuchung rechtfertigt sich auch daraus, daß es oft nur mehr oder weniger zufälligen Umständen zu verdanken ist, wer als Schädiger und wer als Geschädigter in einen Schadensfall verwickelt ist. Hier ist insbesondere an die Fälle zu denken, in denen Kinder beim gemeinsamen Spiel mit gefährlichen Gegenständen hantieren. Manchmal finden sich sogar beide Beteiligte gleichzeitig sowohl in der Rolle des Schädigers wie auch in der des Geschädigten.

Bei der Suche nach einer sachgerechten Lösung der angesprochenen Probleme sind folgende Gesichtspunkte zu berücksichtigen, die der Privilegierung von Kindern in §§ 828 f. BGB zugrunde liegen:

Kinder bedürfen eines gewissen Freiraumes, um richtiges Verhalten zu lernen und einzuüben, gegebenenfalls auch im "try-and-error"-Verfahren. Denn ihnen sind die Gefährlichkeit und die Rechtswidrigkeit einzelner Verhaltensweisen oft nicht oder nicht in derselben Weise bewußt wie man es von einem Erwachsenen erwarten muß. Trotz objektiv gefährlichen oder rechtswidrigen Verhaltens ist man daher gegenüber Kindern eher zur Nachsicht geneigt. Für den durch ein Kind Geschädigten ergibt sich daraus eine

---

[10] Ein solcher Fall gab den Anlaß für den Vorlagebeschluß des OLG Celle.

[11] Diese Konstellation lag dem Vorlagebeschluß des OLG Celle zugrunde.

mißliche Lage: Selbst wenn er nicht durch eigene zumutbare Vorsichtsmaßnahmen der Gefahr entgegenwirken konnte, droht ihm die Verweigerung des Schadensersatzes, die er von jedem anderen, dem objektiven Fahrlässigkeitsmaßstab unterliegenden Schädiger beanspruchen könnte. Bei der Frage nach der persönlichen Haftung der Kinder zeigen sich eben noch Überbleibsel des ehemals herrschenden subjektiven culpa-Prinzips[12]. Dennoch ist die Lösung des Interessenkonflikts zugunsten der Kinder in § 828 BGB schon von den Vätern des BGB mit dem Korrektiv der Billigkeitshaftung nach § 829 BGB versehen worden. In Frankreich fehlt eine solche spezielle Regelung des Problems. Rechtsprechung und Lehre zeigen aber auch dort, daß besondere Wertungsmomente eine Rolle spielen, was noch im einzelnen darzulegen sein wird.

Die Erkenntnis, daß jede völlig einseitige Lösung des Interessenkonflikts problematisch ist, aber auch jede vermittelnde Lösung Schwierigkeiten mit sich bringt, führt zur Suche auch auf anderen Ebenen. Insbesondere eine strengere Haftung der Aufsichtspflichtigen könnte einerseits den Geschädigten besser stellen und andererseits die Kinder in noch größerem Maße als bisher von der Haftung entlasten. Aber auch die Interessenlage der Aufsichtspflichtigen selbst ist zu berücksichtigen und gestattet nicht ohne weiteres Schritte in diese Richtung. Denkbar und bereits vorgeschlagen ist allerdings die Verknüpfung einer derartigen Lösung bis hin zu einer Garantiehaftung mit einer obligatorischen Haftpflichtversicherung[13].

Eine umfassende Darstellung der Rechtsprechung in Deutschland und Frankreich zur Haftung der Aufsichtspflichtigen würde den Rahmen dieser Untersuchung sprengen, zumal bereits eine Untersuchung hierzu vorliegt[14]. Ein Überblick und insbesondere die neueren Entwicklungsschritte der französischen Rechtsprechung sind allerdings eingearbeitet worden, da dies die praktische Tragweite der persönlichen Haftung von Kindern mitbestimmt und für eine rechtspolitische Einschätzung der Rechtslage Berücksichtigung finden muß.

In Frankreich ist die Frage nach der persönlichen Haftung von Kindern seit langem Gegenstand rechtswissenschaftlicher Kontroversen. Das Fehlen einer speziellen Regelung des Problems hat zur Herausbildung völlig gegensätzlicher Positionen geführt. Die im Rahmen dieser Untersuchung behandelte Thematik ist ein Beispiel für den grundsätzlichen Unterschied zwi-

---

[12] Zu diesem und der sich anschließenden objektivierenden Entwicklung Leser, AcP 183 (1983), S. 568, 587 ff.

[13] Siehe zu diesen Ansätzen unten S. 120 ff.

[14] Aden: Die Haftung der Eltern für die unerlaubten Handlungen ihrer Kinder im französischen und deutschen Recht, Diss. Bonn 1972.

schen dem deutschen und dem französischen Deliktsrecht. Der in dreißig Paragraphen gefaßten, verhältnismäßig minutiösen Regelung des BGB (§§ 823-853) steht ein vorwiegend auf Generalklauseln gestütztes System von ganzen fünf Artikeln gegenüber (Artt. 1382-1386 C.c.). Der Rechtsanwender hat in Frankreich daher notwendigerweise einen größeren Entscheidungsspielraum.

Dies kann zwar die Einzelfallgerechtigkeit fördern, birgt aber auch die Gefahr der Unberechenbarkeit. Das französische Deliktsrecht hat gerade in den letzten Jahrzehnten eine sehr veränderliche und nicht immer kohärente Entwicklung durchgemacht. Die gesetzgeberischen Eingriffe haben die Unklarheiten dabei eher noch gefördert[15]. Dies betrifft insbesondere das Opfermitverschulden und die persönliche Haftung der nach deutschem Recht verschuldensunfähigen Personen, wie im einzelnen zu zeigen sein wird. Oft sind hier diametral entgegengesetzte Lösungen einander gefolgt, die sich teilweise deutlich von den Lösungen des deutschen Rechts abheben. Dies ist angesichts der nicht allzu sehr divergierenden Lebensumstände in beiden Ländern ein bemerkenswerter vergleichender Befund, zumal das zusammenwachsende Europa zunehmend nach Rechtsvereinheitlichung strebt.

Die Einschätzung der französischen Rechtsprechung wird durch den thesenhaften Urteilsstil vor allem des Kassationshofs erschwert. Die Gründe, die die Gerichte zu ihren Entscheidungen bewegt haben, sowie die Tragweite der Urteile bleiben dadurch oft im Dunkeln[16]. Die folgende Untersuchung wird nach einem rekapitulierenden Überblick über das deutsche Recht schwerpunktmäßig die einzelnen Entwicklungsschritte im französischen Recht darstellen und analysieren.

[15] Vgl. die Einschätzung bei Wiederkehr, S. 117: "Le droit de la responsabilité ayant au fil des années perdu sa cohérence et étant devenu d'un casuistisme qui se concilie mal avec l'esprit du droit français, on aspire à nouveau à un certain classicisme..."

[16] Dazu auch in Frankreich kritisch Touffait/Tunc, Rev.trim.dr.civ. 1974, S. 487 ff. sowie speziell zur Haftung Minderjähriger Durry, obs. Rev.trim.dr.civ. 1976, S. 784 und Wibault, note J.C.P. 1980.II.19339.

Erster Teil

Überblick über das deutsche Recht

Erstes Kapitel

Das Kind als Schädiger

Erster Abschnitt

Die deliktsrechtliche Haftung (§§ 823 ff. i.V.m. 828 f. BGB)

Für die persönliche Haftung von Kindern gelten grundsätzlich die gleichen Anspruchsgrundlagen wie für die Haftung Erwachsener, also §§ 823 ff. BGB. Sonderregelungen enthalten jedoch § 828 BGB für die Deliktsfähigkeit, d.h. für die Anwendbarkeit dieser Anspruchsgrundlagen gegenüber Minderjährigen, sowie § 829 BGB, der eine Billigkeitshaftung der deliktsunfähigen Personen normiert. Diese Sonderregelungen sowie die Besonderheiten bei der Prüfung des Verschuldens sollen im folgenden kurz dargestellt werden.

A. Die Deliktsfähigkeit gemäß § 828 BGB und die Besonderheiten bei der Prüfung des Verschuldens

§ 828 BGB unterscheidet zwei Altersgruppen: Kinder, die noch nicht das 7. Lebensjahr vollendet haben, sind nach Abs. 1 nicht deliktsfähig und haften daher grundsätzlich nicht[1]. Da es hier nur auf das objektiv bestimmbare Alter ankommt, bereitet dieser Tatbestand keine Schwierigkeiten bei der Rechtsanwendung. Für die Berechnung des Lebensalters gilt § 187 Abs. 2 S. 2 BGB.

Erheblich problematischer ist Abs. 2 der Regelung: Minderjährige, die das 7., aber noch nicht das 18. Lebensjahr vollendet haben, sind nicht deliktsfähig, wenn sie bei der Begehung der schädigenden Handlung nicht "die zur Erkenntnis der Verantwortlichkeit erforderliche Einsicht" haben.

---

[1] Zur Billigkeitshaftung gemäß § 829 BGB siehe unten zu B., S. 11 ff.

I. Der Ausschluß der voluntativen Reife aus dem Anwendungsbereich des § 828 Abs. 2 S. 1 BGB

Bedeutsam ist zunächst, daß die dem § 56 StGB in der zur Zeit der Schaffung des BGB geltenden Fassung nachgebildete Regelung nur die intellektuelle oder auch Verstandesreife erfaßt. Die voluntative Reife im Sinne der Fähigkeit zur entsprechenden Willensbestimmung (Steuerungsfähigkeit), die etwa durch altersbedingte Neugier, Unbekümmertheit oder wegen des kindlichen Spieltriebs ausgeschlossen sein kann, ist bewußt aus § 828 BGB herausgelassen worden, obwohl sie bereits zu jener Zeit, vor allem in der strafrechtlichen Literatur, zunehmend als notwendiges Element der Zurechenbarkeit angesehen wurde[2].

Im Strafrecht ist das Erfordernis der voluntativen Reife 1923 in die § 56 a.F. ablösende Regelung des § 3 JGG aufgenommen und in dessen neuerer Fassung vom 11.12.1974 bestätigt worden. Eine entsprechende Anpassung des § 828 Abs. 2 BGB ist nicht erfolgt, obwohl sie wiederholt gefordert worden war[3]. Dem Versuch, das volitive Element in § 828 Abs. 2 S. 1 BGB hineinzulesen[4], hat der BGH eine Absage erteilt. Dies zu entscheiden sei Sache des Gesetzgebers, zumal Strafe und Ersatzpflicht von unterschiedlichen Voraussetzungen abhängig gemacht werden könnten[5]. Der voluntative Entwicklungsstand wird vielmehr nach Bejahung der Einsichtsfähigkeit beim Verschulden unter Zugrundelegung eines alterstypischen, insoweit aber objektiven Sorgfaltsmaßstabs geprüft[6]. Dies ist ein Beispiel für den mittlerweile charakteristischen Unterschied zwischen den notwendig subjektiven Erwägungen bei der strafrechtlichen Verschuldenshaftung und der aus Gründen des Verkehrsschutzes zunehmend objektiv typisierenden zivilrechtlichen Verschuldenshaftung. Wenn die Haftung nicht mangels Deliktsfähigkeit, sondern wegen der alterstypisch herabgesetzten Sorgfaltsfähigkeit mangels Verschuldens verneint wird, ist die Billigkeitshaftung nach § 829 BGB analog anwendbar[7].

---

[2] Nachweise bei Geilen, FamRZ 1965, 401 f. sowie Waibel, S. 50 ff.

[3] Beschlüsse des 34. Deutschen Juristentags 1926, Bd. II, S. 514 nach dem entsprechenden Vorschlag von Goldschmidt, S. 456; in Band I auch die entsprechenden Vorschläge in den Gutachten von Dölle, S. 118 ff., und Reichel, S. 168; Art. 1 Nr. 7 des Referentenentwurfs für ein Gesetz zur Änderung und Ergänzung schadensersatzrechtlicher Vorschriften von 1967, sowie in Band II, S. 72 ff. die Begründung dazu.

[4] Mezger, MDR 1954, 598; Koebel, NJW 1956, 969, Fn. 8.

[5] BGH JZ 1970, 616 (617) mit Anm. Teichmann; BGH FamRZ 1984, 764 (765).

[6] Siehe die vorstehend zitierten Urteile sowie BGH LM Nrn. 1 und 3 zu § 828, Nr. 2 zu § 276 (Be); BGHZ 39, 281.

[7] Siehe unten S. 11 f.

II. Die Konkretisierung und Anwendung der Einsichtsfähigkeit

Die allgemeine Definition der Einsichtsfähigkeit ist seit der grundlegenden Entscheidung des Reichsgerichts aus dem Jahre 1902[8] unverändert geblieben. Einsichtsfähig ist demzufolge, wer nach seiner geistigen Enwicklung in der Lage ist, das Unrechtmäßige seiner Handlung und zugleich die Verpflichtung zu erkennen, in irgendeiner Weise für die Folgen seiner Handlung selbst einstehen zu müssen[9].

Für die letztgenannte Verantwortlichkeitseinsicht kommt es nicht auf die Erkennbarkeit der im Einzelfall einschlägigen rechtlichen Sanktion an, sondern nur auf das allgemeine Verständnis, für die eigene Handlung einstehen zu müssen[10]. Die Fähigkeit zur Unrechts- und Verantwortlichkeitseinsicht wird aus der Erkennbarkeit der mit der Handlung verbundenen Gefahren für die Rechtsgüter anderer hergeleitet.

Im Hinblick auf diese Gefahreneinsicht hat die Rechtsprechung eine Wandlung durchgemacht, die den Anwendungsbereich des § 828 Abs. 2 S. 1 BGB stark eingeschränkt hat. Während das Reichsgericht nämlich noch die Erkennbarkeit der konkreten, sich im Schaden realisierenden Gefahr verlangte[11] und insoweit eine Teilüberschneidung mit der Fahrlässigkeitsprüfung konzedierte[12], läßt der BGH die Fähigkeit zur Erkenntnis einer allgemeinen, von der konkreten Tatsituation abstrahierten Gefährlichkeit ausreichen[13]. Dadurch wird heutzutage die Einsichtsfähigkeit meistens ohne Schwierigkeiten bejaht und die eigentliche Problematik in die Prüfung der Fahrlässigkeit verlagert[14].

III. Der alterstypische Sorgfaltsmaßstab beim Verschulden als ergänzendes Schutzinstrument

Wie vorstehend unter I. und II. festgestellt, führen die Auslagerung der Steuerungsfähigkeit aus dem Anwendungsbereich des § 828 Abs. 2 BGB sowie die restriktive Handhabung der Norm im Hinblick auf die Gefahrenein-

[8] RGZ 53, 157.

[9] BGH LM Nr. 3 zu § 828 BGB = FamRZ 1957, 254; FamRZ 1965, 133.

[10] RGZ 53, 160; BGH VersR 1954, 118; 1957, 415.

[11] RGZ 53, 158 f.

[12] Geilen, FamRZ 1965, 402 a.E.

[13] BGH FamRZ 1964, 202 = VersR 1964, 285; FamRZ 1965, 132; 1984, 764; mit Recht kritisch zur Methodik Geilen FamRZ 1965, 402 ff. und Waibel, S. 102 ff.

[14] Nachweise bei Geilen, FamRZ 1965, 404 f.; vgl. die Kasuistik in der Rechtsprechung zur Deliktsfähigkeit und zum alterstypischen Sorgfaltsmaßstab bei RGRK/Steffen, § 828 Rn. 7 ff.; umfassend monographisch Waibel, S. 87 ff.

sicht dazu, daß die von § 828 Abs. 2 BGB nicht erfaßten Reifemängel durch die Anwendung eines alterstypischen Sorgfaltsmaßstabs bei der Prüfung des Verschuldens gemäß § 276 BGB berücksichtigt werden.

Diese Verlagerung der Prüfungspunkte ist nicht nur rein technischer Natur. Es ergeben sich aus ihr beachtliche, sich auch im praktischen Ergebnis auswirkende Unterschiede. Der alterstypische Sorgfaltsmaßstab richtet sich nämlich nach den objektiv bestimmten Anforderungen an das Verhalten eines durchschnittlichen Minderjährigen derjenigen Altersgruppe, der auch der Schädiger angehört. Wenn ein Jugendlicher wegen seines individuell schwächeren Entwicklungsstandes diesen Anforderungen nicht gerecht werden kann, entlastet ihn das nicht[15]. Andererseits ergibt sich eine Verschiebung der Beweislast zu seinen Gunsten: Während der Schädiger seine Einsichtsunfähigkeit beweisen muß, obliegt dem Anspruchsteller der Beweis für das Verschulden des Schädigers.

Allerdings werden die Auswirkungen der Differenzierung von Deliktsfähigkeit und Verschulden dadurch in Grenzen gehalten, daß § 829 BGB entsprechend angewendet wird, wenn zwar die Einsichtsfähigkeit bejaht, das Verschulden hingegen wegen der Anwendung des alterstypischen Sorgfaltsmaßstabs mangels Erkennbarkeit der konkreten Gefahr verneint wurde[16].

IV. Der Vorlagebeschluß des OLG Celle gemäß Art. 100 Abs. 1 S. 1 GG vom 26.5.1989 über die Verfassungsmäßigkeit des § 828 Abs. 2 BGB

Daß auch der durch § 828 BGB sowie durch den alterstypischen Sorgfaltsmaßstab bewirkte Minderjährigenschutz in bestimmten Fällen als nicht ausreichend erscheint, hat ein Vorlagebeschluß des OLG Celle vom 26.5. 1989[17] deutlich gemacht. Zwei Jugendliche im Alter von 14 und 15 Jahren hatten in einem Anbau einer Firmenhalle ein Telefonbuch angezündet, um sich zu wärmen. Vor dem Verlassen des Gebäudes hatten sie das Feuer ausgetreten, versehentlich aber nicht vollständig, so daß Reste weiterglimmten und zum Brand des Gebäudes führten.

Der Schaden beläuft sich nach einem Sachverständigengutachten auf fast eine halbe Million DM und war zunächst von der Feuerversicherung des Geschädigten übernommen worden, die sich im Rückgriff aus übergegangenem Recht an die Schädiger hielt. Die Beklagten waren einsichtsfähig und

---

15 OLG Celle, NJW-RR 1989, 791 (792) = VersR 1989, 709.

16 Siehe unten S. 11 f.

17 NJW-RR 1989, 791 = VersR 1989, 709 mit Anm. Lorenz = JZ 1990, 294.

handelten auch nach dem alterstypischen Sorgfaltsmaßstab leicht fahrlässig[18]. Ein Beklagter war haftpflichtversichert, der andere jedoch nicht.

Die drohende Verpflichtung zum Schadensersatz hätte nach den Berechnungen des OLG Celle zur Folge, daß der nicht versicherte Beklagte selbst bei geregeltem Arbeitseinkommen über Jahrzehnte hinweg wirtschaftlich nicht über den Status eines Sozialhilfeempfängers hinauskäme. Seine gesamte Lebensplanung würde daher derart beeinträchtigt werden, daß ein würdevolles und freies Leben im Sinne der Artt. 1, 2 GG nicht mehr möglich wäre. Zwar könnten auch Erwachsene als Folge leicht fahrlässigen Verhaltens in diese Situation geraten. Sie seien jedoch im Gegensatz zu Minderjährigen in der Lage, sich selbst durch den Abschluß einer Haftpflichtversicherung vor diesen Folgen zu schützen[19]. Im beruflichen Bereich werde ein hinreichender Schutz durch die arbeitsrechtlichen Grundsätze der gefahrgeneigten Arbeit erreicht.

Das Gericht bezeichnet das Nichtabschließen einer den Beklagten entlastenden Haftpflichtversicherung seitens der Eltern als Pflichtverletzung und unzulängliche Wahrnehmung ihrer Erziehungsaufgaben, so daß das staatliche Wächteramt nach Art. 6 Abs. 2 GG zum Schutze der Kinder fruchtbar gemacht werden müsse.

Zur Begründung der Verfassungswidrigkeit des gegenwärtigen Rechtszustands deutet das OLG Celle sachgerechte Alternativlösungen an, die der Gesetzgeber aufgreifen könnte. Es nennt Art. 1 Nr. 7 des Referentenentwurfs zur Änderung und Ergänzung schadensersatzrechtlicher Vorschriften von 1967 sowie die Reformvorschläge von Bars[20], die in allen Fällen einer Schädigung durch 7- bis 17jährige bzw. auch durch die noch jüngeren Minderjährigen eine umfassende Billigkeitsabwägung vorsehen. Auch die inzwischen mehrfach vorgeschlagene[21] gesetzliche Pflichtversicherung der Eltern für von ihren Kindern verursachte Schädigungen als rechtlich einfachere Lösung wird genannt.

---

[18] Canaris, JZ 1990, 681 erwägt demgegenüber eine vorsätzliche Eigentumsverletzung für den Fall, daß das angezündete Telefonbuch dem Firmeninhaber gehörte, so daß der Brandschaden am Gebäude ein von der haftungsausfüllenden Kausalität erfaßter Folgeschaden wäre.

[19] Kritisch zu dieser und zu der nachfolgend genannten, aus dem Arbeitsrecht hergeleiteten Differenzierung Canaris, JZ 1990, 680.

[20] In: Gutachten und Vorschläge, Band II, S. 1739 f., 1762.

[21] von Hippel, FamRZ 1968, 574 (575); Kötz, Deliktsrecht, Rn. 332, S. 122; Berning/Vortmann, JA 1986, 15 (letztere allerdings mit dem in sich widersprüchlichen Vorschlag, die persönlichen Haftung von Kindern aus dem Versicherungsschutz herauszulassen).

Das OLG Celle kommt infolgedessen zu dem Ergebnis, daß § 828 Abs. 2 BGB jedenfalls in denjenigen Fällen nicht mit Artt. 1, 2 und 6 Abs. 2 S. 2 GG vereinbar sei, in denen Minderjährige im Alter zwischen 7 und 17 Jahren in existenzvernichtender Weise in Anspruch genommen werden, obwohl ihnen einerseits nur leichtes Verschulden vorzuwerfen, andererseits aber die finanzielle Entschädigung des Opfers von dritter Seite gewährleistet ist.

Auf die Fundiertheit des Vorlagebeschlusses[22] ist hier nicht näher einzugehen. Er verdeutlicht jedoch, daß die Haftung Minderjähriger ein vielschichtiges Problem ist, für dessen Lösung ein Blick über die deutschen Grenzen hinaus lohnenswert ist.

B. Die Billigkeitshaftung gemäß § 829 BGB

Die Haftungsfreistellung der einsichtsunfähigen Personen kann zu unbilligen Härten führen, wenn der Geschädigte auch keine zur Beaufsichtigung des einsichtsunfähigen Schädigers verpflichtete Person in Anspruch nehmen kann. Dieser Situation trägt § 829 BGB Rechnung, indem er in solchen Fällen ausnahmsweise einen direkten Anspruch gegen den Schädiger gewährt.

I. Der Anwendungsbereich

Die Norm ist keine selbständige Anspruchsgrundlage, sondern überspielt nur in Ausnahmefällen das für die Verschuldenstatbestände des Deliktsrechts geltende Erfordernis der Deliktsfähigkeit[23].

Eine sachgerechte Ausdehnung des Anwendungsbereichs von § 829 BGB hat die Rechtsprechung vorgenommen, indem sie die Norm entsprechend anwendet, wenn bei einem Minderjährigen zwischen 7 und 17 Jahren zwar die Einsichtsfähigkeit bejaht, hingegen das Verschulden wegen des alterstypischen Sorgfaltsmaßstabs abgelehnt wurde[24]. Hiergegen ist teilweise eingewendet worden, daß § 829 BGB ausweislich seiner Entstehungsgeschichte gerade nicht bei fehlender Schuld trotz bestehender Deliktsfähigkeit an-

---

[22] Siehe dazu inzwischen Lorenz, Anm. zum Vorlagebeschluß des OLG Celle, VersR 1989, 711 ff.; Kuhlen, JZ 1990, 273 ff. sowie Canaris, JZ 1990, 679 ff.

[23] Zur Frage, ob das schädigende Verhalten objektiv sorgfaltswidrig gewesen sein muß: bejahend Deutsch, JZ 1964, 90 und Haftungsrecht I, S. 314; anders aber RGZ 146, 213 (217); BGHZ 39, 281. Die Frage, ob die Schädigung mit "natürlicher Schuld" begangen worden sein muß, verneinen Rechtsprechung und herrschende Lehre; vgl. Staudinger/Schäfer, § 829 Rn. 24 ff.

[24] BGHZ 39, 281 = NJW 1963, 1609; Leitsatz in LM Nr. 5 zu § 829 BGB mit Anm. Hauss sowie in VersR 1964, 385.

wendbar sein sollte[25]. Inzwischen ist die erwähnte Rechtsprechung aber weitgehend gebilligt worden[26]. Das ist gerechtfertigt, denn in diesen Fällen geht es um der Einsichtsunfähigkeit gleichwertige Reifemängel. Angesichts des vorangegangenen Wandels der Rechtsprechung zur Gefahreneinsicht[27] drängte sich diese Lösung geradezu auf. Die Gleichwertigkeit der altersbedingten Steuerungsunfähigkeit ist im Strafrecht seit langem anerkannt[28].

II. Die Erforderlichkeit der Schadloshaltung

Der entscheidende Gesichtspunkt für die Gewährung eines Anspruchs nach § 829 BGB ist die Erforderlichkeit der Schadloshaltung. Dabei darf zunächst von keinem aufsichtspflichtigen Dritten Ersatz zu erlangen sein, und dem Deliktsunfähigen dürfen nicht die Mittel zum angemessenen eigenen Unterhalt sowie zur Erfüllung seiner gesetzlichen Unterhaltspflichten entzogen werden (sog. Schonvermögen). § 829 BGB nennt ferner allgemein "die Umstände" als Abwägungsfaktoren.

1. Die zu berücksichtigenden Umstände

Bei den für die Billigkeitsabwägung zu berücksichtigenden Umständen werden "insbesondere" die Verhältnisse der Beteiligten hervorgehoben. Diesbezüglich ist ein erhebliches wirtschaftliches Gefälle zugunsten des Schädigers erforderlich, so daß es unbillig wäre, den Geschädigten den Schaden allein tragen zu lassen[29]. Daher stammen die gelegentlich anzutreffenden Bezeichnungen "Millionärsparagraph" bzw. "richesse oblige". Bei Minderjährigen werden auch die Vermögensverhältnisse der Unterhaltsverpflichteten berücksichtigt[30].

Neben den wirtschaftlichen Verhältnissen spielen aber auch die konkreten Tatumstände eine Rolle[31]. Dazu gehören der Anlaß, der Hergang und die Folgen des Schadensfalls, dabei insbesondere die Gefährlichkeit und die

---

[25] Nachweise bei Staudinger/Schäfer, 10./11. Aufl., § 829 Rn. 38.

[26] Nachweise bei Staudinger/Schäfer, § 829 Rn. 38.

[27] Siehe oben S. 8.

[28] Siehe oben S. 7.

[29] BGHZ 76, 279 (284); BGH VersR 1958, 485; NJW 1979, 2096.

[30] BGH NJW 1979, 2096; Staudinger/Schäfer, § 829 Rn. 43; RGRK/Steffen, § 829 Rn. 13; MünchKomm/Mertens, § 829 Rn. 20; Koebel, NJW 1956, 969; Enneccerus/Lehmann, § 260 I 4; a.A. OLG Köln, VersR 1981, 267.

[31] Deutsch, Haftungsrecht I, S. 314; MünchKomm/Mertens, § 829 Rn. 20; Staudinger/Schäfer, § 829, Rn. 43.

Stoßrichtung des Verhaltens sowie die Schwere der Verletzung, der Entwicklungsstand des Schädigers im Hinblick auf seine Einsichts- und Steuerungsfähigkeit sowie ein eventuelles Mitverschulden des Geschädigten[32].

2. *Die Berücksichtigung bestehenden Versicherungsschutzes*

Damit ist ein wichtiges aktuelles Problem angesprochen. Zur Zeit der Schaffung des § 829 BGB waren Haftpflichtversicherungen noch nicht üblich wie heute. Da sie das Vermögen des Versicherten vor haftungsrechtlicher Inanspruchnahme schützen sollen, stellt sich die Frage, ob und inwieweit sie bei der Abwägung der Vermögensverhältnisse zu berücksichtigen sind.

Nach dem traditionellen "Trennungsprinzip" folgt die Versicherung der Haftung (arg. § 149 VVG) und beeinflußt diese umgekehrt nicht, so daß die Haftpflichtversicherung des Schädigers bei der Anwendung des § 829 BGB keine Rolle spielen dürfte. Die Haftpflichtversicherung hat jedoch einen deutlichen Funktionswandel durchgemacht, in dessen Verlauf sie zunehmend auch darauf ausgerichtet wurde, die Entschädigung des Opfers zu gewährleisten[33]. Die wichtigsten Entwicklungsabschnitte sind dabei das Schicksal des Anspruchs im Konkurs des Versicherungsnehmers, geregelt in § 157 VVG, der Wandel vom auch durch Dritte pfändbaren Zahlungs- zum nur durch den Geschädigten pfändbaren Befreiungsanspruch des Versicherungsnehmers gegen den Versicherer, heute geregelt in § 156 Abs. 1 VVG, die Idee der Pflichtversicherung mit ihrer Regelung in §§ 158 b ff. VVG, insbesondere die Garantie der Entschädigung durch den Versicherer, wenn dieser dem Versicherungsnehmer gegenüber von der Leistung befreit ist (§ 158 c Abs. 1 VVG), sowie der bisher nur für Unfälle im Straßenverkehr geltende Direktanspruch des Geschädigten gegen den Versicherer gemäß § 3 Nr. 1 PflVG.

Außerdem ist nicht zu verkennen, daß das Vorhandensein einer Haftpflichtversicherung auf Seiten des Schädigers in der Rechtspraxis schon seit langem trotz des Trennungsprinzips in § 149 VVG zur Objektivierung der Verschuldenshaftung und damit im Ergebnis zur Haftungsausweitung beigetragen hat, auch wenn dieser Umstand für gewöhnlich in den Urteilsgründen nicht als maßgeblicher Faktor erwähnt wird[34].

---

[32] Zur Anwendbarkeit des § 829 BGB im Rahmen des 254 BGB siehe unten S. 21 f.

[33] Dazu eingehend von Bar, AcP 181 (1981), S. 289 ff.; zur weitgehend parallelen Entwicklung in Frankreich Lambert-Faivre, Rev.gén.assur.terr. 1987, S. 193 ff.

[34] von Bar, AcP 181 (1981), S. 289 ff.; für das französische Recht Viney, Le déclin de la responsabilité individuelle; dies., Traité, S. 24-33; Tunc, D. 1975, Chr. 83 (86); aus internationaler Sicht Markesinis, Rev.trim.dr.comp. 1983, S. 301 ff.

Die Rechtsprechung hat der Haftpflichtversicherung dementsprechend in einer vorsichtigen und noch nicht abgeschlossenen Entwicklung einen zunehmenden Einfluß auf die Anwendung des § 829 BGB zugestanden, wobei sie allerdings immer noch eine vermittelnde Position hält.

Anfangs sah sie im freiwilligen Versicherungsschutz des Schädigers in Anlehnung an die für die Bemessung des Schmerzensgeldes gemäß § 847 BGB entwickelten Grundsätze einen unter vielen bei der Abwägung zu berücksichtigenden Umstände, der aber vorrangig für die gemäß § 829 BGB erhebliche Frage von Bedeutung war, ob dem Schädiger durch die Ersatzleistung die erforderlichen Mittel für den eigenen Unterhalt und die zur Erfüllung seiner gesetzlichen Unterhaltspflichten entzogen würden[35]. Der freiwillige Versicherungsschutz spielte also zunächst eine eher untergeordneter Rolle.

Im nächsten Entwicklungsabschnitt differenzierte der BGH für die freiwillige Haftpflichtversicherung nach dem Grund und der Höhe des Anspruchs. Da eine Haftpflichtversicherung kein haftungsbegründender Umstand sein könne, finde sie nur bei der konkreten Bemessung des zuvor aufgrund anderer Umstände bejahten Anspruchs Berücksichtigung[36]. Später deutete der BGH an, daß dies ausnahmsweise bei besonderer Intensität des Angriffs und Eingriffs anders sein könne, nicht aber bei gewöhnlichen Verletzungen im Rahmen von Kinderspielen, die zum durch Unfallversicherungen abgedeckten Bereich des allgemeinen Unfallrisikos zu rechnen seien[37].

Die Differenzierung zwischen Grund und Höhe des Anspruchs wurde in der Lehre überwiegend als halbherzig und unlogisch empfunden. Die vermögenssichernde Funktion der Haftpflichtversicherung müsse zu ihrer grundsätzlichen Anerkennung als Vermögenswert führen, zumal ihr oben beschriebener Funktionswandel eine unmittelbare Rückwirkung auf das Haftungsrecht zeitige[38].

Wenig später gestand auch der BGH die Untauglichkeit einer Differenzierung zwischen Grund und Höhe der Haftung ein, vermochte sich aber noch nicht zu einer unbeschränkten Berücksichtigung des Versicherungs-

---

[35] BGHZ 23, 90 (99).

[36] BGH LM Nr. 2 zu § 829 BGB = NJW 1958, 1630 = VersR 1958, 485; NJW 1962, 2201 = VersR 1962, 811; NJW 1963, 1609, 1610; 1969, 1767.

[37] BGH LM Nr. 8 zu § 829 BGB = NJW 1979, 2096 = JR 1980, 18 mit Anm. Knütel.

[38] Deutsch, Haftungsrecht I, S. 315; ders., Unerlaubte Handlungen, Rn. 141, S. 75; Knütel, Anm. zu BGH JR 1980, 20; Kötz, Deliktsrecht, Rn. 326 ff., S. 119 f.; a.A. Rodopoulos, S. 74 ff.; weitere Nachweise in BGH NJW 1979, 2096.

schutzes durchzuringen[39]. Im Ergebnis brachte die Entscheidung für den Bereich der freiwilligen Haftpflichtversicherung keine wesentliche Änderung der Rechtsprechung. Denn der BGH greift in dem Bestreben, nicht ein Vermögen in Höhe der von der Versicherung gedeckten Höchstsumme zu "fingieren", doch wieder auf die versicherungsunabhängige Vermögenslage als Grundlage der Berechnung zurück. Die Entschädigungssumme sei zwar unter Berücksichtigung des Versicherungsschutzes zu bestimmen, dürfe aber "nicht jeden Zusammenhang mit den wirtschaftlichen Möglichkeiten des Schädigers verlieren"[40].

Der oben beschriebene Funktionswandel der Haftpflichtversicherung sei nur im Bereich der gesetzlichen Pflichtversicherung und möglicherweise auch bei den einer Standespflicht entsprechenden Berufshaftpflichtversicherungen bereits so weit gediehen, daß es zu einer weiter gehenden Berücksichtigung des Versicherungsschutzes kommen könnte. Allerdings sind Kinder praktisch nie pflichtversichert, so daß diese Erwägungen für den Bereich der Kinderhaftung kaum relevant werden dürften. Im Bereich der freiwilligen Versicherung stellt der BGH[41] darauf ab, daß ihr Funktionswandel für die Zielsetzung und die kalkulatorischen Grundlagen der Versicherungsverträge noch keine entscheidende Bedeutung erlangt habe. Zwar sei die volle Deckung nicht zurechenbarer rechtswidriger Schädigungen wünschenswert, zur Zeit aber nur durch eine besondere Versicherungsform oder eine Ergänzung der Privathaftpflichtversicherung über ihren eigentlichen Inhalt hinaus zu verwirklichen.

Immerhin zeigen diese Äußerungen, daß der BGH selbst die Entwicklung für nicht abgeschlossen hält. Es erscheint indes zweifelhaft, ob man hier die Fortbildung des Haftungsrechts von der Praxis der Versicherer bei der Ausgestaltung der Versicherungsverträge abhängig machen sollte[42]. Das umgekehrte Vorgehen würde jedenfalls schneller zu dem auch vom BGH gewünschten Ergebnis besserer Opferentschädigung führen und könnte auf der Seite der Versicherer durch eine entsprechende Prämienkalkulation ausgeglichen werden[43]. Die französische Rechtsprechung ist in dieser Hin-

---

[39] BGHZ 76, 279 = LM Nr. 9 zu § 829 mit Anm. Dunz = NJW 1980, 1623 = JZ 1980, 526 mit Anm. Knütel = VersR 1980, 625.

[40] BGHZ 76, 279 (287).

[41] Ebenda.

[42] Dafür aber Lorenz, VersR 1980, 693 ff., der vorschlägt, in die Versicherungsverträge eine "unwiderlegliche Billigkeitsvermutung" mitaufzunehmen (S. 702 f.). Marschall von Bieberstein, BB 1983, 467 ff., erwägt die Aufnahme einer Art Unfallversicherung zugunsten der potentiell Geschädigten in die Haftpflichtversicherungsverträge. Übergangsweise hält er aber die Durchbrechung des Trennungsprinzips für gerechtfertigt.

[43] Letzteres betont Kötz, Deliktsrecht, Rn. 327, S. 120.

sicht, wenn auch nicht auf der Grundlage einer in Frankreich nicht existierenden Billigkeitshaftung, wesentlich mutiger gewesen[44]. Zwar ist auch das dortige Vorgehen angreifbar, aber aus anderen Gründen, wie noch zu zeigen sein wird.

Zur Berücksichtigung einer Unfallversicherung des Geschädigten bei der Abwägung der Vermögensverhältnisse hat sich die Rechtsprechung noch nicht dezidiert geäußert[45]. Bei der Billigkeitsabwägung kommt schließlich auch die Berücksichtigung der Versicherbarkeit bzw. eines im Verkehr erwarteten Versicherungsschutzes in Betracht[46].

3. Die Berücksichtigung möglicher zukünftiger Änderungen der Vermögensverhältnisse

Für ein Urteil über einen nach § 829 BGB zu bestimmenden Anspruch sind die zur Zeit der letzten mündlichen Tatsachenverhandlung bzw. des gemäß § 128 ZPO bestimmten Termins bestehenden Vermögensverhältnisse maßgeblich[47]. Gerade bei Kindern als Schädiger ist es oft so, daß sie zu diesem Zeitpunkt noch kein nennenswertes Vermögen haben, das als Grundlage eines Billigkeitsanspruchs dienen könnte. Der möglichen Veränderung dieser Situation in der Zukunft kann durch einen Feststellungsantrag Rechnung getragen werden, demzufolge der Beklagte den Schaden ganz oder teilweise zu ersetzen habe, wenn und soweit die Billigkeit es erfordert und ihm nicht die Mittel zum eigenen Unterhalt und zur Erfüllung gesetzlicher Unterhaltsansprüche entzogen werden[48]. Wenn dem Geschädigten eine Rente zugesprochen worden ist, kommt bei späterer Änderung der Vermögensverhältnisse eine Abänderungsklage gemäß § 323 ZPO in Betracht[49].

---

[44] Siehe unten S. 176 ff. zum arrêt Desmares sowie S. 100 ff., insbesondere S. 112 ff., zu den Urteilen vom 9.5.1984.

[45] Offengelassen in BGH NJW 1969, 1762; 1973, 1795; für die Berücksichtigung RGRK/Steffen, § 829 Rn. 15; MünchKomm/Mertens, § 829 Rn. 15; dagegen Wussow, WI 1966, S. 52.

[46] Dies andeutend BGH VersR 1979, 645; für die Berücksichtigung RGRK/Steffen, § 829 Rn. 15; de lege ferenda v. Bar, Gutachten, S. 1762, 1774 f. mit differenzierenden Vorschlägen für die Bestimmung der Erwartungshaltung im Rechtsverkehr (die "im Verkehr erwartete" Haftpflichtversicherung des Schädigers einbeziehend).

[47] BGH NJW 1962, 1199.

[48] BGH NJW 1958, 1630; NJW 1962, 2201; OLG Köln, NJW 1981, 266.

[49] MünchKomm/Mertens, § 829 Rn. 26; Staudinger/Schäfer, § 829 Rn. 57.

Zweiter Abschnitt
Die Gefährdungshaftung

Die Einsichtsfähigkeit als Grundvoraussetzung des Verschuldens ist nach einhelliger Meinung keine Voraussetzung der verschuldensunabhängigen Gefährdungshaftung[50]. Daher können grundsätzlich auch Kinder jeden Alters nach deren Regeln haften. Dies hat indes kaum praktische Relevanz, weil Kinder in aller Regel nicht die in den Normen der Gefährdungshaftung als Haftende bezeichneten Personen sind. Denn die deutsche Gefährdungshaftung ist im Gegensatz zur sehr viel weiter gehenden französischen gardien-Haftung[51] an die von bestimmten Sachen ausgehende besondere Gefahr geknüpft, und die Verantwortlichkeit trifft dabei denjenigen, der im allgemeinen für die Sache verantwortlich ist (z.B. § 833 S. 1 BGB: Tierhalter, § 7 Abs. 1 StVG: Kraftfahrzeughalter; §§ 1, 2 HPflG und UmweltHG: Betriebsunternehmer bzw. Anlageninhaber; § 33 LuftVG: Luftfahrzeughalter; § 25 AtomG i.V.m. Pariser Übereinkommen: Inhaber einer Kernanlage)[52]. Kinder sind aber noch keine Kraftfahrzeug-, geschweige denn Luftfahrzeughalter, weder Betriebsunternehmer noch Inhaber von Kernanlagen. Allenfalls die Tierhalterhaftung kommt in Betracht, wobei die herrschende Meinung allerdings für den Erwerb der Haltereigenschaft wegen der damit verbundenen Risiken die §§ 104 ff. bzw. die §§ 828, 829 BGB entsprechend anwendet[53].

Praktisch relevant wird der Verzicht auf die Zurechnungsfähigkeit als Voraussetzung der Gefährdungshaftung hauptsächlich bei Personen, die während ihrer abstrakten Dauerverantwortlichkeit für die Sache in einen Zustand der Zurechnungsunfähigkeit geraten, also bei geisteskranken Erwachsenen.

Dritter Abschnitt
Die Haftung der Aufsichtspflichtigen als vorgelagerter Schutzwall

Die praktische Relevanz der persönlichen Haftung von Kindern kann nur dann richtig eingeschätzt werden, wenn man den Anwendungsbereich der

[50] Staudinger/Schäfer, vor § 827 Rn. 5.

[51] Siehe unten S. 130 ff.

[52] Eine Ausnahme ist § 22 Abs. 1 WHG, der eine reine Handlungshaftung statuiert, gegenüber noch einsichtsunfähigen Kindern aber noch keine praktische Relevanz erlangt hat.

[53] Diskussion und Nachweise bei Staudinger/Schäfer, § 833 Rn. 56 f.; Rechtsprechung liegt hierzu noch nicht vor.

Aufsichtspflichtigenhaftung kennt. Denn in der Regel sieht ein Geschädigter den geeigneten Adressaten seines Schadensersatzbegehrens zunächst in den Eltern des sich noch im Kindesalter befindenden Schädigers, selbst wenn materiell-rechtlich auch dessen persönliche Haftung in Betracht kommt. In den meisten Fällen ist das größere Vermögen der Eltern für den haftungsrechtlichen Zugriff lukrativer als dasjenige ihres Kindes[54].

Der Gesetzgeber hat in § 832 BGB eine Haftung der kraft Gesetzes zur Aufsicht Verpflichteten für vermutetes Aufsichtsverschulden normiert. Voraussetzung dafür ist die rechtswidrige Schädigung eines Dritten durch den Aufsichtsbedürftigen.

Minderjährige sind stets aufsichtsbedürftig, denn die die entsprechenden Aufsichtspflichten regelnden Vorschriften knüpfen generell an die Minderjährigkeit an[55]. Die unterschiedlichen Entwicklungsstände der Minderjährigen werden erst bei der Prüfung des Ausmaßes der Aufsichtspflicht bedeutsam.

Die widerrechtliche Schädigung durch den Aufsichtsbedürftigen muß den objektiven Tatbestand einer unerlaubten Handlung gemäß §§ 823 ff. BGB erfüllen[56]. Ein Verschulden des Aufsichtsbedürftigen ist nicht erforderlich, denn es ist gerade der Sinn der Regelung, den Aufsichtspflichtigen auch dann haften zu lassen, wenn der unmittelbare Schädiger selbst gemäß §§ 827 f. BGB deliktsunfähig ist oder ihm in Anwendung des alterstypischen Sorgfaltsmaßstabs kein Verschuldensvorwurf gemacht werden kann[57]. Sofern er allerdings unabhängig vom Verletzungserfolg im Sinne des § 823 Abs. 1 BGB auch nach dem an Erwachsene anzulegenden Maßstab nicht sorgfaltswidrig gehandelt hat, entfällt die Haftung des Aufsichtspflichtigen gemäß § 832 BGB entsprechend den für § 831 BGB geltenden Grundsätzen[58], weil die Verletzung der Aufsichtspflicht die Gefahr einer Schädigung Dritter dann nicht erhöht hat[59].

Aufsichtspflichtig sind für Kinder in erster Linie die Eltern. Die Aufsichtspflicht entspringt dabei gemäß § 1631 Abs. 1 BGB der Personensorge. Die Zuordnung der Aufsichtspflicht regeln insoweit die §§ 1626, 1671 ff.,

---

[54] Bei gesamtschuldnerischer Inanspruchnahme von Eltern und Kind regelt § 840 Abs. 2 BGB den in der Praxis aus Gründen innerfamiliärer Rücksichtnahme kaum relevanten Innenausgleich.

[55] BGH LM NR. 1 zu § 832 BGB; FamRZ 1965, 75.

[56] OLG Oldenburg, NdsRpfl. 1974, 135; Staudinger/Schäfer, § 832 Rn. 44.

[57] BGH NJW 1985, 677 (678) = VersR 1984, 460 (461); Staudinger/Schäfer, § 832 Rn. 44.

[58] Dazu BGHZ 12, 94 = NJW 1954, 913; BGH VersR 1957, 247 f.; von Caemmerer, Festschrift DJT 1960, Bd. II, S. 119 (123).

[59] MünchKomm/Mertens, § 832 Rn. 16; Kötz, Deliktsrecht, Rn. 330, S. 121 f.

1705, 1719, 1736, 1754 BGB. Der Vormund eines Minderjährigen ist gemäß §§ 1793 f., 1800 BGB aufsichtspflichtig, der Pfleger gemäß §§ 1909, 1915 BGB. Die Aufsichtspflicht von Lehrern an öffentlichen Schulen führt nicht zur Haftung nach § 832 BGB, sondern ausschließlich zur Staatshaftung gemäß § 839 BGB, Art. 34 GG[60]. Im Hinblick auf die Betreuungspflicht von Ausbildern gemäß § 6 BerufsbildungsG vom 14.8.1969 (BGBl. I, S. 1112) ist es streitig, ob sie eine gesetzliche Aufsichtspflicht im Sinne des § 832 BGB begründet[61].

§ 832 BGB ist ferner nach seinem Abs. 2 auf denjenigen Aufsichtspflichtigen anwendbar, der die Aufsichtsführung durch einen Vertrag übernommen hat. Ein solcher Vertrag kann auch stillschweigend abgeschlossen werden, ist aber vom reinen Gefälligkeitsverhältnis bzw. der rein tatsächlichen Übernahme der Aufsichtsführung abzugrenzen. Ein stillschweigend geschlossener Vertrag kommt nur bei weitreichender Obhut von längerer Dauer und weitgehender Einwirkungsmöglichkeit in Betracht, z.B. bei Pflegeeltern, Kindergärten, Kinderheimen, Krankenhäusern oder im Falle der Unterbringung bei Verwandten auf längere Zeit, nicht dagegen, wenn das Kind nur für die begrenzte Dauer einer von der kraft Gesetzes aufsichtspflichtigen Person getätigten Besorgung beaufsichtigt wird oder wenn zwei Elternpaare die gegenseitigen Besuche ihrer Kinder in ihren Wohnungen dulden[62]. Die nur tatsächliche Beaufsichtigung kann aber zur Haftung nach allgemeinem Deliktsrecht für die Verletzung von Verkehrssicherungspflichten gemäß § 823 Abs. 1 BGB führen[63].

Die Verletzung der Aufsichtspflicht und die zwischen ihr und dem Schadenseintritt bestehende Kausalbeziehung werden vermutet, wie sich aus der Erforderlichkeit des Entlastungsbeweises in § 832 Abs. 1 S. 2 BGB ergibt. Traditionell beruht diese Beweislastumkehr auf der Erwägung, daß diese in der Sphäre der Aufsichtspflichtigen angesiedelten Umstände von diesen leichter darzulegen und zu beweisen sind[64]. Heutzutage hebt der BGH unter

---

[60] BGHZ 13, 25, 28 = LM Nr. 4 zu § 832 BGB mit Anm. Pagendarm = NJW 1954, 874, 875; Staudinger/Schäfer, § 832 Rn. 21.

[61] Bejahend MünchKomm/Mertens, § 832 Rn. 5; Erman/Drees, § 832 Rn. 6; Palandt/Thomas, § 832, Rn. 5, Anm. 3 a bb; verneinend Staudinger/Schäfer, § 832 Rn. 17; einschränkend RGRK/Kreft, § 832 Rn. 17.

[62] BGH LM Nr. 9 zu § 832 BGB = NJW 1968, 1874; NJW 1976, 1145; Kasuistik bei Staudinger/Schäfer, § 832 Rn. 33 ff.

[63] Staudinger/Schäfer, § 832 Rn. 40; für eine analoge Anwendung des § 832 BGB in eng begrenzten Fällen (Stiefeltern, Eltern ohne Sorgerecht): MünchKomm/Mertens, § 832 Rn. 12 sowie Berning/Vortmann, JA 1986, 15; dagegen Staudinger/Schäfer, § 832 Rn. 23, der in den für eine Analogie genannten Fällen entsprechend BGH LM Nr. 3 zu § 832 BGB die Annahme eines zumindest stillschweigend geschlossenen Vertrags gemäß § 832 Abs. 2 BGB nahelegt.

[64] Motive II, S. 735; Protokolle II, S. 595 ff.

Berücksichtigung der problemlosen Versicherbarkeit darauf ab, daß den Eltern die von ihren Kindern ausgehenden Gefahren eher zuzurechnen seien[65]. Vermutlich lassen sich die zuweilen strengen Anforderungen an die Aufsichtsführung der Eltern aus dieser Erwägung erklären[66]. Insgesamt muß man der deutschen im Gegensatz zur französischen[67] Rechtsprechung jedoch einen realistischen Kurs bei der Bestimmung der Aufsichtspflicht zugestehen, der eine Überspannung vermeidet.

Seiner Aufsichtspflicht genügt danach, wer zur Schadensverhütung das getan hat, was von einem verständigen Aufsichtspflichtigen in seiner Lage nach den Umständen des Einzelfalles vernünftigerweise verlangt werden konnte. Die Intensität der gebotenen Aufsicht bestimmt sich maßgeblich nach dem Alter und dem Entwicklungsstand des Kindes, nach Art und Ausmaß der drohenden Gefahr sowie nach den eigenen persönlichen und wirtschaftlichen Verhältnissen der Aufsichtspflichtigen[68]. Die Rechtsprechung berücksichtigt auch, daß Kindern ein gewisser Freiraum zum Einüben richtigen Verhaltens zugestanden werden muß, so daß nicht immer das absolute Fernhalten von Gefahrenquellen, sondern die Erziehung zum verantwortungsbewußten Umgang mit ihnen geboten sein kann[69].

Wie schon bei der persönlichen Haftung der Kinder ist darauf hinzuweisen, daß wegen der insbesondere bei Feuerschäden oft immensen Schadenshöhen mit ihren ruinösen Auswirkungen auf nicht haftpflichtversicherte Familien die Schaffung einer obligatorischen Familienhaftpflichtversicherung vorgeschlagen wird, die an eine Gefährdungshaftung der Eltern anknüpfen könnte[70]. Damit würde man auch die vielen Rechtsunsicherheiten aus der Welt schaffen, die bei der Prüfung des elterlichen Aufsichtsverschuldens sowie im Hinblick auf die persönliche Haftung der Kinder bei der Prüfung der Deliktsfähigkeit und des alterstypischen Sorgfaltsmaßstabs im Rahmen des Verschuldens immer wieder zu Tage treten[71].

---

[65] BGH JR 1983, 413.

[66] Staudinger/Schäfer, § 832 Rn. 4; Kötz, Deliktsrecht, Rn. 331, S. 122. In bestimmten Fällen kann aber auch die Möglichkeit einer Eigenversicherung des Geschädigten, z.B. gegen Brandgefahren, berücksichtigenswert sein, vgl. Rauscher, JuS 1985, 762 f..

[67] Siehe dazu unten S. 97 ff. sowie 124 ff.

[68] BGH NJW 1984, 2574; 1980, 1044; umfangreiche Kasuistik bei Geigel/Schlegelmilch, Kap. 16, Rn. 42 sowie bei Staudinger/Schäfer, § 832 Rn. 54 ff.

[69] BGH LM Nr. 11 zu § 832 BGB = NJW 1976, 1684.

[70] von Hippel, FamRZ 1968, 575; Kötz, Deliktsrecht, Rn. 332, S. 122; Berning/Vortmann, JA 1986, 20 (letztere würdigen das Schutzbedürfnis der Familien aber nicht hinreichend, soweit sie die persönliche Haftung der Kinder aus der Versicherung ausklammern wollen).

[71] Kötz, Deliktsrecht, Rn. 332, S. 122.

Zweites Kapitel

Das Mitverschulden geschädigter Kinder

Der Anknüpfungspunkt für die anspruchsmindernde Berücksichtigung des Mitverschuldens ist auch gegenüber Kindern die allgemeine Regel des § 254 BGB, auf die im Bereich der Gefährdungshaftung verwiesen wird (§§ 9 StVG, 4 HPflG, 34 LuftVG, 27 AtomG, jeweils mit einer Spezialbestimmung über die Anrechnung des Mitverschuldens desjenigen, der bei der Beschädigung einer Sache die tatsächliche Gewalt über diese ausübt). Im Rahmen dieser Untersuchung interessiert nur, ob und inwiefern diese allgemeine Regel durch Besonderheiten des Minderjährigenschutzes beeinflußt wird und ob der Verweis auf § 278 BGB in § 254 Abs. 2 S. 2 BGB zur Anrechnung des elterlichen Aufsichtsverschuldens auf das Mitverschulden des Kindes führt.

Erster Abschnitt

Das eigene Mitverschulden des Kindes

Die Rechtsprechung und die herrschende Lehre bejahen eine Anbindung des § 254 BGB an die Besonderheiten des Minderjährigenschutzes, weil die Norm auf ein schadensmitursächliches *Verschulden* des Geschädigten abstellt, so daß die in § 828 BGB geregelte Verschuldensfähigkeit sowie der alterstypische Sorgfaltsmaßstab auch hier anwendbar seien[1].

Folgerichtig an die Prüfung des § 828 BGB und des alterstypischen Sorgfaltsmaßstabs im Rahmen des § 254 BGB anknüpfend hat sich die Auffassung durchgesetzt, daß auch die Billigkeitsregel des § 829 BGB "spiegelbildlich" für das Mitverschulden des Geschädigten gilt[2]. Die Rechtsprechung verlangt für die Anwendung in diesem Rahmen ein erhebliches Gefälle der Verursachungsanteile zu Lasten des Geschädigten[3].

---

[1] BGH VersR 1965, 877 (878); 1975, 133 (135); Darstellung des Meinungsstreits mit umfangreichen Nachweisen auch der Gegenmeinung bei Staudinger/Medicus, § 254 Rn. 70 ff.

[2] Seit BGHZ 37, 102 = NJW 1962, 1199 ständige Rechtsprechung, z.B. BGH LM Nr. 7 zu § 829 BGB = NJW 1973, 1795; zur vorherigen Entwicklung Staudinger/Schäfer, § 829 Rn. 37 m.w.N.

[3] BGH NJW 1969, 1762 (1763).

Bei der Bewertung der Vermögenslage von Schädiger und Geschädigtem kommt es im Hinblick auf den beiderseitigen Versicherungsschutz zu folgenden Konstellationen: Wenn die Haftpflichtversicherung des Schädigers gesetzlich vorgeschrieben ist (so bei der Haftung des Kraftfahrzeughalters gemäß § 7 StVG), kommt es regelmäßig nicht zur Anwendung des § 829 BGB auf das Mitverschulden des Geschädigten, weil diese Versicherung gerade den Schutz der Unfallopfer bezweckt[4]. Im Hinblick auf die freiwillige Haftpflichtversicherung des Schädigers hat sich der BGH noch nicht geäußert. Angesichts der zögerlichen Haltung bei der Einstellung dieser Versicherung in die Vermögensbilanz des Schädigers[5] ist seine Haltung hierzu offen.

Der Schutz des Geschädigten durch eine gesetzliche Unfallversicherung begründet keine Anwendung des § 829 BGB auf sein Mitverschulden, denn der entscheidende Gesichtspunkt ist nicht die Zumutbarkeit einer Schadensteilung für den Geschädigten, sondern die Unzumutbarkeit der vollen Haftung des Schädigers[6]. Insgesamt ergibt sich aus dem Dargelegten eine zurückhaltendere Anwendung des § 829 BGB im Rahmen des § 254 BGB als bei der Schädigerhaftung[7].

Neben den vorstehend aufgezeigten, für das gesamte Delikts- und Gefährdungshaftungsrecht geltenden Erwägungen ist zu beachten, daß für den Bereich des Straßenverkehrs vermehrt Forderungen laut werden, den Schutz von Kindern zu verstärken[8]. Der BGH hat mit einem Urteil vom 13.2.1990[9] einen Schritt in diese Richtung getan: Die auf eine Abwägung der beiderseitigen Verursachungs- und Verschuldensanteile gemäß §§ 9 StVG, 254 BGB gestützte völlige Freistellung von der Gefährdungshaftung nach § 7 Abs. 1 StVG soll gegenüber einem altersbedingt in den Straßenverkehr noch nicht voll integrierten (im konkreten Fall gegenüber einem 8jährigen) Kind im Hinblick auf die in § 3 Abs. 2 a StVO normierten besonderen Sorgfaltspflichten des Fahrzeugführers gegenüber Kindern nur dann möglich sein,

---

[4] BGH NJW 1969, 1762; VersR 1973, 925; BGHZ 73, 190 (192) = NJW 1979, 973

[5] Siehe oben S. 13 ff.

[6] BGH NJW 1969, 1762; 1973, 1795.

[7] In diesem Sinne auch BGH VersR 1975, 133 (135); BGHZ 73, 190 (192 f.) = NJW 1979, 973.

[8] Siehe z.B. die Empfehlungen des Arbeitskreises II beim 29. Deutschen Verkehrsgerichtstag 1991, den Unabwendbarkeitsbeweis nach § 7 Abs. 2 StVG und die Mitverschuldensanrechnung gemäß §§ 9 StVG, 254 BGB gegenüber Kindern bis zur Vollendung des 10. Lebensjahres abzuschaffen (Veröffentlichung der Referate und Empfehlungen dieses Verkehrsgerichtstages, S. 9); vgl. ferner Scheffen, ebenda, S. 88 ff. sowie in DAR 1991, 121 ff. und ZRP 1991, 458 (460 f.).

[9] BGH VersR 1990, 535 (536).

wenn das grob verkehrswidrige Verhalten des Kindes auch subjektiv und altersspezifisch besonders vorwerfbar war.

Zweiter Abschnitt

Anrechnung des Mitverschuldens der Eltern?

Oft ist das Aufsichtsverschulden aufsichtspflichtiger Personen ein schadensmitursächlicher Faktor bei der Schädigung von Kindern durch Dritte. Begründet ihr Mitverschulden an der Schädigung eines Kindes die Reduzierung des dem Kind gegen den unmittelbaren Schädiger zustehenden Anspruchs? § 254 Abs. 2 S. 2 BGB erklärt § 278 BGB für entsprechend anwendbar. Als darin genannte gesetzliche Vertreter kommen in den hier zur Diskussion stehenden Fällen in der Regel die Eltern (§§ 1626 ff. BGB), u.U. ein Vormund (§§ 1793 ff.), ein Pfleger (§ 1915 BGB) oder ein Beistand (§ 1685 f. BGB) in Betracht.

Einigkeit besteht darüber, daß § 254 Abs. 2 S. 2 BGB entgegen seiner Stellung in dem nur die Warnungs-, Schadensabwendungs- bzw. -Minderungspflichten regelnden Abs. 2 auch auf Abs. 1 und damit auf das aktive Mitverschulden bei der Schadensentstehung anwendbar ist. Er ist also als selbständiger Abs. 3 zu lesen[10].

Höchst streitig ist aber, ob § 254 Abs. 2 S. 2 BGB eine Rechtsgrund- oder eine Rechtsfolgenverweisung auf § 278 BGB enthält[11]. Die Rechtsprechung hat sich seit jeher für die erste Alternative entschieden[12]. Danach muß zur Zeit des Aufsichtsverschuldens bereits ein Schuldverhältnis zwischen dem Schädiger und dem Geschädigten bestanden haben. Das ist aber in der Regel nicht der Fall, so daß es in den meisten Fällen nicht zur Anrechnung des Aufsichtsverschuldens kommt[13]. Allerdings haften dann die Eltern dem Kind unter Umständen gesamtschuldnerisch neben dem Drittschädiger, und die-

[10] BGHZ 1, 248 (249) = NJW 1951, 477; BGHZ 3, 46 (48); Staudinger/Medicus, § 254 Rn. 76; MünchKomm/Grunsky, § 254 Rn. 76 m.w.N.

[11] Darstellung des Streitstands mit weiteren Nachweisen der Lehrmeinungen bei Staudinger/Medicus, § 254 Rn. 77 ff. und MünchKomm/Grunsky, § 254 Rn. 77.

[12] RGZ 62, 346; 159, 283 (292); BGHZ 1, 248 (249) = NJW 1951, 477; BGHZ 103, 338 = NJW 1988, 2667 = JZ 1989, 45 mit Anm. Hermann Lange = VersR 1988, 631.

[13] Allerdings reicht das durch die Schädigung entstandene Schuldverhältnis aus, so daß es zur Anrechnung des Verschuldens bei der Minderung des bereits eingetretenen Schadens kommt, z.B. im Falle der verspäteten Konsultation eines Arztes (RGZ 156, 193, 205).

ser kann gegen die Eltern gemäß §§ 840, 426, 254 BGB Rückgriff nehmen, soweit deren Verursachungs- und Verschuldensanteil reicht[14].

[14] BGHZ 73, 190 = NJW 1979, 973; zur Bedeutung des Haftungsprivilegs gemäß § 1664 Abs. 1 BGB: BGHZ 103, 338 = NJW 1988, 2667 = JZ 1989, 45 mit Anm. Hermann Lange = VersR 1988, 631; J. Hager, NJW 1989, 1640; Sundermann, JZ 1990, 927.

Zweiter Teil

Das französische Recht

Erstes Kapitel

Das Kind als Schädiger

Der bereits seit 1804 als gesetzliche Grundlage dienende Code civil enthält keine besondere Regelung über die deliktsrechtliche Verantwortlichkeit von Minderjährigen. Lediglich in Art. 1310 wird sie erwähnt. Diese Vorschrift befindet sich gesetzessystematisch im Vertragsrecht, und zwar in dem Abschnitt über Nichtigkeits- und Aufhebungsklagen. In Abgrenzung zu diesen Rechtsbehelfen, insbesondere zur Läsionsklage des Minderjährigen wegen Übervorteilung gemäß Art. 1305 C.c., die zur Vertragsaufhebung führt, heißt es in Art. 1310 C.c. in Bezug auf den Minderjährigen: "Il n'est pas restituable contre les obligations résultant de son délit ou quasi-délit" (Seine deliktsrechtliche Haftung bleibt unberührt).

Vereinzelt wird in der Lehre die Meinung vertreten, Art. 1310 C.c. thematisiere nicht die deliktsrechtliche Haftung Minderjähriger im allgemeinen, sondern lediglich den Ausschluß der Läsionsklage für den Fall, daß ein Minderjähriger durch eigenes grobes Verschulden einen Vertrag geschlossen hat[1]. Die herrschende Lehre sowie die Rechtsprechung sehen demgegenüber in Art. 1310 C.c. eine Aussage zur deliktsrechtlichen Haftung Minderjähriger im allgemeinen[2]. Dies läßt sich auch auf die Gesetzesmaterialien stützen. In der Begründung zu Art. 1310 C.c. heißt es nämlich in allgemeiner Formulierung: "Quiconque peut se rendre coupable d'une faute doit en subir la peine."[3] Damit steht zwar fest, daß Minderjährige deliktisch haften können. Über die Voraussetzungen einer solchen Haftung macht Art. 1310 C.c. aber keine Aussage.

---

[1] Le Tourneau, La responsabilité civile, 3. Aufl., Nr. 480, S. 159.

[2] Mazeaud/Tunc I, Nrn. 449, 462, S. 516, 524; Warembourg-Auque, S. 331; Weill/Terré, Nr. 631, S. 642; Carbonnier IV, Nr. 94, S. 402; Cass. Req., 21.3.1899, D.P. 1899.I.192; Paris, 17.7.1894, D.P. 1895.II.25 note Thaller; zur Frage, ob sich Art. 1310 C.c. auch auf die noch einsichtsunfähigen Kinder bezieht, siehe unten, S. 53 f.

[3] Bigot-Préameneu, séance du 6 pluviôse an XII, in: Locré, t. XII, S. 392, Nr. 179.

Lediglich Planiol wies zu Beginn des 20. Jahrhunderts darauf hin, daß der Vorschrift möglicherweise ein anderes Verständnis der Begriffe "délit" und "quasi-délit" zugrunde liege als sie heute üblich geworden ist[4]. Im ancien droit war es nämlich eine verbreitete Meinung, daß den quasi-délits nur die "fautes non intentionnelles lourdes" unterfielen[5], was mit grober Fahrlässigkeit übersetzt werden kann. Legt man diese Terminologie zugrunde, so kann man in Art. 1310 C.c. den Ausschluß der Haftung Minderjähriger für leichtes Verschulden sehen. In der französischen Rechtsprechung des 19. Jahrhunderts finden sich auch einige Urteile, denen dieses Verständnis der Begriffe zugrunde liegt[6]. Allerdings sind diese Urteile nicht zu Art. 1310 C.c. ergangen.

Vor allem ist dieser Ansicht aber entgegenzuhalten, daß der Gesetzgeber gerade nicht der eben dargelegten Terminologie gefolgt ist. Denn nach der Überschrift "Des délits et des quasi-délits" folgen die Artt. 1382 ff. C.c., die nicht auf vorsätzliche und grob fahrlässige Schädigungen beschränkt sind. Zudem zeigt die schon oben zitierte Textstelle in den Gesetzgebungsmaterialien zur Begründung des Art. 1310 C.c., daß sich auch diese Vorschrift nicht nur auf qualifiziertes Verschulden bezieht: "Quiconque peut se rendre coupable d'une faute doit en subir la peine."[7]

Damit bleibt es bei der Feststellung, daß Art. 1310 C.c. zwar von der Möglichkeit der deliktsrechtlichen Haftung Minderjähriger ausgeht, die konkreten Voraussetzungen einer solchen Haftung aber gerade nicht benennt. Mangels einer diesbezüglichen speziellen Regelung wie in §§ 828, 829 BGB mußte die französische Rechtsprechung dieses Problem stets ohne nähere gesetzliche Leitlinie bei der Anwendung der allgemeinen Anspruchsgrundlagen lösen. Lediglich die Haftung der Eltern für die schädigenden Handlungen ihrer Kinder ist in Art. 1384 Abs. 4, Abs. 7 C.c. kodifiziert worden.

Die für eine persönliche Haftung von Kindern in Betracht kommenden Anspruchsgrundlagen sind in erster Linie die Generalklausel der Artt. 1382, 1383 C.c., die eine allgemeine Verschuldenshaftung statuieren, sowie die Haftung des gardien einer Sache gemäß Art. 1384 Abs. 1, 2. Alt. C.c.. Die schon in der Praxis weit weniger bedeutende Tierhalterhaftung nach Art. 1385 C.c. bedarf hier keiner eigenständigen Erörterung, da sich die Bestimmung des Tierhalters nach den gleichen Kriterien richtet wie die Be-

---

[4] Planiol, Traité II, Nr. 879, Fn. 3, S. 292.

[5] Nachweise bei Mazeaud/Tunc I, Nr. 403, S. 477 f.

[6] Zit. bei Planiol, Traité II, Nrn. 823 f.

[7] Siehe oben S. 25, Fn. 3.

stimmung des gardien in Art. 1384 Abs. 1, 2. Alt. C.c.[8]. Die Haftung bei Gebäudeeinsturz gemäß Art. 1386 C.c. schließlich knüpft an die objektiven Kriterien der Eigentümerstellung, der mangelhaften Unterhaltung des Gebäudes und des Baumangels an, so daß sich bei Kindern als Gebäudeeigentümern gegenüber anderen Personen keine Besonderheiten ergeben.

[8] Cass.civ.II, 17.3.1965, J.C.P. 1965.II.14426, note Esmein; obs. Rodière, Rev.trim.dr.civ. 1965, S. 656; Viney, Traité, Nr. 675, S. 784 ff.

Erster Abschnitt

Die Verschuldenshaftung gemäß Artt. 1382, 1383 C.c.

Im Gegensatz zu dem differenzierenden und in den Haftungsvoraussetzungen engeren System der drei Grundtatbestände im BGB (§§ 823 Abs. 1 und 2, 826) gründet sich die Verschuldenshaftung im französischen Deliktsrecht auf die weite Generalklausel der Artt. 1382, 1383 C.c.. Diese lauten:

Art. 1382: Tout fait quelquonque de l'homme, qui cause à autrui un dommage, oblige celui par la faute duquel il est arrivé, à le réparer.

Art. 1383: Chacun est responsable du dommage qu'il a causé non seulement par son fait, mais encore par sa négligence ou par son imprudence.

Dabei entspricht es allgemeiner Meinung, daß Art. 1382 die vorsätzliche Schädigung erfaßt, während Art. 1383 die Haftung für Fahrlässigkeit regelt. Dies wird aus dem Gebrauch des Wortes "fait" abgeleitet: Eine isolierte Betrachtung des Art. 1382 verleitet dazu, es dem üblichen Wortverständnis entsprechend mit dem objektiven Begriff des Verhaltens oder der Handlung zu übersetzen. Die Hinzuziehung des Art. 1383 zeigt aber, daß "fait" hier als Gegenbegriff zur "négligence" und "imprudence" und damit zur Fahrlässigkeit gemeint ist[1]. Terminologisch der Überschrift im Code civil vor Art. 1382 folgend werden die der letztgenannten Norm unterfallenden Handlungen als "délits" und die nach Art. 1383 zu beurteilenden Fälle als "quasi-délits" bezeichnet[2].

Allerdings nimmt man es in der praktischen Anwendung mit diesen Unterscheidungen nicht so genau. Zumeist wird auch bei der Behandlung fahrlässiger Schädigungen nur Art. 1382 zitiert, ohne daß sich daraus aber besondere Konsequenzen ergeben.

---

[1] Mazeaud/Tunc I, Nrn. 370, 373, S. 455 f.

[2] Mazeaud/Tunc I, Nrn. 371, 373, S. 456.

A. Überblick über die Voraussetzungen und den Anwendungsbereich der Artt. 1382, 1383 C.c.

I. Die Tatbestandsmerkmale

Aus dem Wortlaut der Regelungen leitet man in Frankreich drei Tatbestandselemente als Haftungsvoraussetzungen ab: Den Eintritt eines Schadens, das Vorliegen einer faute auf Seiten des Schädigers sowie eine Kausalbeziehung zwischen faute und Schadenseintritt.

1. Der Schaden

Der ersatzfähige Schaden ist im Code civil, anders als in §§ 249 ff., 842 ff. BGB, nicht näher präzisiert worden. Das hat in der Praxis zu einer wesentlich weiter gehenden Anerkennung der Ersatzfähigkeit von Nichtvermögensschäden geführt[3]. Darüber hinaus fallen auch die von § 823 Abs. 1 BGB ausgegrenzten sogenannten reinen Vermögensschäden unter die Generalklausel der Artt. 1382, 1383 C.c, weil diese Tatbestände keine Enumeration der geschützten Rechtsgüter enthalten. Als Beispiel seien die "Stromkabelfälle" genannt: Während das deutsche Recht demjenigen keinen deliktsrechtlichen Schadensersatzansprüche gewährt, dessen Stromversorgung durch die Beschädigung eines externen, nicht in seinem Eigentum stehenden Stromkabels unterbrochen wird, so daß daraus infolge eines Produktionsstillstands ein reiner Vermögensschaden entsteht[4], hat die französische Rechtsprechung keine Probleme, in solchen Fällen einen deliktsrechtlichen Schadensersatzanspruch zu bejahen[5].

2. Die faute

Hierbei handelt es sich um einen schillernden Rechtsbegriff. Mangels Eingrenzung der geschützten Rechte und Rechtsgüter, wie man es von § 823 Abs. 1 BGB her kennt, bildet die faute praktisch "den einzigen Schutzwall gegen eine uferlose Ausweitung von Schadensersatzansprüchen"[6]. Sie ist aber vom Code civil nicht näher definiert worden, und so nimmt es nicht Wunder, daß sich eine breitgefächerte Palette an Begriffsbestimmungen herausgebildet hat.

---

[3] Dazu Viney, Traité, Nrn. 253 ff., S. 310 ff.; Stoll, S. 75 ff.; Ferid, Rn. 2 B 91 f., S. 453 f.

[4] BGHZ 66, 388.

[5] Cass.civ.II, 8.5.1970, Bull.civ.II, Nr. 160, S. 122 (in diesem Fall war eine Gasversorgungsleitung unterbrochen worden).

[6] So die Formulierung bei Ferid/Sonnenberger, Rn. 2 O 103, S. 460.

Hier muß zunächst davor gewarnt werden, die faute mit dem deutschen Verschulden gleichzusetzen. Dieses ist vielmehr nur ein Bestandteil der faute, die außerdem noch die im deutschen Recht eigenständige Kategorie der Rechtswidrigkeit umfaßt. So lautet denn auch die klassische Definition der faute: "un fait illicite et imputable à l'auteur"[7], wobei die illicéité das objektive Element der Rechtswidrigkeit und die imputabilité das subjektive Element des Verschuldens darstellen. Oft wird die imputabilité aber auch auf das Erfordernis des discernement (vergleichbar der Deliktsfähigkeit in §§ 827 f. BGB[8]) beschränkt.

a) Die Rechtswidrigkeit wurde noch von der Rechtslehre des 19. Jahrhunderts in dem Verstoß gegen eine gesetzlich präzisierte Verhaltensregel[9] und in der ungerechtfertigten Verletzung eines gesetzlich verankerten Rechts des Geschädigten gesehen[10]. Dieses Rechtswidrigkeitskonzept war demjenigen des § 823 Abs. 1 BGB trotz der wesentlich allgemeiner gehaltenen Formulierung in Artt. 1382, 1383 C.c. erstaunlich verwandt[11]. Allerdings wurde als Rechtfertigungsgrund jede Ausübung eines dem Schädiger zustehenden subjektiven Rechts anerkannt, worunter auch die Ausübung des allgemeinen Freiheitsrechts fiel[12]. Da die Grenzen der konkurrierenden Rechtskreise meistens nicht gesetzlich präzisiert waren, lief das auf eine dogmatische Überfrachtung der im Ergebnis doch recht freien Interessenabwägung hinaus.

Die Rechtsprechung versuchte, das Problem mit dem rechtsdogmatischen Instrument des Rechtsmißbrauchs (abus de droit) zu lösen[13]. Schließlich überwand man aber das starre Konzept einander gegenüberstehender Rechte des Schädigers und des Geschädigten, indem schlicht und einfach gefragt wurde, ob der Schädiger eine Verkehrspflicht verletzt hat.

---

[7] Jourdain in: J.Cl., Fasc. 120-1, Nr. 12; Viney, Traité, Nr. 442, S. 530 (beide mit weiteren Nachweisen).

[8] Hierzu genauer unten S. 75 ff.

[9] Unter dem Einfluß der extrem freiheitlich-individualistischen Philosophie jener Zeit wurde das anfangs sogar als der einzige und angesichts der damals noch geringen Zahl gesetzlicher Verhaltenspflichten praktisch seltene Anwendungsfall der faute bezeichnet; vgl. Toullier/ Duvergier (1835), S. 93 ff..

[10] Laurent, Nrn. 402 ff., S. 419 ff.; Huc, S. 534 ff.; Willems, Rev.gén.dr. 1895, S. 115, 135 f.

[11] Huc, S. 536 zählt sogar zur Präzisierung genau die später in § 823 Abs. 1 BGB geschützten absoluten Rechte und Rechtsgüter auf.

[12] Laurent, Nrn. 408 ff., S. 425 ff.; Lassez, S. 149 f. m.w.N.

[13] Hierzu und zur intensiven Diskussion des Problems in der Rechtslehre Hopt, S. 78 ff. sowie Lassez, S. 273 ff., die diese Rechtsfigur als "le leit-motiv de la jurisprudence au dix-neuvième siècle" bezeichnet, ebenda, S. 268.

Für diesen Entwicklungsschritt ist insbesondere Planiol verantwortlich, der die faute 1905 als "manquement à une obligation préexistante", also als Pflichtverletzung definierte[14]. Der Versuch Planiols, eine abschließende Systematisierung der Pflichtverletzungen zu bewerkstelligen, scheiterte aber ebenso wie der spiegelbildliche Ansatz Savatiers, der die allgemeine Rechtspflicht postulierte, andere nicht zu schädigen, um sodann die möglichen Rechtfertigungsgründe im einzelnen aufzuzählen[15].

Der Versuch einer abschließenden Systematisierung der von der faute umfaßten Fälle wird heute nicht mehr unternommen. Die Entscheidungen der Rechtsprechung werden von der Lehre in Fallgruppen zusammengefaßt und analysiert[16]. Entsprechend dem deutschen Verkehrspflichtenkonzept wird die eigentliche Entscheidungskompetenz in Bezug auf die Pflichtverletzung beim Richter gesehen, soweit keine anderweitige gesetzliche oder verordnungsrechtliche Regelung eingreift. Die Rechtsprechung selbst ist seit jeher so verfahren und hat dogmatische Stellungnahmen zur Konkretisierung der faute stets vermieden.

Von den Anhängern der oben angeführten klassischen Definition der faute wird die Pflichtverletzung, vergleichbar der deutschen Lehre vom Handlungsunrecht im Gegensatz zum Erfolgsunrecht, zur Rechtswidrigkeit geschlagen[17].

Es ist aber anzumerken, daß das französische Recht die Rechtswidrigkeit und das Verschulden nicht in der Weise als getrennte dogmatische Kategorien herausgebildet hat, wie man es vom deutschen Recht gewohnt ist. Insbesondere erfüllt die Rechtswidrigkeit nicht die Funktion, verschuldensunabhängige Unterlassungs- und Beseitigungsansprüche zu begründen, wie dies etwa in §§ 906 ff., 1004 BGB geschehen ist. Diese Fälle werden vielmehr auch über die deliktsrechtliche Generalklausel der Artt. 1382, 1383 C.c. gelöst[18]. Teilweise wird der Bezug auf die Rechtswidrigkeit im Rahmen der faute wegen ihrer unklaren Bedeutung sogar für verfehlt gehalten[19].

---

[14] Planiol, Rev.crit. 1905, S. 287.

[15] Savatier, Traité I, Nrn. 35 ff., S. 47 ff.

[16] Im Juris Classeur zu Artt. 1382-1386 C.c. gibt es unter Fasc. 130-1 bis 132-3 eigene Abschnitte über allgemeine Sorgfaltspflichten, familienrechtliche Verhaltenspflichten sowie über die Haftung für Unterlassen, Rechtsmißbrauch und unlauteren Wettbewerb. Vgl. auch die Systematisierung der Rechtsprechung bei Viney, Traité, Nrn. 473-482, S. 565-576: A. Aus Moral und Sittenlehre abgeleitete Verhaltenspflichten; B. Aus Erwägungen der sozialen Nützlichkeit abgeleitete Verhaltenspflichten, z.B. Sorgfalts-, Überwachungs- und Informationspflichten.

[17] Jourdain in: J.Cl., Fasc. 120-1, Nr. 13; Viney, Traité, Nr. 442, S. 530 (beide mit weiteren Nachweisen).

[18] Dazu Picker, S. 59 ff.

[19] Mazeaud/Tunc I, Nr. 389, S. 465 ff.

b) Nur vereinzelt wird erörtert, ob neben der objektiven Pflichtverletzung noch subjektiv deren Erkennbarkeit und Vermeidbarkeit geprüft werden muß[20]. Im allgemeinen wird dieses Problem unter der Fragestellung abgehandelt, ob die faute "in concreto", d.h. mit Berücksichtigung der persönlichen Eigenschaften des Handelnden, oder "in abstracto", d.h. nach einem rein objektiven Maßstab zu beurteilen ist[21]. Dabei besteht Übereinstimmung mit dem deutschen Recht, daß im Zivilrecht im Gegensatz zum Strafrecht grundsätzlich ein objektiver, am Verhalten des "bon père de famille" ausgerichteter Fahrlässigkeitsmaßstab gilt[22].

Wie schon angedeutet wird das subjektive Element der imputabilité zumeist auf das Erfordernis des discernement beschränkt. Imputabilité heißt Zurechenbarkeit und kann daher dem Wortsinn nach auch als bloße objektive Kausalbeziehung zwischen einem Verhalten und einem Schaden verstanden werden. Deshalb werden die haftungsausschließenden Rechtsfiguren des "cas fortuit" (Zufall) und der "force majeure" (höhere Gewalt) mitunter bei der imputabilité eingeordnet. In der juristischen Fachsprache wird der Begriff aber zumeist unter dem Aspekt der von der Einsichtsfähigkeit abhängigen subjektiven Zurechnung erörtert[23]. Hier liegt neben der logisch nachrangigen Frage des Fahrlässigkeitsmaßstabs der Ansatzpunkt für das Problem der Kinderhaftung.

3. Kausalität zwischen faute und Schadenseintritt

Bei der Bestimmung des haftungsrechtlich relevanten Kausalzusammenhangs zwischen der faute und dem Eintritt des Schadens finden sich teilweise dem deutschen Recht verwandte Erörterungen. Oft sind aber auch Vermischungen zwischen objektiven Kausalitäts- und subjektiven Verschuldenserwägungen anzutreffen[24]. Die praktischen Ergebnisse dürften sich vom

---

[20] Savatier, Traité I, Nrn. 161 ff., S. 205 ff., der die faute definiert als "inexécution d'un devoir que l'on pouvait connaître et observer", wobei er die Erkennbarkeit und Vermeidbarkeit zur imputabilité rechnet.

[21] Viney, Traité, Nrn. 462 ff., S. 555 ff.; Mazeaud/Tunc I, Nrn. 416 ff., S. 486 ff.

[22] Zur Frage, ob auch in Frankreich bei der Prüfung des Verschuldens Minderjähriger ein alterstypischer Sorgfaltsmaßstab gilt: siehe unten S. 87 ff.

[23] Weill/Terré, Nr. 630, S. 641; Carbonnier IV, § 93; gegen diese Terminologie Mazeaud/Tunc I, Nr. 390, S. 467; für die Einbeziehung der force majeure in den Begriff der imputabilité neuerdings wieder Jourdain, Imputabilité II, S. 553 ff. sowie im J.Cl., Fasc. 120-1, Nrn. 80 ff., Fasc. 121, Nrn. 8 ff., wobei er allerdings die imputabilité ihrerseits außerhalb der faute als selbständigen Zurechnungsgrund ansiedelt.

[24] Dazu Motulsky, RabelsZ 1960, S. 244 f.

deutschen Recht nicht wesentlich unterscheiden. Dem kann hier aber nicht im einzelnen nachgegangen werden.

II. Die praktische Bedeutung der Artt. 1382, 1383 C.c.

Bereits 1923 war für Demogue Art. 1382 die wichtigste Vorschrift des gesamten Code civil. Er begründete dies mit der Anzahl der von ihr erfaßten Fälle sowie mit den sich daraus ergebenden praktischen Auswirkungen[25].

Zwar hat inzwischen nach einer Statistik für 1971 in der Gerichtspraxis die gardien-Haftung nach Art. 1384 Abs. 1, 2. Alt. den ersten Rang eingenommen (ca. 14000 Fälle gegenüber ca. 10000 Fällen des Art. 1382)[26]. Der Anwendungsbereich der Artt. 1382, 1383 bleibt aber immens. Die generalklauselartige Weite der Regelung hat dazu geführt, daß sie viele Fallgruppen umfaßt, die im deutschen Recht entweder außerhalb des Deliktsrechts speziell geregelt sind (z.B. das Wettbewerbsrecht im Gesetz gegen den unlauteren Wettbewerb, UWG, die actio negatoria in § 1004 BGB, das Nachbarrecht der §§ 906 ff. BGB, der Anspruch nach dem Rücktritt vom Verlöbnis in § 1298 BGB) oder von Rechtsprechung und Lehre angesichts der engen Konzeption des deutschen Deliktsrechts in anderen Rechtsinstituten, insbesondere im Vertragsrecht angesiedelt wurden (culpa in contrahendo, Haftung aus Verträgen mit Schutzwirkung zugunsten Dritter).

Zwar wird durch den Grundsatz des "non-cumul", d.h. des gegenseitigen Ausschlusses von Vertrags- und Deliktsansprüchen[27] eine Ausgrenzung gewisser Fälle aus dem Deliktsrecht erreicht (z.B. die Berufshaftpflicht gegenüber Vertragspartnern[28]), und auch die Entwicklung der gardien-Haftung auf der Grundlage des Art. 1384 Abs. 1, 2. Alt. C.c. hat viele der bei uns über die Verkehrssicherungspflichten gelösten Fälle aus Art. 1382 herausgelöst[29]. Insgesamt ergibt sich aber, daß Art. 1382 C.c. weitaus mehr Fälle erfaßt als die §§ 823 und 826 BGB.

Für die hier untersuchte Haftung von Kindern sind diese Feststellungen aber nur von begrenztem Interesse, da es sich insoweit zumeist um glatte Fälle von Körper- und Gesundheits- sowie Eigentumsverletzungen handelt, die auch im deutschen Deliktsrecht in 823 Abs. 1 BGB geregelt sind.

---

[25] Demogue III, S. 360, Nr. 222.

[26] Rodière, S. 2 (inzwischen ist allerdings die Masse der Unfälle im Straßenverkehr durch das hierzu erlassene Spezialgesetz vom 5.7.1985 aus der gardien-Haftung herausgelöst worden).

[27] Dazu jüngst Renner, Diss. Mainz 1988.

[28] Mazeaud/Tunc I, Nr. 206-2, S. 258.

[29] Hübner, VersR 1980, 795 ff.

B. Die Zurechnungsfähigkeit als Voraussetzung der Haftung vor den Grundsatzurteilen des Kassationshofs vom 9.5.1984

Das rechtswissenschaftliche Interesse an der Kinderhaftung konzentriert sich in Frankreich fast ausschließlich auf die Frage, ob das discernement, der Parallelbegriff zur Einsichtsfähigkeit in § 828 Abs. 2 BGB[30], eine Haftungsvoraussetzung ist. Wie schon gezeigt wird das Problem unter dem Begriff der imputabilité erörtert, die ihrerseits als Element der faute verstanden wird[31]. Hier hat sich schrittweise eine Entwicklung vollzogen, die das Erfordernis des discernement und damit der imputabilité als Haftungsvoraussetzung zunehmend in Frage gestellt und schließlich überwunden hat. Diese Entwicklung soll im folgenden dargestellt und analysiert werden.

I. Rechtsprechung und Lehre bis 1930

Da die Redaktoren des Code civil das Problem nicht expressis verbis geregelt hatten, oblag es der Rechtsprechung und der Lehre, eine Lösung zu entwickeln. Dabei konnte man an Lösungen aus früherer Zeit anknüpfen. Es wird sich herausstellen, daß die unter der Rubrik der imputabilité erörterten zwei Gruppen der Geisteskranken und der noch einsichtsunfähigen Kinder in den aufeinander folgenden Entwicklungsschritten wechselweise gleich- und verschieden behandelt wurden. Dieses Wechselspiel läßt sich geradezu als Konstante des französischen Deliktsrechts bis in die heutige Zeit weiterverfolgen.

Zwar sprachen sich Rechtsprechung und Lehre im ancien droit, d.h. dem vor dem Inkrafttreten des Code civil geltenden Recht, in Abweichung vom älteren römischen Recht für die Haftung von einsichtsunfähigen geisteskranken Personen aus[32]. Im Hinblick auf noch einsichtsunfähige Kinder, die sogenannten "infantes"[33], galt aber die entgegengesetzte, dem römischen Recht entsprechende Regel[34].

Der in Bezug auf die Schaffung des Code civil einflußreichste Rechtslehrer Pothier nahm dann aber Kinder und Geisteskranke gleichermaßen mangels Verschuldensfähigkeit von der grundsätzlich postulierten Verschuldens-

---

[30] Zur näheren Begriffsbestimmung siehe unten S. 75 ff.

[31] Siehe oben S. 29 ff.

[32] Nachweise bei Jourdain, Imputabilité II, Nrn. 405 ff., S. 435 ff.; Parlement de Provence vom 24.1.1664, zitiert bei Laborde-Lacoste, S.34.

[33] Zu diesem Begriff siehe unten S. 75.

[34] Nachweise bei Jourdain, Imputabilité II, Nr. 442, S. 467 f.

haftung aus: "Les personnes qui ne sont pas raisonnables, tels que sont les enfants et les insensés, ne sont capables, ni de malignité, ni d'imprudence"[35].

Lediglich einige noch vom ancien droit geprägte Kommentatoren vertraten am Anfang des 19. Jahrhunderts die deliktsrechtliche Haftung Geisteskranker[36]. Sie blieben aber für den Rest des 19. Jahrhunderts allein auf weiter Flur. Es bildete sich nämlich im Gegenteil ein Konsens in Rechtsprechung und Lehre dahingehend, daß einsichtsunfähige Kinder und Geisteskranke nicht deliktisch haften.

1. Die Bewertung der Schädigungen durch einsichtsunfähige Personen als "cas fortuit" bzw. "force majeure"

Der erste Begründungsansatz ging dahin, soche Fälle mit den Rechtsfiguren des "cas fortuit" (Zufall) bzw. der "force majeure" (höhere Gewalt) zu erklären[37]. Diese Ansicht gründete sich auf eine alte römisch-rechtliche Textstelle bei Ulpian, der solche Schadensfälle mit dem Herabfallen eines Dachziegels gleichsetzte[38]. Sogar das erste, von der Cour de Bordeaux stammende Gerichtsurteil zur Kinderhaftung vom 31.3.1852 argumentierte in diesem Sinne: "... il appartient au juge de rechercher et de décider si le mineur, même impubère, avait l'intelligence assez développée pour comprendre la faute qu'il a commise, ou bien si son intelligence était encore tellement obscurcie qu'il faudrait assimiler au cas fortuit le fait dommageable dont il a été l'auteur; ..."[39]

Mit ihrer Begründung konnte sich diese Meinung aber nicht durchsetzen. Ihr wird berechtigterweise entgegengehalten, daß es sich bei den angesprochenen Schadensfällen trotz mangelnder Willensfähigkeit des Handelnden doch jedenfalls um ihm objektiv kausal zuzurechnende Schäden handele, was der Annahme eines Zufalls bzw. höherer Gewalt entgegenstehe[40]. Heute wird diese Meinung auch nicht mehr vertreten.

---

[35] Pothier, Traité des obligations, Nr. 118.

[36] Merlin zum Stichwort "Blessé", § 3, Nr. 4 und zum Stichwort "Démence", § 2, Nr. 3; weitere Nachweise bei Mazeaud/Tunc I, Nr. 463 Fn. 9.

[37] Bordeaux, 31.3.1852, D. 1854.5.656; Larombière, Nr. 21, S. 701 f.; Labbé, Rev.crit. 1870, S. 113, 114 ff., 118, 129; Demolombe, Nr. 485, S. 420 f.; Saleilles, Etude, S. 390, Ende der Fn. 1 von S. 388.

[38] Ulpianus, Ad edictum XVIII, Tit.: Ad legem Aquiliam (Collatio legum Mosaic. et Rom. 7, 3, 1 und Dig. 9, 2, 5, §§ 1, 2).

[39] Cour de Bordeaux, 31.3.1852, D. 1854.V.656, Nr. 17.

[40] Blanc-Jouvan, S. 36; Néagu, S. 96.

2. *Willensfreiheit, Einsichtsfähigkeit und Vernunft als subjektive Grundlagen der faute*

Die sich durchsetzende Begründung für das allgemein akzeptierte Ergebnis ging vielmehr dahin, der faute als Haftungsvoraussetzung eine subjektive Grundlage zu geben. Dabei maß man der durch die Vernunft gesteuerten Willens- und Handlungsfreiheit eine überragende Bedeutung bei. Darin kommt die bis zum Ende des 19. Jahrhunderts herrschende individualistische Philosophie zum Ausdruck. So heißt es 1854 bei Ducrocq: "Rien n'appartient à l'homme d'une manière plus intime que ses actions: la religion, la philosophie et les lois positives s'accordent à l'en rendre responsable, parce qu'il est doué de volonté et de liberté pour les éviter ou les accomplir, et de raison pour les diriger. C'est dans cette alliance de la liberté et de la raison, c'est dans le libre arbitre, que se trouvent la cause et le principe de l'imputabilité des actes humains."[41]

Da Kleinkinder noch keinen von Vernunft und Einsicht bestimmten Willen entwickeln können, sprach man ihnen die Fähigkeit zur freien Willensentscheidung ab und nahm sie somit, ebenso wie die Geisteskranken, von der deliktischen Haftung aus[42].

Die Rechtsprechung folgte dem. Verglichen mit der Anzahl von Urteilen zur Haftung Geisteskranker wurde die Rechtsprechung mit dem Problem der Haftung noch einsichtsunfähiger Kinder seltener beschäftigt. Dies mag auf den wohl zumeist vorrangig eingeklagten Spezialtatbestand der Elternhaftung in Art. 1384 Abs. 4 (früher Abs. 2) C.c. zurückzuführen sein.

Nachdem das erste bekannt gewordene Urteil zur Kinderhaftung die Schädigung durch ein einsichtsunfähiges Kind noch als haftungsausschließenden cas fortuit bewertet hatte[43], beriefen sich die folgenden Gerichtsentscheidungen schon nicht mehr auf diese Begründung. Die Cour d'Aix sprach einem elfjährigen Jungen, dem das spätere Opfer selbst ein geladenes Gewehr übergeben hatte, das discernement mit folgender Formulierung ab: "Attendu qu'il résulte de cet exposé que ce malheureux évènement est imputable, non au jeune Baraillier qui n'avait pas le discernement nécessaire pour être responsable de ses actes, mais bien à celui qui en a été victime; ..."[44]

---

[41] Ducrocq, S. 3.

[42] Marcadé, S. 280; Ducrocq, S. 123 f.; Laurent, Nrn. 445 f., S. 472 ff.; Demolombe, Nr. 494 f., S. 428 ff.; Huc, Nr. 407, S. 539.

[43] Siehe oben S. 35 (Fn. 39).

[44] Cour d'Aix, 19.6.1877, D. 1879.V.365, Nr. 28.

Dieser Grundhaltung blieb die Rechtsprechung in der Folgezeit ohne Ausnahme treu[45].

Mit der Haftung Geisteskranker hatten sich die Gerichte häufiger zu beschäftigen. Hier stellte sich auch nicht so schnell Einigkeit ein wie bei der Frage der Kinderhaftung. Der Kassationshof wurde zu dieser Frage schon recht früh angerufen und erklärte am 14.5.1866 in einem Grundsatzurteil:

"Par l'emploi de l'expression faute la loi suppose évidemment un fait dépendant de la volonté, et un insensé n'ayant pas de volonté ne saurait être responsable, même civilement, des faits accomplis par lui pendant l'état de démence."[46]

Ein Urteil der Cour de Lyon vom 22.2.1871 stellt fest: "par l'expression faute, la loi suppose évidemment un fait accompli avec discernement"[47]. Ein anderes untergerichtliches Urteil stützte sich auf die "absence de raison"[48]. Damit sind die auch später immer wieder verwendeten Kriterien genannt: freie Willensentscheidung, Einsichtsfähigkeit und Vernunft.

Lediglich zwei untergerichtliche Urteile in zwei aufeinanderfolgenden Instanzen ein und desselben Rechtsstreits wichen von dieser Linie ab. Das Tribunal civil de Narbonne erklärte einen bereits verstorbenen Geisteskranken für schadensersatzpflichtig indem es erklärte:

"il ne s'agit plus d'apprécier la moralité de l'action, son auteur étant mort, mais d'apprécier le dommage qu'il a causé et d'en mesurer la réparation"[49].

Mit dem Abstellen auf die Tatsache, daß der Schädiger nicht mehr lebte, war das Urteil nicht zu halten, denn es kommt auf die Umstände zur Zeit der Schädigung an. Die nachfolgende Instanz, die Cour de Montpellier, machte die grundsätzliche Aussage:

"la loi, dans l'application de la responsabilité civile, ne tient compte ni de la volonté, ni de l'intention"[50].

---

[45] Cour de Nancy, 26.5.1888, zitiert bei Cass., 13.1.1890, D.P. 1890.I.145 (146); Cour de Bordeaux, 23.3.1905, S. 1905.II.188; weitere Nachweise bei Demogue III, Nr. 303, S. 501 ff.

[46] Cass.req., 14.5.1866, D. 1867.1.296; ebenso schon vorher Trib. Caen, 2.12.1853, D. 1855.2, 117 sowie im Ergebnis auch Cass.crim., 10.5.1843, S. 1843.1.670; Cass.crim., 1.4.1848, S. 1848.1, 320.

[47] Lyon, 2.2.1871, D. 1872.2.133; ähnlich schon Aix, 7.12.1866, S. 1867.2.263.

[48] Agen, 9.11.1864, S. 1865.2.230.

[49] Zitiert vom Berufungsgericht, siehe nachfolgende Fußnote.

[50] Montpellier, 31.5.1866, S. 1866.2.259.

Da der Kassationshof aber erst kurz zuvor die gegenteilige Auffassung vertreten hatte[51], scheute sich die Cour de Montpellier offenbar, der Äußerung entscheidungserheblichen Charakter beizumessen. Sie begründete die Haftung nämlich gleichzeitig mit der "raison suffisante" des Schädigers, so daß die Äußerungen zum Erfordernis ausreichender Willensfähigkeit nur noch den Wert eines obiter dictum hatten. Auf diese Weise sollte wohl die Aufhebung des Urteils durch den Kassationshof vermieden werden[52]. Diese Technik der Urteilsabfassung wurde auch später von anderen Untergerichten wieder aufgegriffen[53]. Das Urteil der Cour de Montpellier wurde wegen des Inhalts seines obiter dictums seinerzeit in der Lehre als "arrêt incroyable" bezeichnet[54]. Heutzutage entspräche dieses obiter dictum dem geltenden Recht, wie noch zu zeigen sein wird[55]. Im 19. Jahrhundert aber hatte diese Ansicht noch keine Chance, sich durchzusetzen.

Eine gerade aus deutscher Sicht interessante, dem § 829 BGB entsprechende Lösung vertrat das Tribunal civil de la Seine in einer ebenfalls vereinzelt gebliebenen Entscheidung vom 5.5.1893, indem es ohne gesetzliche Stütze für sein Urteil dem von einem Geisteskranken geschädigten Kläger eine Billigkeitsentschädigung zusprach: "Attendu que si l'irresponsabilité de l'aliéné a été démontrée, il y a lieu toutefois, dans une mesure d'humanité et à raison de l'état de fortune de X..., d'allouer une réparation...à raison du préjudice..."[56]

Die Rechtsprechung zur Haftung der Geisteskranken erfuhr noch eine Akzentuierung, indem man betonte, daß nur eine vollständige Abwesenheit der Vernunft zur Zeit der Schädigung zur Haftungsbefreiung führe[57] und daß ein den entsprechenden Zustand herbeiführendes vorgelagertes Verschulden ("faute antérieure") einen Haftungsgrund bilde[58]. Dies entspricht in etwa der Regelung des § 827 BGB.

---

[51] Siehe oben (Cass.req., 14.5.1866, D. 1867.1.296).

[52] So auch die Vermutung von Jourdain, Imputabilité II, Nr. 424, S. 453 Fn. 1.

[53] Siehe unten S. 58 f.

[54] Laurent, S. 716 zu Nr. 446, S. 474.

[55] Siehe unten S. 59 ff., 100 ff.

[56] Trib. civ. de la Seine, 5.5.1893, Le Droit vom 10.8.1893 (zitiert bei Corbesco, S. 209 Fn. 2).

[57] Nachweise bei Jourdain, Imputabilité II, Nrn. 417 ff., S. 447 ff.; Hellermann, S. 111 ff.

[58] Nachweise bei Jourdain, Imputabilité II, Nrn. 413 ff., S. 443 ff.; Hellermann, S. 120 ff.

3. Die théorie du risque und ihre Auswirkungen auf die Kinderhaftung

Am Ende des 19. Jahrhunderts entstand eine mächtige Bewegung in der Rechtswissenschaft, die vor allem angesichts der durch die Industrialisierung hervorgerufenen massenhaften Arbeitsunfälle eine radikale Abkehr vom subjektiven Verschuldensprinzip und eine Hinwendung zu objektiven Haftungskriterien forderte. Die hiermit angesprochenen neuen Denkansätze werden unter dem Begriff "théorie du risque" zusammengefaßt. Der Grundgedanke lag darin, daß jeder, der eine Gefahrenquelle für andere schafft, auch für die daraus entstehenden Schädigungen anderer haften soll. Dabei gab es Versuche, die faute weitgehend von der subjektiven Vorwerfbarkeit abzukoppeln und gewissermaßen zu "materialisieren", indem jede durch menschliches Verhalten verursachte Schädigung auf eine faute zurückgeführt wurde[59]. Fahrlässigkeit und Vorsatz sollten nach der Vorstellung eines maßgeblichen Vertreters der Risikotheorie, Saleilles, nur noch Auswirkungen auf die Berechnungsmethode und den Umfang des zu leistenden Schadensersatzes haben[60].

Andere wiesen den Artt. 1382, 1383 C.c. nur einen beschränkten Anwendungsbereich zu und postulierten für die übrigen Fälle eine faute-unabhängige Haftung ohne gesetzlich verankerte Anspruchsgrundlage[61]. Inzwischen werden viele dieser Fälle über die gardien-Haftung gemäß Art. 1384 Abs. 1, 2. Alt. C.c. gelöst[62].

Ein Autor versuchte gar, die Verwendung des Wortes "faute" in Art. 1382 C.c. auf Formulierungsschwierigkeiten bei der Gesetzesredaktion zurückzuführen und ihm so jede eigenständige Bedeutung zu nehmen: Man habe lediglich vermeiden wollen, im zweiten Teil des Artikels das Wort "fait" zu wiederholen, so daß die faute nur aus stilistischen Gründen in den Gesetzestext geraten sei[63]. Abgesehen davon, daß damit der in den Gesetzgebungsmaterialien zum Ausdruck gekommene Wille des Gesetzgebers igno-

---

[59] Saleilles, Les accidents du travail, S. 74, 85, 88; Leclercq, a.a.O. sowie in Pasicr.belge 1932.1.203 f., 209 f.

[60] Saleilles, Les accidents du travail, S. 79 ff., 85 f.

[61] Gény, Rev.trim.dr.civ. 1902, S. 846; Teisseire, S. 151; Demogue III, Nr. 293, S. 482 ff.; vgl. aus heutiger Sicht zu den teilweise anstelle der faute vorgeschlagenen Haftungskriterien Mazeaud/Tunc I, Nrn. 347 ff., S. 435 ff.

[62] Dazu unten S. 130 ff.

[63] So Michel, Rev.crit. 1901, S. 606 f., der konsequenterweise auch für die persönliche Haftung von Kindern ohne discernement eintritt, ebenda, S. 607 f.

riert wurde[64], hätten sich auch leicht andere Gesetzesformulierungen zwecks Vermeidung einer Wortwiederholung finden lassen[65].

Allerdings ist hier zu erwähnen, daß die Chambre des députés, seinerzeit die zweite Parlamentskammer mit Initiativrecht in Bezug auf die Gesetzgebung, am 19.2.1902 mit einer Dringlichkeitserklärung einen Gesetzesvorschlag zur Änderung des Art. 1382 C.c. verabschiedete, der mit seinem ersten Satz dem gerade geschilderten Verständnis der noch geltenden Fassung der Vorschrift durch Michel entspricht. In einem zweiten Satz sollte die deliktische Haftung der Geisteskranken festgeschrieben werden. Der von der Chambre des députés verabschiedete Text lautet: "Tout fait quelquonque de l'homme qui cause à autrui un dommage oblige celui par le fait duquel il est arrivé à le réparer. Le dément sera responsable civilement du préjudice par lui causé."[66]

Die Frage der Haftung noch einsichtsunfähiger Kinder wäre damit aber auch noch nicht eindeutig beantwortet gewesen. Denn warum wollte man nur die Haftung der Geisteskranken regeln, während ansonsten Kinder und Geisteskranke stets im Zusammenhang erörtert wurden? Solche Zweifel hat der französische Gesetzgeber fast sieben Jahrzehnte später tatsächlich gesät, wie noch zu erörtern sein wird[67]. Der Reformvorschlag vom 19.2.1902 ist dagegen von der zweiten Parlamentskammer, dem Sénat, abgelehnt worden[68]. Erfolglos blieb auch ein weiteres Gesetzesprojekt aus dem Jahre 1928, das die Haftung der Geisteskranken nach Maßgabe der Artt. 1382 ff. C.c. mit Ausnahme der Schädigungen in Internierungsanstalten vorsah[69].

Wenn die Vertreter der théorie du risque auch im allgemeinen das Erfordernis der faute im Rahmen des Art. 1382 C.c. anerkannten, so hätte es im Zuge der oben beschriebenen Neubestimmung ihres Inhalts nahegelegen, auch den letzten subjektiven Kern, nämlich die Voraussetzung des discernement, abzuschaffen.

In der Tat gab es Autoren, die dafür plädierten, allerdings in der konkreten Anwendung auffallenderweise wiederum nur anhand des Beispiels

[64] Nachweise bei Mazeaud/Tunc, Nrn. 45 ff., S. 53 ff.

[65] Vgl. die Kritik bei Mazeaud/Tunc, Nr. 369, S. 454 f.

[66] Journal officiel, séance du 19 février 1902 (débats parlementaires, session ordinaire de 1902), S. 770.

[67] Siehe unten S. 59 ff.

[68] Journal Officiel, 7.2.1930, débats parl. Sénat, S. 91.

[69] Projet Strauss, Journal Officiel, Doc. Parl. Sénat, 1928, S. 687, annexe, Nr. 658.

der Geisteskranken[70], während gleichzeitig im Widerspruch zu der postulierten allgemeinen Regel die noch einsichtsunfähigen Kinder von der Haftung ausgenommen wurden[71].

So behandelten denn auch die beiden einzigen von der théorie du risque beeinflußten haftungsbejahenden Urteile zu diesem Problemkreis die Haftung Geistesgestörter. Die Cour d'assises des Bouches-du-Rhône entschied am 29.6.1912:

"...l'acte qui lui est reproché a perdu tout caractère criminel et délictueux; mais en supposant même qu'il l'ait commis sous l'effet d'une influence morbide paralysant sa volonté, la matérialité de l'acte n'en subsiste pas moins et constitue une faute qu'il est tenu de réparer."[72] Ein ähnliches Urteil fällte das Tribunal civil de Perpignan[73].

Einige der bedeutendsten Vertreter der théorie du risque hielten demgegenüber an der alten Regel fest, nach der alle einsichtsunfähigen Personen von der deliktischen Haftung ausgenommen sind. Teisseire, ein ansonsten sehr weit gehender Anhänger der théorie du risque, schrieb: "La responsabilité, même civile, peut-être par une derniére et invincible survivance de considérations morales, évoque irrésistiblement dans la conscience l'idée d'un être libre et raisonnable"[74]. Der Begriff der responsabilité wurde im Sinne von persönlicher Verantwortlichkeit verstanden und von der bloßen réparation (Entschädigung) abgegrenzt[75]. Da die théorie du risque einer enormen Ausweitung der deliktsrechtlichen Haftung das Wort redete, sollte die das gesteigerte Haftungsrisiko hervorbringende Handlung jedenfalls von einer Person stammen, die zur Erkenntnis der heraufbeschworenen Gefahr fähig ist[76].

Schließlich gab es den vereinzelt gebliebenen Ansatz, bei Schädigungen durch Kleinkinder und Geisteskranke de lege ferenda eine Schadensteilung zwischen Schädiger und Geschädigtem zu propagieren, weil das Ereignis

[70] Planiol, Traité II, Nr. 878, S. 291; Ripert, Rev.crit. 1909, S. 129 ff., der aber später (in: La règle morale dans les obligations civiles, Nr. 125) seine Auffassung revidierte; Corbesco, S. 193 ff.; Perreau, Rev.crit. 1902, S. 405; Pascaud, Rev.crit. 1905, S. 219.

[71] Planiol, Traité II, Nr. 879, S. 292; Corbesco, S. 195 f.

[72] Cour d'assises des Bouches-du-Rhône, 29.6.1912, G.P. 1912.II.289.

[73] Urt. v. 15.5.1907, D. 1907.5.38.

[74] Teisseire, S. 23.

[75] Teisseire, S. 24.

[76] Teisseire, S. 17; Saleilles, Etude, S. 390, Ende der Fn. 1 von S. 388.

keinem der Beteiligten in größerem Maße zugerechnet werden könne als dem jeweils anderen[77].

Den insgesamt doch radikalen Forderungen der théorie du risque wurde am Ende des 19. Jahrhunderts durch zwei Ereignisse Rechnung getragen, die gleichzeitig eine Kanalisierung bewirkten: Zunächst leitete der Kassationshof aus dem bis dahin nur als Einleitungsformel für die nachfolgenden Vorschriften ohne eigenen Regelungsgehalt verstandenen Art. 1384 Abs. 1, 2. Alt. C.c. eine Risikohaftung des Eigentümers für Schädigungen durch eine unerkannt fehlerhafte Sache ab[78]. Dieser das französische Deliktsrecht revolutionierende Ansatz wurde später zur heute allgemein anerkannten gardien-Haftung weiterentwickelt[79], wobei sich auch dort die schwierige Frage stellte, ob das discernement eine Haftungsvoraussetzung ist[80]. Der zweite Schritt bei der Umsetzung der théorie du risque bestand in der Schaffung eines Gesetzes vom 9.4. 1898 über die Gefährdungshaftung von Unternehmern für Arbeitsunfälle[81]. Mit diesem Gesetz waren diejenigen Fälle befriedigend geregelt, die zuvor den Anlaß für das Aufkommen der théorie du risque gegeben hatten.

Die théorie du risque hat somit wichtige Schritte bei der Weiterentwicklung des französischen Deliktsrechts bewirkt. Sie hat sogar gewisse Auswirkungen auf die Haltung in Rechtsprechung und Lehre zur Frage der deliktischen Haftung Geisteskranker gehabt. Das Problem der Haftung noch einsichtsunfähiger Kinder ist aber von ihr nicht entscheidend beeinflußt worden.

4. Die Reaktionen in der französischen Rechtslehre auf die Schaffung der §§ 828, 829 BGB

Während Frankreich im Jahre 1900 bereits auf fast ein ganzes Jahrhundert Erfahrung mit seiner Zivilrechtskodifikation zurückblicken konnte, trat in Deutschland erst zu diesem Zeitpunkt das Bürgerliche Gesetzbuch in

---

[77] Orsat, S. 165 f. (der dies aber nur als Übergangslösung vor einem System des Haftpflichtversicherungsschutzes vorschlägt und mit dieser Zielvorstellung seiner Zeit weit voraus war); später auch Demogue III, Nr. 317, S. 515 (Dieser Autor setzt sich allgemein für eine Schadensteilung in allen Schadensfällen ohne faute und ohne Beteiligung einer gefährlichen Sache ein, Nr. 289, S. 477 ff.); Saleilles, Etude, S. 390, Ende der Fußnote 1 von S. 388, der aber je nach den Umständen auf Seiten des einsichtsunfähigen Schädigers eine Abweichung von der hälftigen Schadenstragung vorschlägt.

[78] Cass.civ., 16.6.1896, D. 1897.1.433, note Saleilles = S. 1897, S. 17, note A. Esmein.

[79] Siehe unten S. 130 ff.

[80] Siehe unten S. 135 ff.

[81] Dazu Bürger, S. 116 ff.

Kraft. Da es sich vor allem durch seine stark ausgeprägte Wissenschaftlichkeit in Aufbau, Technik und Sprachstil vom Code civil unterscheidet, hat die französische Rechtswissenschaft zu jener Zeit ein besonderes Interesse am deutschen Zivilrecht gezeigt[82]. Dies betrifft gerade auch die deutsche Regelung der Verschuldensfähigkeit in den §§ 827-829 BGB, die ja im Code civil keine Entsprechung hat.

§ 827 BGB mit seinen Bestimmungen über die Verschuldensfähigkeit von Geistesgestörten entsprach im wesentlichen der französischen Rechtsprechung, so daß man sich auf diese Feststellung[83] bzw. auf das Zitieren der Regelung in französischer Übersetzung[84] beschränkte.

Eine kritische Aufnahme fand hingegen § 828 BGB, sofern er nicht lediglich referiert wurde[85]. Die in dieser Norm getroffene Differenzierung nach Altersgruppen hielten französische Rechtswissenschaftler für willkürlich und der Wirklichkeit nicht entsprechend. Der Richter müsse hier in seinem Beurteilungsspielraum bezüglich der Einsichtsfähigkeit frei bleiben[86].

Die Billigkeitshaftung der Verschuldensunfähigen gemäß § 829 BGB schließlich stieß auf großes Interesse, denn diese Lösung des Interessenkonflikts zwischen verschuldensunfähigen Schädigern und rechtswidrig Geschädigten war in Frankreich bis dahin noch unbekannt. Das Echo war aber geteilt. Während einige die neue Regelung wegen ihrer flexiblen Lösung von Extremfällen begrüßten[87], gab es auch strikte Ablehnung. Gaudemet sah einen Verstoß gegen das juristische Prinzip der Nichthaftung von Verschuldensunfähigen; ihnen gegenüber könne es nur eine moralische, keinesfalls aber eine juristische Verpflichtung zur Entschädigung des Opfers geben[88]. Noch zum § 752 des zweiten Entwurfs zum BGB, dem Vorläufer des Gesetz gewordenen § 829 BGB, äußerte sich Willems. Er meinte zunächst noch wertneutral, die Schaffung einer solchen Regelung sei eine "question d'opportunité, variant d'après les traditions, la conscience des peuples"[89], lehnte

[82] Als herausragendes Beispiel sei die in drei Auflagen erschienene "Etude sur la théorie générale de l'obligation d'après le premier projet de Code civil pour l'Empire allemand" von Raymond Saleilles genannt.

[83] Orsat, S. 44 f.

[84] Corbesco, S. 193, Fn. 1; Baudry-Lacantinerie/Barde, Nr. 2861, Fn. 2, S. 549; Bettremieux, S. 148 f.

[85] Darauf beschränkten sich Orsat, S. 45 und Gaudemet, S. 308.

[86] Bosc, S. 43; Baudry-Lacantinerie/Barde, Nr. 2864, S. 551 f.; Willems, Rev.gén.dr. 1895, S. 144 (noch zu § 751 des zweiten Entwurfs zum BGB).

[87] Orsat, S. 46 f.; Bettremieux, S. 149; Bosc, S. 259.

[88] Gaudemet, S. 308.

[89] Willems, Rev.gén.dr. 1895, S. 148.

dies aber für Frankreich zu jener Zeit ab, weil nach seiner Auffassung dafür kein aktuelles Bedürfnis bestand[90].

Eine interessante Beurteilung des § 829 BGB stammt schließlich von Saleilles und Corbesco[91]. Die Regelung sei ein Fortschritt, bleibe aber mit ihrer Beschränkung der Billigkeitshaftung auf Einsichtsunfähige inkonsequent. Die Billigkeit könne eine Entschädigung nämlich auch dann erfordern, wenn das subjektive Verschulden aus einem anderen Grund fehle. In der Tat war sogar noch in § 752 des zweiten Entwurfs zum BGB diese weiter gehende Billigkeitshaftung vorgesehen[92]. Der Bundesrat sah darin aber eine intolerable Durchbrechung des Verschuldensprinzips und beschränkte die Bestimmung sodann auf den Inhalt des schließlich Gesetz gewordenen § 829 BGB[93]. Abgesehen von diesem Gesichtspunkt schlagen Saleilles und Corbesco aber noch andere, eigene Lösungen vor[94].

Die Reaktionen auf den neuen § 829 BGB waren insgesamt zu uneinheitlich, als daß er ein Modell für das französische Recht hätte werden können. Er geriet dann auch bald aus dem Blickfeld des Interesses. Selbst bei der späteren Weiterentwicklung der Haftung verschuldensunfähiger Personen, insbesondere bei der Einführung des Art. 489-2 C.c. und in der nachfolgenden Diskussion um die Kinderhaftung, ist die flexible Problemlösung des § 829 BGB zugunsten der beiden Extrempositionen (entweder volle oder gar keine Haftung) weitgehend ignoriert worden[95].

Die deutsche Gesetzgebung zur Haftung verschuldensunfähiger Personen hat nach alldem keine nachhaltige Wirkung auf das französische Recht gezeitigt.

---

[90] Ebenda, S. 149.

[91] Saleilles, Etude, S. 388 ff.; Corbesco, S. 209 ff.

[92] Begründung in den Protokollen der Kommission für die zweite Lesung des Entwurfs des Bürgerlichen Gesetzbuchs, Band II, S. 581 f., 584, 589 f. (dort zu § 709 a).

[93] Bericht der Reichstagskommission, S. 99 ff.. Dennoch gab es auch später wiederholt Forderungen nach einer allgemeinen Billigkeitshaftung, so in einem Beschluß des 34. Deutschen Juristentages 1928, Verhandlungen, Band II, S. 515 (insoweit Vorschlägen von Dölle, Reichel und James Goldschmidt, Band I, S. 122, 177, II, S. 431, 457 folgend) sowie in Art. 7 Abs. 1 des Entwurfs einer Deutschen Schadensordnung von 1940, abgedruckt bei Nipperdey, Reform des Schadensersatzrechts, S. 91 f..

[94] Differenzierend Saleilles, Etude, S. 390, Ende der Fn. 1 von S. 388; für eine streng objektive Haftung Corbesco, S. 214 ff.

[95] Siehe unten S. 59 ff.

II. Die Entwicklung der Lehre von der faute objective

Nach dem Gezeigten galt der Grundsatz, daß noch einsichtsunfähige Kinder nicht deliktisch haften, im französischen Recht über die Wende zum 20. Jahrhundert hinaus, trotz des Einflusses der théorie du risque auf das Haftungsrecht im allgemeinen. Nach dem Aufkommen und der Kanalisierung der théorie du risque bedurfte es einiger Zeit, bis ein neues rechtswissenschaftliches Konzept diesen bis dahin ehernen Grundsatz des französischen Deliktsrechts in Frage stellte. Die Väter dieses neuen und im Laufe der Zeit immer einflußreicheren Konzepts waren Henri und Léon Mazeaud, die 1931 in der ersten Auflage ihres heute noch bedeutenden und oft zitierten "Traité théorique et pratique de la responsabilité civile délictuelle et contractuelle" ein extrem objektives Verständnis der faute entwickelt haben[96].

Ausgangspunkt des neuen Konzepts ist die klare Ablehnung der théorie du risque[97]. Demgegenüber wird das entscheidende Haftungskriterium für das gesamte Deliktsrecht des Code civil in der faute gesehen[98]. Sogar die gardien-Haftung gemäß Art. 1384 Abs. 1, 2. Alt. C.c. wird auf eine "faute dans la garde" gestützt, die allerdings wenig aussagekräftig ist, wenn man bedenkt, daß, gestützt auf eine Garantiepflicht des gardien ("obligation de résultat"), aus der bloßen Schädigung durch eine Sache die faute des gardien gefolgert wird, ohne daß sich dieser mit dem Beweis fehlenden Verschuldens entlasten könne[99]. Die Begründung des gesamten Deliktsrechts aus der faute geht einher mit einer Neubestimmung des faute-Begriffs im Sinne einer deutlichen Ausweitung. Deshalb unterscheidet sich das neue Konzept trotz der theoretischen Frontstellung gegenüber der théorie du risque in seinen praktischen Auswirkungen weniger stark von dieser als man zunächst glauben könnte.

1. Ablehnung der klassischen faute-Definition

Bei der Suche nach einer befriedigenden Definition der faute wird zunächst das klassische Konzept (faute = illicéité + imputabilité)[100] verworfen. Während einige Vertreter der Lehre von der faute objective ihre Kritik nur gegen das Erfordernis der imputabilité richten, wenden sich Mazeaud/Tunc

---

[96] Im folgenden werden die ausgereiften Ausführungen in der heute noch aktuellen 6. Auflage des Werkes von 1965 ausgewertet.

[97] Mazeaud/Tunc I, Nrn. 336 ff., S. 429 ff.

[98] Mazeaud/Tunc I, Nr. 363, S. 450.

[99] Mazeaud/Mazeaud II, Nrn. 1312 ff., 1318.

[100] Siehe oben S. 29 ff.

und Marty auch gegen die illicéité (Rechtswidrigkeit)[101]. Dieser Begriff tauge nicht zur Präzisierung der faute, weil auch er erst noch näher bestimmt werden müßte. Es handele sich um die Ersetzung eines unklaren Ausdrucks durch einen anderen, statt einer Definition erhalte man so nur eine Tautologie. Zudem sei die Verwendung des Begriffs der Rechtswidrigkeit gefährlich, weil das Mißverständnis entstehen könne, die Einhaltung der geschriebenen Rechtsnormen unter Außerachtlassung ungeschriebener Verkehrspflichten schließe die Haftung automatisch aus[102]. Dieser "rechtswidrigkeitsfeindliche" Standpunkt wird verständlich, wenn man sich vergegenwärtigt, daß das französische im Gegensatz zum deutschen Recht kein spezielles, Rechtsfolgen implizierendes Rechtswidrigkeitskonzept herausgebildet hat[103]. Die den Begriff der Rechtswidrigkeit vermeidenden Autoren charakterisieren das haftungsbegründende Verhalten des Schädigers als Verhaltensfehler ("erreur de conduite"). Da aber auch dieses Kriterium noch der Konkretisierung bedarf, handelt es sich letztlich nur um eine Frage der Terminologie, die noch keine grundsätzlichen Unterschiede erkennen läßt[104]. Der dem deutschen Deliktsrecht eigene Streit zwischen den Konzepten des Erfolgsunrechts und des Handlungsunrechts ist in Frankreich völlig unbekannt, weil bereits der Wortlaut der Artt. 1382, 1383 C.c. im Gegensatz zu § 823 Abs. 1 BGB das Konzept des Handlungsunrechts nahelegt.

Von besonderer Bedeutung für das Problem der Haftung noch einsichtsunfähiger Kinder ist die Haltung zum zweiten Element der klassischen faute-Definition, der imputabilité (Zurechenbarkeit). Hier geht die Lehre von der faute objective nicht nur terminologisch, sondern auch inhaltlich neue Wege: Verstehe man diesen Begriff im weiteren Sinne von objektiver Zurechenbarkeit, was heute nicht mehr vertreten wird[105], so diene er nur zum Ausschluß der durch Zufall (cas fortuit) oder höherer Gewalt (force majeure) verursachten Schädigungen, präzisiere aber nicht, wann eine faute positiv vorliege. Die imputabilité im heute herrschenden Verständnis, d.h. im Sinne von subjektiver Zurechenbarkeit (Einsichtsfähigkeit), beziehe sich nur auf den speziellen Fall der Haftung einsichtsunfähiger Personen und sei

[101] Mazeaud/Tunc I, Nr. 389, S. 465 f.; Marty, in: Etudes juridiques offertes à L. Julliot de la Morandière, S. 339 ff. sowie in: Mélanges Maury, t. II, S. 173 ff.; Marty/Raynaud, Nrn. 398-400.

[102] Mazeaud/Tunc I, Nr. 389, S. 465 f.

[103] Siehe oben S. 31 sowie unten S. 57.

[104] Viney, Traité, Nr. 443, S. 532.

[105] Eine Kombination von objektiver und subjektiver Zurechenbarkeit vertritt aber neuerdings Jourdain, Imputabilité II sowie im J.Cl., Art. 1382 à 1386, Fasc. 121, Nrn. 4 bis 11. Allerdings wird die imputabilité hier als außerhalb der faute angesiedelte, selbständige Haftungsvoraussetzung begriffen.

daher als allgemeines Kriterium der faute ungeeignet. Die richtige Methode bestehe vielmehr darin, die Lösung dieses speziellen Problems aus einer allgemeineren Definition der faute abzuleiten, wobei noch weitere Gesichtspunkte berücksichtigt werden könnten. Die imputabilité sei jedenfalls kein Element der faute, sie könne vielleicht als deren Folge verstanden werden[106].

2. *Das neue faute-Konzept*

a) Der Verhaltensfehler ("erreur de conduite") als Ausgangsbasis

Ausgehend von der Erkenntnis, daß eine faute vorliege, wenn man sich nicht so verhält, wie man es tun müßte, basiert die vorgeschlagene neue Definition der faute auf dem verhältnismäßig einfachen Begriff des Verhaltensfehlers ("erreur de conduite")[107]. Entscheidend für die Anwendung dieses Kriteriums ist aber die Frage, nach welchem Maßstab das Urteil über das Vorliegen eines Verhaltensfehlers gefällt wird. Unter Zugrundelegung der in den Artt. 1382, 1383 C.c. getroffenen Unterscheidung zwischen vorsätzlichem (faute délictuelle) und der fahrlässigem (faute quasi-délictuelle) Verhalten entstehen bei erstgenanntem keine Probleme: Die faute wird hier durch den auf die Schädigung gerichteten Willen charakterisiert. Den einsichtsunfähigen Personen wird dabei die Fähigkeit zur vorsätzlichen Schädigung abgesprochen, weil sie die Bedeutung ihrer Handlungen nicht verstehen[108].

Schwieriger gestaltet sich die Suche nach dem Maßstab für den Verhaltensfehler bei der fahrlässigen Schädigung. Soweit geschriebene Rechtsnormen ein bestimmtes Verhalten vorschreiben, sei die faute in dem Verstoß gegen diese Vorschriften zu sehen[109]. Ein zusätzliches Verschuldenserfordernis wie in § 823 Abs. 2 BGB besteht danach nicht. In diesem Punkt besteht übrigens Einigkeit im französischen Deliktsrecht. Die Lehre von der faute objective nimmt hier keine Sonderstellung ein[110]. Die deliktsrechtliche Haftung für Verstöße gegen geschriebenes Recht ist in Frankreich noch in einem anderen, logisch vorrangigen Prüfungspunkt weiter als nach § 823 Abs. 2 BGB: Der konkrete Schutzzweck der verletzten Norm zugunsten des Geschädigten wird nicht verlangt. Dies ist nur ein Beispiel für die schon von

---

106 Mazeaud/Tunc I, Nr. 390, S. 467 f.

107 Mazeaud/Tunc I, Nr. 395, S. 473.

108 Mazeaud/Tunc I, Nr. 410, S. 480.

109 Mazeaud/Tunc I, Nr. 416, S. 486.

110 Viney, Traité, Nrn. 447 f., S. 535 ff.

der Gesetzeskonzeption her strengere Haftung nach französischem Deliktsrecht.

b) Der Verhaltensmaßstab in Bezug auf die Verletzung der allgemeinen Rechtspflicht zu sorgfältigem Verhalten

Problematisch sind die Fälle, in denen mangels besonderer Regelung nur die allgemeine Rechtspflicht zu sorgfältigem Verhalten in Rede steht. Diesbezüglich greift die neue Lehre auf das "fondement" des Deliktsrechts zurück, das mit der Zielsetzung des Rechts im allgemeinen übereinstimme. Es bestehe in dem Anliegen, einen gerechten Ausgleich zwischen den Freiheiten und Pflichten der einzelnen Individuen zu schaffen. Aus der sozialen Eingebundenheit des Einzelnen folge der Maßstab für die Feststellung eines Verhaltensfehlers. Vergleichsmaßstab sei das sozial übliche Verhalten der "bons pères de famille"[111]. Abgestellt wird also auf das fehlerfreie Verhalten einer fiktiven Vergleichsperson, weil sich der Rechtsverkehr darauf einstelle und in seinem diesbezüglichen Vertrauen zu schützen sei.

c) Die Ablehnung jeglicher subjektiver Verschuldenselemente einschließlich der Einsichtsfähigkeit

Aber auch der Maßstab des bon père de famille wird noch als präzisierungsbedürftig angesehen. Es fragt sich nämlich, ob er noch Raum läßt für eine Prüfung des subjektiven Verschuldens seitens des Schädigers (appréciation in concréto de la faute quasi-délictuelle) oder ob dessen Verhalten ohne jegliche Rücksichtnahme auf die persönlichen Tatumstände nur an dem Verhalten einer abstrakten, fiktiven Vergleichsperson zu messen ist (appréciation in abstracto de la faute quasi-délictuelle). Wenn man die zweite Alternative in extremer Form zu Ende denkt, kommt man dazu, auch das Verhalten eines noch einsichtsunfähigen Kleinkindes mit dem Verhalten des imaginären, erwachsenen bon père de famille zu vergleichen und im Falle einer negativen Abweichung eine faute des Kindes zu konstatieren. So sieht in der Tat die Lösung der Lehre von der faute objective aus[112]. Wegen der großen Bedeutung und des starken Einflusses dieser Lehre sollen im folgenden ihre Argumente nachvollzogen und analysiert werden.

---

[111] Mazeaud/Tunc I, Nr. 417, S. 486 ff.

[112] Mazeaud/Tunc I, Nr. 465, Fn. 1 a.E., S. 530.

aa) Die Gleichstellung der einsichtsunfähigen mit den zwar einsichtsfähigen, aber überdurchschnittlich ungeschickten oder nervösen Personen

Der grundsätzliche Konflikt zwischen dem Interesse des Rechtsverkehrs an einem durch das Haftpflichtrecht abgestützten Schutz vor den Folgen persönlicher Unfähigkeiten und Schwächen anderer sowie dem Interesse der Letztgenannten, gerade dafür mangels subjektiven Verschuldens nicht einstehen zu müssen, wird durchaus erkannt. In diesem Interessenkonflikt wird die Ursache für die Differenzierung in Rechtsprechung und Lehre gesehen, die zwar im allgemeinen einem objektiven Fahrlässigkeitsmaßstab das Wort rede, davon aber inkonsequenterweise im Falle der einsichtsunfähigen Personen eine Ausnahme mache[113].

Gegenüber der Haftung bereits einsichtsfähiger, aber überdurchschnittlich ungeschickter oder nervöser Personen aufgrund des objektiven Fahrlässigkeitsmaßstabs stelle die Haftungsbefreiung der Einsichtsunfähigen eine ungerechtfertigte Ungleichbehandlung dar, denn den Angehörigen beider Gruppen könne kein Vorwurf subjektiven Verschuldens gemacht werden, auf den es im übrigen auch nicht ankomme. Damit wird der vom deutschen Gesetzgeber in den §§ 276, 827-829 BGB anerkannte Wertungsunterschied zwischen dem Verschulden im allgemeinen und der schon nach der Gesetzessystematik vorgelagerten Frage der Verschuldensfähigkeit negiert. Der Einwand, einsichtsfähigen, aber aus anderen Gründen mit persönlichen Schwächen ausgestatteten Personen die Erkennbarkeit der aus ihren Aktivitäten erwachsenden gesteigerten Gefahren als verschuldensbegründend entgegenhalten zu können, wird nicht als relevant erachtet. Dabei fällt auf, daß nicht zwischen der konkreten Erkenntnis der Gefahr und der nur als potentiell zu verstehenden Erkennbarkeit unterschieden wird[114], obwohl gerade in dem letztgenannten Kriterium der entscheidende Grund für die Ungleichbehandlung einsichtsfähiger und einsichtsunfähiger Personen gesehen werden kann. Daran wird deutlich, daß im französischen Recht die Analyse der einzelnen Elemente des Verschuldens nicht so ausgeprägt ist wie im deutschen Recht.

---

113 Mazeaud/Tunc I, Nr. 417 bis, S. 490.

114 Mazeaud/Tunc I, Nr. 461, insbes. Fn. 7, S. 522 f.

bb) Die Differenzierung zwischen den zu berücksichtigenden äußeren Tatumständen ("circonstances externes") und den unbeachtlichen persönlichen Umständen auf Seiten des Schädigers

Nach der Lehre von der faute objective sind bei der Bestimmung des maßgeblichen Verhaltens der personne avisée bzw. des bon père de famille nur die äußeren Umstände ("circonstances externes") des Tatortes und der Tatzeit zu berücksichtigen, während die persönlichen Umstände des Schädigers ("circonstances internes"), zu denen alle seine physischen und psychischen Besonderheiten einschließlich der Einsichtsfähigkeit[115] zählen, als unbeachtlich angesehen werden[116]. Eine Ausnahme im Sinne einer Haftungsverschärfung wird nur für das Anforderungsprofil gegenüber Angehörigen spezialisierter Berufe im Rahmen der jeweiligen Berufstätigkeit gemacht, wobei allerdings die besonderen "circonstances externes" der Berufstätigkeit als Begründung dienen[117].

Sogar der im deutschen Recht allgemein anerkannte, nach Altersgruppen abgestufte Sorgfaltsmaßstab für bereits einsichtsfähige Kinder wird abgelehnt[118]. Eine Anpassung des faute-Maßstabs an typisch kindliche Verhaltensweisen soll nur dann erfolgen, wenn Kinder untereinander spielen, weil es sich dann um besondere "circonstances externes" handele[119]. Hierdurch wird aber nur ein halbherziger Schutz der Kinder bewirkt, denn in vielen Schadensfällen sind sowohl Kinder als auch Erwachsene beteiligt.

cc) Die extrem objektive Abgrenzung von Handlungsspielräumen

Die unterschiedslose Behandlung aller Personen nach einem objektiven Fahrlässigkeitsmaßstab trotz Fehlens der subjektiven Vorwerfbarkeit im Einzelfall wird zunächst mit der Erwägung gerechtfertigt, daß es im Haft-

---

[115] Mazeaud/Tunc I, Nr. 460, S. 521 f.

[116] Mazeaud/Tunc I, Nrn. 431-438, S. 500-503; Mazeaud/Chabas, Leçons, t. II.1, S. 447; abweichend insoweit Dejean de la Batie, Appréciation in abstracto, Nrn. 31-43, S. 31-43, der vom bon père de famille abweichende physische Besonderheiten des Schädigers berücksichtigt, dies aber nur im Hinblick auf alte Leute (Nr. 28, S. 29 in Abgrenzung zu Schädigungen durch Kinder), Kranke und Behinderte zur Geltung bringt. Warembourg-Auque, S. 337, 339, Nrn. 11, 13 f. differenziert zwischen den Geistesstörungen, die sie als "circonstances internes" wertet, und der Kindheit, die den zu berücksichtigenden "circonstances externes" zuzurechnen sei.

[117] Mazeaud/Tunc I, Nr. 486, S. 543.

[118] Mazeaud/Tunc I, Nrn. 482-487, S. 541-544; siehe unten S. 87 ff. zur Haltung des französischen Rechts im allgemeinen zu diesem Problemkreis.

[119] Mazeaud/Tunc I, Nr. 485, S. 542; Dejean de la Batie, Nr. 352; ders., note J.C.P. 1978.II, 18793.

pflichtrecht nicht um die moralische Bewertung menschlichen Verhaltens, sondern um die aus Gründen des Vertrauensschutzes rein objektiv zu bestimmende Abgrenzung von Handlungsspielräumen im sozialen Gefüge gehe[120].

Die Berücksichtigung subjektiver Elemente bei der Fahrlässigkeit des Schädigers führe demgegenüber dazu, der Verpflichtung zum Schadensersatz einen Strafcharakter beizumessen. Damit vermenge die Gegenansicht unzulässigerweise die Zielsetzungen des Straf- und des zivilen Schadensersatzrechts[121].

Mit diesem Gedankengang der Lehre von der faute objective wird aber die Schutzbedürftigkeit des Geschädigten einseitig überbetont. Eine solche Gewichtung der beteiligten Interessen läßt sich zwar für eine verschuldensunabhängige Gefährdungs- bzw. nach französischer Terminologie Risikohaftung vertreten. Die deliktsrechtlichen Tatbestände der Verschuldenshaftung jedoch erfüllen mit dem Anknüpfen an das Verhalten des Schädigers auch die präventive Funktion der Schadensverhütung[122]. Ein Vertreter der Lehre von der faute objective berücksichtigt denn auch die Präventionsfunktion der deliktsrechtlichen Verschuldenstatbestände insofern, als er dem abstrakten, objektiven Verschuldensmaßstab die Funktion zuweist, weniger befähigte oder im allgemeinen weniger sorgfältige Personen zu einer Anpassung an das vom Rechtsverkehr erwartete Verhalten zu bewegen[123]. Dieser Appell zu sorgfältigem Verhalten erfordert aber einen geeigneten Adressaten, und hierfür kommen nur einsichtsfähige Personen in Betracht[124].

Bei der Abgrenzung von Handlungsspielräumen ist Kindern eine Sonderbehandlung zuzugestehen, weil sie das allgemein erwartete richtige Verhalten erst lernen und einüben müssen[125]. Bei diesem Lernprozeß sind Irrtümer und Fehler aber unvermeidlich. Dem trägt die Lehre von der faute objective insofern Rechnung, als sie von Erwachsenen gegenüber den oft unüberlegt handelnden Kindern ein besonders sorgfältiges Verhalten fordert[126]. Sie

---

[120] Mazeaud/Tunc I, Nr. 461-2, S. 523 f.

[121] Mazeaud/Tunc I, Nr. 421, S. 492 f.; Blanc-Jouvan, S. 52 ff., Nr. 16.

[122] Dazu Kötz in: Fs. für Steindorff, S. 643 ff.; Deutsch, in: Klein, Colloquium, S. 45 ff.; Viney, Traité, Nrn. 39-43.

[123] Dejean de la Batie, Appréciation in abstracto, Nr. 157, S. 137.

[124] Starck, Obligations I, Nr. 371, S. 205; Gomaa, Nr. 89, S. 57; ähnlich MünchKomm/Mertens, § 829 Rn. 5; Mertens/Reeb, JuS 1972, S. 35 (38); beschränkt auf infantes auch Warembourg-Auque, S. 339, Nr. 14.

[125] Kötz, Deliktsrecht, Rn. 315, S. 115; Deutsch, Haftungsrecht I, S. 299 f.

[126] Mazeaud/Tunc I, Nr. 487, Fn. 2 a.E., S. 544.

lehnt es aber ab, daraus auch Schlußfolgerungen für den auf das Kinderverhalten anzuwendenden Verschuldensmaßstab zu ziehen[127].

Demgegenüber ist darauf hinzuweisen, daß sich gerade aus diesen Erwägungen gegenüber Kindern ein vermindertes Bedürfnis nach Vertrauensschutz ergibt. Im sozialen Kontakt mit Kindern ist nun einmal erkennbar stets mit deren unüberlegtem, Schaden verursachendem Verhalten zu rechnen. Wenn der Grund für den auf den Schädiger anzuwendenden Verschuldensmaßstab in dem schutzwürdigen Vertrauen des Rechtsverkehrs auf das fehlerfreie Verhalten anderer liegt, muß sich ein vermindertes Bedürfnis nach Vertrauensschutz schon bei der Bestimmung dieses Maßstabs auswirken. Ob und inwieweit man dem durch die subjektiven Kriterien der Einsichtsfähigkeit oder der Steuerungsfähigkeit bzw. durch einen zwar objektiven, aber nach typischen Altersgruppen gestuften Fahrlässigkeitsmaßstab Rechnung trägt, ist eine weitere Frage, der aber an dieser Stelle nicht nachgegangen werden soll[128].

Die Lehre von der faute objective begründet ihren Standpunkt schließlich mit der These, dem Menschen sei ein moralisches Urteil über seinesgleichen nicht möglich[129]. Daraus resultiert auch eine kritische Haltung zur strafrechtlichen Praxis[130]. Die vorstehenden Erwägungen zur übrigen Argumentation der Lehre von der faute objective zeigen aber, daß die Freistellung der noch einsichtsunfähigen Kinder von der deliktsrechtlichen Verschuldenshaftung durchaus nicht auf moralische Erwägungen gestützt werden muß. Insofern geht die angesprochene These an der Sache vorbei, so daß sie hier nicht auf ihre Richtigkeit hin überprüft werden muß.

d) Die Definition der faute nach der Lehre von der faute objective

Das vorstehend dargelegte und analysierte Konzept der Lehre von der faute objective führt zu folgender Definition der faute quasi-délictuelle: "La faute quasi-délictuelle est une erreur de conduite telle qu'elle n'aurait pas été commise par une personne avisée placées dans les mêmes circonstances «externes» que l'auteur du dommage." Diese Definition wird auch für geeig-

[127] Ebenda.

[128] Deutsch, Haftungsrecht I, S. 299 f. befürwortet eine stärkere Berücksichtigung des alterstypischen Sorgfaltsmaßstabs zu Lasten des rein subjektiven Kriteriums der Einsichtsfähigkeit.

[129] Mazeaud/Tunc I, Nr. 417 bis a.E., S. 490 f.; Nr. 464, S. 528 f.; Tunc in: Klein, Colloquium, S. 16, 202 f.; Blanc-Jouvan, S. 55, 60.

[130] Mazeaud/Tunc I, wie in der vorstehenden Fußnote.

net gehalten, den Verstoß gegen eine präzise gesetzliche Verhaltenspflicht sowie die faute délictuelle, also das vorsätzliche Verhalten, mit zu umfassen, weil die maßgebliche Vergleichsperson weder gegen das Gesetz verstoße noch mit Schädigungsvorsatz handele[131].

3. Weitere, vom allgemeinen faute-Konzept unabhängige Argumente für die Haftung noch einsichtsunfähiger Kinder

Neben der Ableitung der deliktischen Haftung noch einsichtsunfähiger Kinder aus der allgemeinen Definition der faute werden noch weitere, an dem konkreten Sachproblem orientierte Argumente ins Feld geführt.

a) Die Auslegung des Art. 1310 C.c.

Wie bereits gezeigt[132] ist Art. 1310 die einzige Vorschrift im Code civil, die die deliktsrechtliche Haftung Minderjähriger anspricht, ohne aber deren Voraussetzungen zu präzisieren. So heißt es denn auch zunächst im Lehrbuch der Brüder Mazeaud, Art. 1310 C.c. gebe keinen Aufschluß darüber, ob und wann noch einsichtsunfähige Kinder deliktisch haften, so daß die Antwort auf diese Frage aus der Definition der faute im Rahmen der Artt. 1382, 1383 C.c. abgeleitet werden müsse[133]. Nachdem dies geschehen ist, wird aber plötzlich doch auf den Wortlaut des Art. 1310 C.c. zur Untermauerung der eigenen Position abgestellt. Die Norm beziehe sich unterschiedslos auf alle Minderjährigen, also auch auf noch einsichtsunfähige Kinder. Art. 1310 C.c. gehe folglich davon aus, daß diese deliktsrechtlich haften können. Mithin führe die Einsichtsunfähigkeit nicht zum Haftungsausschluß[134].

Demgegenüber ist aus gesetzessystematischer Sicht darauf hinzuweisen, daß die übrigen Artikel des Abschnitts, in dem sich Art. 1310 C.c. befindet, den dem Alter der Urteilsunfähigkeit bereits entwachsenen Jugendlichen im Auge haben. Nur für diesen besteht nämlich die Läsionsklage wegen Übervorteilung gemäß Art. 1305 C.c., während Rechtsgeschäfte mit Beteiligung noch urteilsunfähiger Kinder grundsätzlich nichtig sind[135]. Daraus wird von der herrschenden Meinung in Frankreich der Schluß gezogen, daß sich auch Art. 1310 nicht auf noch einsichtsunfähige Kinder beziehe und folglich kei-

[131] Mazeaud/Tunc I, Nr. 439, S. 504 f.; Mazeaud/Chabas, Leçons, t. II.1, Nr. 453, S. 454 f.

[132] Siehe oben S. 25 ff.

[133] Mazeaud/Tunc I, Nr. 449, S. 516.

[134] Mazeaud/Tunc I, Nr. 462, S. 524.

[135] Carbonnier II, Nr. 183; Malinvaud, Nrn. 121 ff.; Raymond, S. 257 ff.

nen Aufschluß darüber gebe, ob und wann diese deliktisch haften[136]. Es überzeugt auch nicht, die für dieses Problem fundamentale Frage nach der Rechtsfolge fehlender Einsichtsfähigkeit inzident in einer gesetzessystematisch abgelegenen Regelung beantwortet zu sehen[137].

b) Die Tradition des ancien droit

Zur Abstützung der Auffassung, der Gesetzgeber sei von der deliktsrechtlichen Haftung der einsichtsunfähigen Personen ausgegangen, wird darauf verwiesen, daß er damit die Tradition des ancien droit stillschweigend weitergeführt habe[138]. Die Darstellung des ancien droit beschränkt sich dann aber auf die Haftung der Geisteskranken, die sich in der Tat nachweisen läßt. Die Haftung der noch einsichtsunfähigen Kinder im ancien droit ist dagegen noch nicht belegt worden. Es sind im Gegenteil bisher nur Nachweise der Gegenmeinung veröffentlicht worden[139]. Die Auffassung, daß die deliktsrechtliche Haftung der noch einsichtsunfähigen Kinder bereits im ancien droit bestanden habe und vom Gesetzgeber stillschweigend weitergeführt worden sei, läßt sich nach dem Dargelegten nicht halten.

c) Die Rechtsprechung zum Mitverschulden noch einsichtsunfähiger Kinder

Die Lehre von der faute objective zieht als weiteres Argument für die deliktsrechtliche Haftung der noch einsichtsunfähigen Kinder die Rechtsprechung zum gesetzlich nicht geregelten Mitverschulden heran[140]. Hier gibt es in der Tat eine Fülle von Urteilen, die Kleinkindern ein anspruchsminderndes Mitverschulden entgegengehalten haben, ohne daß die Frage der Einsichtsfähigkeit auch nur angesprochen wurde[141]. Wenn man mit der herrschenden Auffassung in Frankreich davon ausgeht, daß das anspruchsbegründende Verschulden des Schädigers und das anspruchsmindernde Mitverschulden des Geschädigten nach den gleichen Maßstäben beurteilt wer-

---

[136] Warembourg-Auque, S. 331; Weill/Terré, Nr. 631, S. 642; Carbonnier IV, Nr. 94, S. 402; Malinvaud, Nrn. 121 f.

[137] Vgl. unten S. 63 zu dem ähnlichen Fall des Art. 489-2 C.c.

[138] Mazeaud/Tunc I, Nr. 463, S. 525 f.

[139] Jourdain, Imputabilité II, Nr. 442, S. 467 f.; siehe schon oben S. 34.

[140] Mazeaud/Tunc I, Nr. 464, Fn. 1, S. 528; Blanc-Jouvan, S. 47 ff.

[141] Umfangreiche Nachweise bei Mazeaud/Tunc II, Nr. 1468, Fn. 7, S. 558 ff.

den müssen[142], erscheint die Haltung der Rechtsprechung in der Tat auf den ersten Blick widersprüchlich. Eine genaue Analyse der Urteile zum Mitverschulden zeigt aber, daß ein anspruchsminderndes Mitverschulden von Kleinkindern nur im Rahmen der gardien-Haftung gemäß Art. 1384 Abs. 1, 2. Alt. C.c. angenommen wurde[143]. Bei dieser Anspruchsgrundlage handelt es sich aber um eine weitgehend objektive Haftung unter nahezu völligem Verzicht auf Verschuldenselemente. Insofern ist spiegelbildlich eine entsprechend objektive Beurteilung des Mitverschuldens als Ausgleich für die weitgehende Haftung des Schädigers diskutabel. Eine Übertragung dieser Wertungsgesichtspunkte auf die Verschuldenshaftung gemäß Artt. 1382, 1383 C.c. ist aber nicht ohne weiteres möglich.

d) Die Schwierigkeiten bei der Überprüfung der Einsichtsfähigkeit im Einzelfall

Die Lehre von der faute objective bemängelt ferner, daß die der Einsichtsunfähigkeit eine haftungsausschließende Funktion beimessende Ansicht in der Rechtspraxis zu großen Schwierigkeiten führe[144]. Da nach der kritisierten Konzeption nur die völlige Abwesenheit der Einsichtsfähigkeit den Haftungsausschluß zur Folge habe, komme es zu Abgrenzungsproblemen, denn die Menschen ließen sich nicht einfach in die zwei Kategorien der Einsichtsunfähigen und der geistig Normalen einteilen. Die Mehrheit liege vielmehr zwischen diesen Extremen. Die Grenze zwischen der Situation verminderter Einsichtsfähigkeit und der Situation völliger Einsichtsunfähigkeit sei aber kaum eindeutig auszumachen. Selbst die vor Gericht oft beigezogenen Sachverständigen kämen häufig nur zu unsicheren Einschätzungen. Das Bedürfnis nach Rechtssicherheit habe hier Vorrang vor unpraktikablen Differenzierungen.

Solange jedoch die Medizin und die Psychologie als dafür kompetente Wissenschaften die kritisierte Abgrenzungsarbeit nicht für unmöglich erklären, ist eine darauf abstellende Rechtsregel vertretbar. Aus dem Bereich dieser Wissenschaften wird die Kritik nicht gegen das Kriterium der Einsichtsfähigkeit als solches gerichtet, sondern allenfalls gegen das praktische Problem für einen medizinisch-psychologischen Sachverständigen, Monate

---

[142] Umfangreiche Nachweise der Rechtsprechung bei Lapoyade-Deschamps, thèse, 1re partie, Titre I; vgl. ferner Mazeaud/Mazeaud II, Nr. 1467, S. 555; Viney, Traité, Nr. 430, S. 506 ff.

[143] Siehe unten S. 157 ff.. Die Rechtsprechung verwendete auch ab 1963 nicht mehr den Begriff der faute für das anspruchsmindernde Verhalten geschädigter infantes, siehe unten S. 167 ff..

[144] Mazeaud/Tunc I, Nr. 463-2, S. 526 ff.; Blanc-Jouvan, S. 55.

oder gar Jahre nach dem Schadensereignis ein verläßliches Urteil über die Einsichtsfähigkeit des Schädigers zur Zeit der Schädigung abzugeben[145]. Von daher ist in Deutschland die Frage gestellt worden, "ob Arzt oder Psychologe wirklich die an ihn gestellten Fragen einigermaßen verläßlich beantworten können oder ob es sich nicht vielleicht um einen in den ärztlichen Bereich vorgeschobenen Interessenausgleich handelt, bei dem die tatsächlichen Billigkeits- und Zumutbarkeitserwägungen lediglich in ein pseudo-exaktes Gewand mit psychopathologischen und entwicklungspsychologischen Fachausdrücken umkleidet werden."[146] In der daraus gezogenen Schlußfolgerung wird aber nicht die völlige Abschaffung des Kriteriums der Einsichtsfähigkeit vorgeschlagen, sondern nur die Festlegung einer Altersgrenze von 10 Jahren für den Beginn der Deliktsfähigkeit[147].

Den praktischen Schwierigkeiten bei der Feststellung der Einsichtsfähigkeit kann also auch in anderer Weise als durch die generelle Abschaffung dieses Kriteriums begegnet werden[148]. Zudem müssen Juristen auch in vielen anderen Bereichen mit Schwierigkeiten bei der praktischen Rechtsanwendung leben. Aus diesen Schwierigkeiten allein läßt sich kein schlagendes Argument gegen die haftungsrechtliche Differenzierung zwischen einsichtsfähigen und einsichtsunfähigen Personen ableiten.

e) Die Billigkeit

Schließlich beruft sich die Lehre von der faute objective auf Billigkeits- und Gerechtigkeitserwägungen[149]. Eine in Anlehnung an § 829 BGB darauf gestützte Beschränkung der Haftung noch einsichtsunfähiger Kinder auf die Fälle, in denen ein reiches Kind einem armen Geschädigten gegenübersteht, lehnt sie aber ab. Die Vermögensverhältnisse der Parteien spielten nur bei der von Billigkeitserwägungen freien Berechnung des entstandenen Schadens eine Rolle, eine haftungsbegründende Wirkung könne ihnen demgegenüber nicht beigemessen werden.

---

[145] Wille/Bettge, VersR 1971, 881.

[146] Ebenda.

[147] Ebenda, S. 882; in Frankreich fordert Legeais, Rép.Defr. 1985.1.563 f. die Schaffung einer festen Altersgrenze von 13 Jahren in Anlehnung an die strafrechtliche Regelung vorbehaltlich einer Anpassung an eine einheitliche europäische Lösung.

[148] Deutsch, Haftungsrecht I, S. 299 f. befürwortet eine stärkere Berücksichtigung des alterstypischen Sorgfaltsmaßstabs zu Lasten des rein subjektiven Kriteriums der Einsichtsfähigkeit.

[149] Mazeaud/Tunc I, Nr. 467, S. 530 f.

Ebensowenig wird die Billigkeit mit Forderungen nach einer Beschränkung des Haftungsumfangs[150] oder einer generellen Haftungsteilung[151] in Verbindung gebracht. Vielmehr widerspreche es der Billigkeit, einem Geschädigten, dem kein eigenes Mitverschulden entgegengehalten werden kann, die volle Entschädigung zu versagen. Dies bedeute nämlich, dem einsichtsunfähigen Schädiger ein Recht zur Schädigung anderer zuzuerkennen. Mit dieser Erwägung wird ein weiteres Mal deutlich, daß der Rechtswidrigkeit in Frankreich keine vom Verschulden getrennte Funktion beigemessen wird[152]. Nach der Konzeption des deutschen Haftpflichtrechts bedeutet dagegen die Versagung eines Schadensersatzanspruchs mangels Verschuldens bzw. Verschuldensfähigkeit nicht, daß der Schädiger ein Recht zur Schädigung gehabt hat. Vielmehr bleiben anderweitige, auf die Rechtswidrigkeit der Schädigung gestützte Abwehrrechte wie Notwehr oder Unterlassungs- und Beseitigungsansprüche unberührt.

Die theoretischen Schwierigkeiten, die sich im französischen Recht aus dem Fehlen dieser Differenzierung ergeben, zeigen sich etwa bei den nachbarrechtlichen Beseitigungsansprüchen ("troubles de voisinage"), die sich letztlich wie in § 906 BGB oft nur aus der Rechtswidrigkeit des bestehenden Zustands ergeben. Mangels einer besonderen Regelung stützt man sich aber auch hier auf die Verschuldenshaftung nach den Artt. 1382, 1383 C.c.. Das Folgern der faute aus dem rechtswidrigen Zustand ist dabei nur ein dogmatisch unbefriedigender Versuch, die praktische Lösung mit dem Gesetzesrecht in Einklang zu bringen[153].

Mit dieser Problematik hängt die These der Lehre von der faute objective zusammen, bei einer Verweigerung von Schadensersatzansprüchen gegenüber noch nicht einsichtsfähigen Kindern stelle das Recht den Geschädigten keinen hinreichenden Schutz zur Verfügung. Da das französische Recht außer dem Notwehrrecht keine verschuldensunabhängigen Abwehrrechte gegen rechtswidriges Verhalten kennt, handelt es sich hier im Vergleich zum deutschen Recht in der Tat um einen verkürzten Rechtsschutz. Es ist aber sehr zweifelhaft, ob man diesem Zustand durch den allgemeinen Verzicht auf Verschuldenserwägungen, auch bei Schadensersatzansprüchen, sinnvoll abhelfen würde.

Wenn man Billigkeitserwägungen anstellt, kann man außerdem die ebenfalls vorhandene Schutzbedürftigkeit der noch einsichtsunfähigen Kinder

150 Pascaud, Rev.crit. 1905, S. 219 ff.; Saleilles, Etude, S. 390, Ende der Fn. 1 von S. 388; Orsat, S. 165 f.

151 Demogue III, Nr. 317, S. 515.

152 Dazu schon oben S. 31.

153 Vgl. dazu Gaertner, S. 103 ff.

nicht völlig unberücksichtigt lassen. Hier sei nochmals die schon mehrfach betonte Notwendigkeit genannt, ihnen zum Erlernen und Einüben sozial richtigen Verhaltens einen besonderen Handlungsspielraum zuzugestehen, sowie ihre aus der Präventionsfunktion der Verschuldenshaftung folgende Unfähigkeit, Adressaten von Verhaltensnormen zu sein.

Die These, daß gerade die Billigkeit die grundsätzliche und unbeschränkte Deliktshaftung der noch einsichtsunfähigen Kinder fordere, läßt sich nach alldem nicht halten. Dementsprechend bevorzugen viele Rechtsordnungen eine umfassende Interessenabwägung, wie sie in § 829 BGB angelegt ist[154].

4. Auswirkungen der Lehre von der faute objevtive

Trotz der in den vorstehenden Ausführungen angeklungenen Kritik an ihrer Konzeption ist nicht zu verkennen, daß die Lehre von der faute objective in Frankreich viele Anhänger gefunden hat[155]. Auch die Rechtsprechung blieb nicht unbeeindruckt: Insbesondere die Begründung der gardien-Haftung gemäß Art. 1384 Abs. 1, 2. Alt. C.c. aus einer "faute dans la garde"[156] hat sich dank des Einflusses des Rates und späteren Präsidenten des Kassationshofs Jean Mazeaud (der Vater von Henri und Léon Mazeaud) in einige Urteile der höchstrichterlichen Rechtsprechung eingeschlichen[157]. Die Bejahung der deliktischen Haftung einsichtsunfähiger Personen ließ hingegen zunächst noch auf sich warten.

Lediglich einige Untergerichte zeigten in Urteilen zur Haftung Geisteskranker ihre Übereinstimmung mit der Lehre von der faute objective: Das Tribunal civil de Marseille erklärte am 28.1.1935[158]: "... l'individu privé de raison peut commettre une faute et par suite engager sa responsabilité ...". Auf die Billigkeit und die Unbeachtlichkeit moralischer Erwägungen stützten sich das Tribunal civil de Pau am 19.10.1945[159] und das Tribunal civil

---

[154] Siehe zum internationalen Vergleich unten S. 127 ff.

[155] Mazeaud/Tunc I, Nrn. 416-487, S. 486-544; Rabut, S. 51 ff., 131 ff., 169 ff.; Marty/Raynaud, Nrn. 400 ff.; Dejean de la Batie, Appréciation in abstracto, Nr. 109, S. 96 f.; ders. in: Aubry/Rau VI, Nrn. 343 ff., S. 519 ff.; Pirovano, Nr. 213, S. 195 f.; Mazeaud/Chabas, Leçons, t. II, premier volume, S. 447; zeitweise auch Le Tourneau, La responsabilité civile, Nr. 1872, S. 601; Nr. 477, S. 158; Nrn. 2085 ff.; jetzt aber anders in: Rev.trim.dr.civ. 1988, S. 510.

[156] Erstmals H. Mazeaud, Rev.trim.dr.civ. 1925, S. 806 f.; Mazeaud/Tunc II, Nrn. 1312 ff., 1318.

[157] Dazu Savatier in: Klein, Colloquium, S. 166 ff.

[158] Trib.civ. Marseille, 28.1.1935, G.P. 1937.II.866.

[159] Trib.civ. Pau, 19.10.1945, S. 1947.II.25, note Nerson.

d'Yvetot am 25.7.1946[160]: "... il s'agit, en la matière, de compenser équitablement le tort subi par une personne au moyen d'un prélèvement opéré sur le patrimoine de l'auteur du préjudice illégitime, ce qui ne requiert nullement la recherche de l'imputabilité morale ..."

Allerdings handelt es sich bei den zitierten Äußerungen sämtlich um obiter dicta, denn die Verurteilung der Geisteskranken zum Schadensersatz wird letztlich in allen Fällen durch die Feststellung ergänzt, daß der Schädiger nicht völlig einsichtsunfähig war. Es ist anzunehmen, daß die Gerichte damit die Aufhebung ihrer Urteile durch den Kassationshof verhindern wollten[161]. Für die persönliche Haftung von Kindern forderte die Rechtsprechung weiterhin einhellig die Einsichtsfähigkeit des Schädigers[162].

Neben den Anhängern und Gegnern der Lehre von der faute objective gab es im Schrifttum auch eine kompromißorientierte Bewegung, die die Haftung einsichtsunfähiger Personen entsprechend § 829 BGB von Billigkeitserwägungen abhängig machen wollte[163]. Sie hat aber in Frankreich nicht die Bedeutung und den Einfluß der Lehre von der faute objective erreichen können und wird heutzutage kaum noch zur Diskussion gestellt[164].

Demgegenüber lassen sich die Auswirkungen der Lehre von der faute objective daran festmachen, daß zunächst im Jahre 1968 der Gesetzgeber mit der Einführung des Art. 489-2 C.c. und später am 9.5.1984 die Assemblée plénière des Kassationshofs die Haftung einsichtsunfähiger Personen geschaffen und ausgeweitet haben. Diese Entwicklung ist im folgenden darzustellen.

III. Die Schaffung des Art. 489-2 C.c. über die Haftung Geistesgestörter und seine Auswirkungen auf die Haftung noch einsichtsunfähiger Kinder

Der nächste bedeutende Schritt im Rahmen der hier darzustellenden Entwicklung war eine gesetzgeberische Maßnahme, die viele kontroverse Meinungen in der Rechtslehre heraufbeschwor und erst nach und nach

---

[160] Trib.civ. Yvetot, 25.7.1946, J.C.P. 1946.II.3299, obs. A.S.

[161] So auch Jourdain, Imputabilité, t. II, Nr. 423, S. 452; siehe bereits oben S. 37 f. zu dieser Vorgehensweise in einem Urteil der Cour de Montpellier vom 31.5.1866, S. 1866.2.259.

[162] Cass.civ.II, 8.2.1962, Bull.civ.II, Nr. 180, S. 124 (125); Cass.civ.sect.soc., 25.7.1952, D. 1954.J.310, note Savatier; 24.3.1960, G.P. 1960.1.371; Trib.p.enf. Meaux, 28.5.1948, G.P. 1948.2, 177; Paris, 2.2.1942, G.P. 1942.1.225; 5.6.1959, D. 1959, Somm. 76.

[163] Ripert, La règle morale, Nr. 125, S. 231 (er spricht von einer "obligation d'assistance" des einsichtsunfähigen Schädigers gegenüber seinem Opfer); Esmein, Rev.trim.dr.civ. 1949, S. 481 sowie in Planiol/Ripert VI, Nr. 496; Colin/Capitant II, Nr. 188; Lalou, Nr. 831.

[164] Siehe unten S. 119 f.

durch die Rechtsprechung ihre Konturen verliehen bekam. Am 3.1.1968 trat eine Reform zum Recht der Geschäftsfähigkeit Volljähriger in Kraft[165]. Während das neue Recht die geschäftsunfähigen Volljährigen wirksamer vor rechtsgeschäftlichen Verpflichtungen schützt als die vorherige Rechtslage[166], wurde mit mit dem Art. 489-2 C.c. eine Vorschrift geschaffen, die diese Tendenz im Bereich des außervertraglichen Haftungsrechts geradezu konterkarierte. Sie statuierte nämlich in einer sehr allgemein gehaltenen und damit dem Stil des Code civil von 1804 durchaus angepaßten Formulierung die Haftung der geistesgestörten Personen für von ihnen verursachte Schäden:

"Celui qui cause un dommage à autrui alors qu'il était sous l'empire d'un trouble mental, n'en est pas moins obligé à réparation."

Gesetzessystematisch recht weit vom sonstigen Haftungsrecht entfernt, befindet sich Art. 489-2 C.c. im Rahmen des ersten Buches des Code civil (Des personnes) im ersten Kapitel (allgemeine Vorschriften) des elften Titels (De la majorité et des majeurs qui sont protégés par la loi = Von der Volljährigkeit und den vom Gesetz geschützten Volljährigen).

Bis zum ersten höchstrichterlichen Urteil zu dieser Vorschrift[167] vergingen mehr als acht Jahre, so daß sich zunächst die Rechtslehre mit ihrer Auslegung beschäftigte. Die Vielzahl der Kommentare[168] brachte sofort eine Menge unterschiedlicher Auffassungen hervor. Die Meinungsverschiedenheiten betrafen dabei nicht nur die hier besonders interessierenden Auswirkungen auf die Haftung noch einsichtsunfähiger Kinder, sondern auch den allgemeinen Anwendungsbereich der Regelung, d.h. die Frage ihrer Eigenständigkeit bzw. die Frage, welche Anspruchsgrundlagen durch sie in welcher Weise modifiziert wurden[169], den Begriff des trouble mental[170], die An-

---

[165] Loi n° 68-5 du 3 janvier 1968 portant réforme du droit des incapables majeurs.

[166] Dazu eingehend Savatier, D. 1968, Chr. 109.

[167] Cass.civ.I, 20.7.1976, Bull.civ.I, Nr. 270, S. 218 = J.C.P. 1978.II.18793 (1re espèce), note Dejean de la Batie; 1979.I.2953, Nr. 125 f., obs. Chabas = D. 1977, I.R. 114 = obs. Aubert, Rép.Defr. 1977.1.401; obs. Durry, Rev.trim.dr.civ. 1976, S. 783, Nr. 5 bis.

[168] Massip, Nrn. 30 ff., S. 45 ff.; Savatier, D. 1968, Chr. 109 ff.; Blaevoët, G.P. 1968.1, Doctr. 113 f.; Burst, J.C.P. 1970.I.2307; Viney, Rev.trim.dr.civ. 1970, S. 251 ff.; Le Tourneau, J.C.P. 1971.I.2401; Gomaa, Rev.trim.dr.civ. 1971, S. 29 ff.; Gaudart, G.P. 1973.1, Doctr. 209 ff.

[169] Der Kassationshof hat sich für eine Anbindung des Art. 489-2 C.c. an die allgemeinen Anspruchsgrundlagen der Artt. 1382 ff. C.c. ausgesprochen: Cass.civ.II, 4.5.1977, Bull.civ.II, Nr. 113, S. 79 = D. 1978.J.393, note Legeais; obs. Durry, Rev.trim.dr.civ. 1977, S. 772, Nr. 5; Cass.civ.I, 17.5.1982, G.P. 1983.1.185, note Jourdain, Pan. 134, obs. Chabas; Cass.civ.II, 24.6. 1987, Bull.civ.II, Nr. 137 = J.C.P. 1987.IV.304; a.A. Paris, 6.3.1980, D. 1980.J.467, note Legeais = J.C.P. 1981.II.19544, note Dejean de la Batie; anders erstaunlicherweise auch der Kassa-

wendbarkeit auf das Mitverschulden geschädigter Geisteskranker bzw. ihnen gleichzustellender Personen[171], und sogar die von Art. 489-2 C.c. bewirkte Rechtsfolge[172]. Der Gesetzgeber hatte also zunächst mehr Probleme als Lösungen geschaffen. Da die späteren Stellungnahmen der Rechtsprechung wieder nur thesenhaft ausfielen, ist eine exakte Analyse der zuvor in der Lehre entwickelten Lösungen vonnöten, um den jedenfalls gedanklich auch von der Rechtsprechung abgesteckten Rahmen zu erkennen.

1. Die Diskussion in der Lehre

Es schälten sich recht schnell zwei Hauptströmungen heraus: Die eine sah in der Schaffung des Art. 489-2 C.c. eine über den Fall der Geisteskrankenhaftung hinausgehende, das gesamte Haftungsrecht revolutionierende Entscheidung des Gesetzgebers[173], während die Gegenansicht für einen auf

tionshof selbst in seinem Bericht an den Justizminister für die Gerichtsjahre 1976/77, J.C.P. 1979.I.2953, Nr. 127 (Art. 489-2 sei ein "système nouveau de responsabilité sans faute")

[170] Der Kassationshof hat es abgelehnt, Art. 489-2 C.c. auf die Schädigung durch einen fallenden Bewußtlosen anzuwenden, der wegen einer Herzattacke in diesen Zustand geraten war (Cass.civ.II, 4.2.1981, D. 1983.J.1, note Gaudrat = J.C.P. 1981.II.19656; obs. Durry, Rev.trim. dr.civ. 1982, S. 148. Anderer Ansicht war das Berufungsgericht: Grenoble, 4.12.1978, D. 1979.J, 474, note Poisson-Drocourt.)

[171] Dazu unten S. 159 f.

[172] Einige Autoren meinten, daß dem Richter bei der konkreten Festsetzung der zu leistenden Entschädigung unter Berücksichtigung der Vermögensverhältnisse beider Parteien ein Billigkeitserwägungen zulassender "pouvoir de modération" zustehe, weil die Formulierung "obligé à réparation" nicht notwendig die Verpflichtung zur Totalreparation impliziere und letztere außerdem den eigentlichen Zweck der Gesamtreform vom 3.1.1968 (verbesserter Schutz der Geschäftsunfähigen bzw. in der Geschäftsfähigkeit beschränkten Personen) zu stark konterkariere (Massip, Nr. 38, S. 57 f.; Carbonnier II, Nr. 190, S. 653; Legeais, note D. 1978.J.395; ders., note D. 1980.J.470; Gomaa, Rev.trim.dr.civ. 1971, S. 59 f., Nrn. 95 ff.). Der ursprüngliche Gesetzesentwurf sah sogar ausdrücklich einen pouvoir de modération vor, wurde dann aber im Gesetzgebungsverfahren vom Parlament in diesem Punkt korrigiert, weil man eine Abweichung vom haftungsrechtlichen Grundsatz der Totalreparation für unzulässig hielt (vgl. zum Ablauf des Gesetzgebungsverfahrens Massip, Nr. 34, S. 48 ff.; Jourdain, Imputabilité II, Nrn. 458 ff., S. 482 ff., der sich aus diesem Grund zu Recht gegen den "pouvoir de modération" ausspricht, Nr. 459, S. 484; Nr. 461, S. 486; Nr. 498, S. 527; ebenso Barbiéri, J.C.P. 1982.I.3057, Nr. 31 a.E.; Le Tourneau, J.C.P. 1971.I.2401, Nr. 43, Fn. 123; Champenois in: Rép. Dr.Civ., "Incapables majeurs", Nr. 61). Die Rechtsprechung wendet wie selbstverständlich den Grundsatz der Totalreparation an (Cass.civ.I, 20.7.1976, Bull.civ.I, Nr. 270, S. 218 = J.C.P. 1978.II.18793, 1. Fall, obs. Dejean de la Batie, 1979.I.2953, Nr. 125 f., obs. Chabas = D. 1977, I.R. 114; obs. Durry, Rev.trim.dr.civ. 1976, S. 783, Nr. 5 bis; obs. Aubert, Rép.Defr. 1977.1.401; Cass.civ.II, 4.5. 1977, D. 1978.J.393, note Legeais; Cass.civ.I, 24.6.1987, Bull.civ.I, Nr. 137).

[173] Im folgenden unter a) dargestellt.

den unmittelbaren Wortlaut der Norm beschränkten Anwendungsbereich plädierte[174].

a) Die weite Auffassung: Der Gesetzgeber habe die faute objective bestätigt

Obwohl sich der Wortlaut des Art. 489-2 C.c. auf die Haftung geisteskranker Schädiger beschränkt, fanden sich schnell Autoren, die der Norm einen wesentlich weiter gehenden Bedeutungsgehalt beimaßen. Danach habe der Gesetzgeber mit der Schaffung der neuen Regelung allgemein das subjektive Element der faute und damit auch das Erfordernis der Einsichtsfähigkeit, selbst für Kleinkinder, beseitigt.

aa) Die Argumentation mit den Gesetzgebungsmaterialien

Den Beweis für die weitreichende Bedeutung der gesetzgeberischen Maßnahme glaubte man in einer Aussage des damaligen Justizministers Foyer während der Parlamentsdebatten um Art. 489-2 C.c. sehen zu können: "Nous sommes ici en présence d'une petite révolution juridique. ... Il y a, en effet, dans la notion de faute, deux éléments à distinguer. D'abord un élément objectif: est une faute l'action qui n'est pas conforme à une règle; ensuite un élément subjectif: l'action non conforme à une certaine règle, à un certain modèle de conduite ne pouvait - c'était l'opinion de la jurisprudence - être imputé à son auteur qu'autant qu'en l'accomplissant celui-ci avait eu conscience de ce qu'il faisait et de ce qu'il avait eu la volonté de faire. Or, ce que nous proposons de supprimer, dans l'article 489-2, c'est l'élément subjectif et non l'élément objectif."[175]

Allerdings ist bei der Analyse dieser Aussage zu bedenken, daß der Zusatz "dans l'article 489-2" auch im Sinne einer Beschränkung der Neuerung auf die von dieser Vorschrift ausdrücklich erfaßten Fälle verstanden werden kann[176]. Eindeutiger in ihrer Tragweite wäre die Aussage, wenn es etwa hieße "avec" oder "par" l'article 489-2. Andererseits erscheint es zweifelhaft, ob bei einem engen Verständnis der Aussage noch die Bewertung als "petite révolution juridique" passen würde. Alles in allem kann man aus der zitierten Aussage des Justizministers keine eindeutige Schlußfolgerung ziehen.

---

[174] Im folgenden unter b) dargestellt.

[175] Foyer, J.O. 1966, débats Ass.nat., 22.12.1966, S. 5712. Darauf stützten sich ausdrücklich Viney, Rev.trim.dr.civ. 1970, S. 263 sowie Chabas, note D. 1984.J.531.

[176] Poisson-Drocourt, note D. 1979.J.475.

In den übrigen Gesetzgebungsmaterialien finden sich zudem Stellungnahmen, die den neuen Art. 489-2 C.c. von der faute abgekoppelt sehen. Der Senatsabgeordnete Molle äußerte sich folgendermaßen: "Le projet déposé consiste à ne plus considérer la faute de celui qui a commis l'acte nuisible; on considère simplement les conséquences qu'il y a lieu de réparer."[177] In die gleiche Richtung geht die Stellungnahme des Senatsabgeordneten Nungesser: "... il ne s'agit pas d'une véritable responsabilité trouvant son origine dans une faute ..."[178]

Eine bewußte, das subjektive Element der faute insgesamt beseitigende Entscheidung des Gesetzgebers läßt sich nach der Analyse der in sich widersprüchlichen Gesetzgebungsmaterialien folglich nicht feststellen. Schließlich erscheint es auch wenig überzeugend, eine das gesamte Haftungsrecht revolutionierende Entscheidung des Gesetzgebers in einer gesetzessystematisch abgelegenen und in ihrem Wortlaut recht engen Regelung zu sehen[179].

bb) Die Auffassung, die Tragweite des Art. 489-2 C.c. könne nicht ohne Wertungswidersprüche auf Geisteskranke beschränkt bleiben

Eher nachvollziehbar ist die Argumentation, eine Beschränkung der neuen Regelung auf die Geisteskranken erzeuge Wertungswidersprüche, weil es keinen tragenden Grund dafür gebe, das subjektive Element der faute nur für eine bestimmte Personengruppe abzuschaffen[180]. Die für eine über den eigentlichen Wortlaut des Art. 489-2 C.c. hinausgehende Bedeutung plädierende Ansicht sah insbesondere die von der Rechtsprechung bisher vertretene Freistellung der noch einsichtsunfähigen Kinder von der deliktsrechtlichen Verschuldenshaftung als durch die neue Regelung überholt an. Dies war nicht im Wege einer einfachen Subsumtion unter Art. 489-2 C.c. zu bewerkstelligen, denn der dort geforderte "trouble mental" erfordert eine unnatürliche Störung der Geistestätigkeit, während die Einsichtsunfähigkeit bei Kleinkindern eine natürliche Entwicklungsstufe darstellt[181].

Es wurde aber allgemein die Einsichtsunfähigkeit als eine Eigenschaft angesehen, die unabhängig von ihrer Ursache bei allen von ihr betroffenen Individuen zu einer haftungsrechtlichen Gleichbehandlung führen müsse, und zwar auch unabhängig von der konkreten gesetzgeberischen Entschei-

---

[177] Molle, J.O. 1967, débats Sénat, 17.5.1967, S. 374, 376.

[178] Nungesser, J.O. 1967, débats Sénat, 18.5.1967, S. 375.

[179] So auch Le Tourneau, J.C.P. 1971.I.2401, Nr. 20, Fn. 63.

[180] Viney, Rev.trim.dr.civ. 1970, S. 264.

[181] Durry, Rev.trim.dr.civ. 1976, S. 784, 1978, S. 654; Jourdain, Imputabilité II, Nr. 469, S. 495 sowie im J.Cl., Fasc. 121, Nr. 36.

dung für oder gegen die Haftung[182]. Mit einem argumentum a minore ad maius wird sodann geschlußfolgert, Art. 489-2 C.c. sei nur ein Beispielsfall für die Geltung eines allgemeineren Grundsatzes, demzufolge die Einsichtsunfähigkeit kein Hinderungsgrund für die deliktsrechtliche Haftung darstelle[183].

Zu diesem Ergebnis kommen auch Autoren, die dieser Lösung rechtspolitisch ablehnend gegenüberstehen[184]. Larroumet meint, der Gesetzgeber sei sich dieser weitreichenden, unvermeidlichen Konsequenzen seiner Entscheidung für den neuen Art. 489-2 C.c. nicht bewußt gewesen[185].

Teilweise wird zur Begründung der Haftung noch einsichtsunfähiger Kinder ergänzend auf Art. 1310 C.c. verwiesen, der die deliktsrechtliche Haftung Minderjähriger anspricht und nicht zwischen einsichtsfähigen und einsichtsunfähigen Minderjährigen differenziert[186]. Daß die Norm indes dieses Problem gerade nicht regelt, ist bereits dargelegt worden[187].

b) Die für eine restriktive Handhabung des Art. 489-2 C.c. plädierende Ansicht

Zahlreich waren auch die Stellungnahmen, die den Anwendungsbereich des Art. 489-2 C.c. so eng wie möglich halten wollten. Hierzu ließen sich eine Reihe von Argumenten vorbringen:

aa) Das Abstellen auf die gesetzessystematische Stellung des Art. 489-2 C.c.

Abgesehen von dem auf die Schädigung durch Geisteskranke beschränkten Wortlaut der Vorschrift verwies man vor allem auf ihre vom allgemeinen Haftungsrecht ziemlich weit entfernte systematische Stellung im Kapitel über die Volljährigkeit und die gesetzlich geschützten Volljährigen. Dies

---

182 Massip, 1. Aufl., Nr. 35, S. 47, der aber in der 4. Aufl. von 1983, Nr. 36, S. 53 f., entsprechend der zwischenzeitigen Entwicklung der Rechtsprechung im Ergebnis einen anderen Standpunkt einnimmt.

183 Massip, 1. Aufl., Nr. 35, S. 47; ähnlich auch Aubert, obs. Rép.Defr. 1977.1.401 und Puëch, Nr. 52, S. 65 f.

184 Viney, Rev.trim.dr.civ. 1970, S. 264 ff.; Larroumet, obs. D. 1978, I.R. 205 f.

185 Larroumet, obs. D. 1978, I.R. 206.

186 Viney, Rev.trim.dr.civ. 1970, S. 265; Burst, J.C.P. 1970.I.2307, Nr. 24.

187 Siehe oben S. 25 f. sowie S. 53 f.

rechtfertige die Einstufung des Art. 489-2 C.c. als Ausnahmevorschrift und erfordere demzufolge eine restriktive Auslegung und Handhabung[188].

bb) Die Hervorhebung der Unterschiede zwischen Geisteskranken und noch einsichtsunfähigen Kindern

Zur Begrenzung des von Art. 489-2 C.c. betroffenen Personenkreises führte man schließlich Argumente gegen die haftungsrechtliche Gleichbehandlung von Geisteskranken und noch einsichtsunfähigen Kindern an, die andere Autoren, wie dargelegt, für unausweichlich hielten:

aaa) Die angeblich geringere Gefährlichkeit der noch einsichtsunfähigen Kinder

Gomaa verwies darauf, daß die noch einsichtsunfähigen Kinder wegen ihrer noch gering ausgebildeten Körperkräfte eine geringere Gefahr für den Rechtsverkehr darstellten als geisteskranke Erwachsene[189]. Dieser Gedankengang überzeugt indes nicht, denn zur Herbeiführung bedeutender Schäden bedarf es nicht zwingend großer Körperkräfte, wie etwa die vielen Fälle der Brandstiftung durch Kinder zeigen[190]. In diesen Schadensfällen sind sogar häufig Kinder beteiligt, weil die Abenteuerlust und die Neugierde beim Umgang mit Feuer im Kindesalter besonders ausgeprägt sind.

bbb) Die Möglichkeit einer jahrzehntelangen, demotivierenden Schadensersatzverpflichtung schon ab dem frühen Kindesalter

Legeais wies darauf hin, daß im Falle der unbeschränkten persönlichen Haftung noch einsichtsunfähiger Kinder Schadensersatzverpflichtungen entstehen können, die den Schädiger noch später in seinem Erwerbsleben jahrzehntelang belasten würden. Für eine solche Verpflichtung, die auf einer Handlung im Zustand der Einsichtsunfähigkeit fußt, könne man kein Verständnis des Verpflichteten erwarten[191].

---

[188] Gomaa, Rev.trim.dr.civ. 1971, S. 55, Nr. 83; Le Tourneau, J.C.P. 1971.I.2401, Nrn. 30 f., der aber in diesem Aufsatz dennoch der Lehre von der faute objective folgt und Art. 489-2 C.c. insoweit als Beispielsfall bezeichnet, Nrn. 21, 35; Savatier, obs. J.C.P. 1977.II.18556 unter III.a.; Poisson-Drocourt, note D. 1979.J.476; Brousseau, obs. J.C.P. 1975.II.18085.

[189] Gomaa, Rev.trim.dr.civ. 1971, S. 55, Nr. 84; ihm folgend Hellermann, S. 164.

[190] So auch Barbiéri, J.C.P. 1982.I.3057, Nr. 25.

[191] Legeais, note D. 1978.J.395; ders., D. 1984, Chr. 239.

Diese Argumentation ähnelt derjenigen des OLG Celle in seinem Vorlagebeschluß vom 26.5.1989[192], allerdings mit dem Unterschied, daß das deutsche Gericht über die Haftung bereits einsichtsfähiger Kinder zu befinden hatte und nur den Extremfall einer jahrzehntelangen hohen Schadensersatzverpflichtung in bestimmten Fällen ausschließen wollte, ohne die Kinderhaftung grundsätzlich abzulehnen. Der vom OLG Celle eingeschlagene Weg der verfassungsrechtlichen Kontrolle mit dem möglichen Ergebnis einer verfassungskonformen einschränkenden Auslegung existiert in Frankreich jedoch nicht, so daß die von ihm intendierte differenzierte Lösung der Kinderhaftung im geltenden französischen Recht nicht möglich ist.

Gegen die Argumentation von Legeais wird eingewandt, daß man sie nicht auf die Situation der noch einsichtsunfähigen Kinder beschränken könne, sondern wegen der vergleichbaren Lage der Geisteskranken dann auch auf letztere beziehen müsse. Dem stehe aber Art. 489-2 C.c. entgegen, so daß sich der Gedanke für das geltende französische Recht nicht fruchtbar machen lasse[193]. Es erscheint jedoch zweifelhaft, ob die Situationen der beiden genannten Personengruppen in dieser Hinsicht wirklich so ähnlich sind, daß sich die angedeutete Ungleichbehandlung nicht halten ließe. Erwachsene Geisteskranke können sich schon durch eigene Erwerbsarbeit ein Vermögen geschaffen haben. Geschäftsfähige Erwachsene haben es auch in der Hand, sich selbst durch eine Haftpflichtversicherung zu schützen, so daß jedenfalls spätere Schädigungen im Zustand der Geistesstörung abgedeckt wären.

ccc) Die Existenz der strengen Elternhaftung

Das stärkste Argument für eine haftungsrechtliche Ungleichbehandlung der Geisteskranken einerseits und der noch einsichtsunfähigen Kinder andererseits ist die Existenz der nur für Schädigungen durch Kinder geltenden, relativ strengen Elternhaftung gemäß Art. 1384 Abs. 4 und 7[194], die wie in § 832 Abs. 1, S. 2, 1. Alt. BGB eine Verschuldensvermutung enthält, für deren Widerlegbarkeit die französische Rechtsprechung strengere Maßstäbe entwickelt hat als die deutsche Rechtsprechung[195]. Eine Haftungslücke ist also auch ohne die persönliche Haftung der infantes kaum zu befürchten.

---

[192] OLG Celle, NJW-RR 1989, 791 = VersR 1989, 709 mit Anm. Lorenz = JZ 1990, 294 (dazu oben S. 9 ff.).

[193] Barbiéri, J.C.P. 1982.I.3057, Nr. 25.

[194] Durry, obs. Rev.trim.dr.civ. 1976, S. 784 f.; Barbiéri, J.C.P. 1982.I.3057, Nr. 25; Massip, Nr. 36, S. 53 f.

[195] Siehe unten S. 97 ff.

Für Schädigungen durch Geisteskranke hingegen kommt eine Haftung aufsichtspflichtiger Personen oft nur auf der Grundlage der allgemeinen Verschuldenshaftung gemäß Artt. 1382, 1383 C.c. in Betracht, wobei der Geschädigte den Beweis des Verschuldens erbringen muß. Hier schließt die persönliche Haftung der Geisteskranken in vielen Fällen tatsächlich eine Haftungslücke.

2. Die Entwicklung der Rechtsprechung

Die dargelegte Kontroverse in der Rechtslehre erzeugte eine große Spannung im Hinblick auf die Frage, welcher Lösung sich die Rechtsprechung anschließen würde. Hier hat sich in den siebziger Jahren eine interessante, stufenweise Entwicklung vollzogen, die mehrere Urteile umfaßt. Dabei hat sich der Kassationshof erst in den letzten Entscheidungen mit der erhofften Deutlichkeit zur Haftung der noch nicht einsichtsfähigen Kinder geäußert.

a) Das ausweichende Urteil der zweiten Zivilkammer des Kassationshofs vom 29.4.1976

Die erste Gelegenheit zu einer klarstellenden Aussage im Hinblick auf das Erfordernis der Einsichtsfähigkeit für die persönliche Haftung von Kindern bot sich der zweiten Zivilkammer des Kassationshofs in ihrem Urteil vom 29.4.1976[196]. Im zu entscheidenden Fall hatte ein dreijähriger Junge mit einem Holzstück geworfen und dadurch seine gleichaltrige Spielkameradin so schwer am Auge verletzt, daß sie auf diesem Auge erblindete.

Im Hinblick auf die persönliche Haftung des Jungen gemäß Artt. 1382, 1383 C.c. hatte das vom Kassationshof insoweit zitierte Berufungsgericht in seinem klageabweisenden Urteil erstaunlicherweise nicht auf das Fehlen der Einsichtsfähigkeit des immerhin erst dreijährigen Kindes abgestellt, sondern war diesem Problem aus dem Weg gegangen, indem es mit einem alterstypischen Sorgfaltsmaßstab argumentierte: "l'acte ainsi commis était de ceux que peut commettre tout enfant du même âge quelle qu'ait été l'éducation reçue".

Der Kläger hatte das Berufungsurteil offenbar falsch verstanden, denn mit seiner Kassationsbeschwerde rügte er, daß die persönliche Haftung des Kindes wegen fehlender Einsichtsfähigkeit abgelehnt worden sei. Statt dessen habe man darauf abzustellen, ob die gleiche Handlung als faute bewer-

---

[196] Cass.civ.II, 29.4.1976, Bull.civ.II, Nr. 140, S. 109 f. = J.C.P. 1978.II.18793, 2. Fall, obs. Dejean de la Batie; obs. Durry, Rev.trim.dr.civ. 1977, S. 130, Nr. 6.

tet werden könne, wenn sie von einem bereits einsichtsfähigen Minderjährigen begangen worden wäre, was vorliegend zu bejahen sei.

Mit dem letzteren Beurteilungsmaßstab hatte der Kläger Neuland betreten, denn eine Vergleichsperson für noch einsichtsunfähige Kinder hatte bisher nur die Lehre von der faute objective gefordert, die diese Vergleichsperson aber im Unterschied zum Kläger in dem erwachsenen "bon père de famille" sieht[197]. Während sich die Lösung der Lehre von der faute objective, unabhängig von der Sachgerechtigkeit dieser Argumentation, noch mit dem Bestreben nach umfassendem Vertrauensschutz im Rechtsverkehr erklären läßt, muß die Ansicht des Klägers als halbherzig und inkonsequent bewertet werden.

Erstaunlicherweise übernahm die zweite Zivilkammer des Kassationshofs diesen Gedanken, ohne auf die Frage nach der Einsichtsfähigkeit als Haftungsvoraussetzung einzugehen. Aus den Feststellungen des Berufungsgerichts ergebe sich, daß dem Kind kein Verhalten zuzurechnen sei, das rechtswidrig oder/und schuldhaft wäre, wenn es von einem einsichtsfähigen Minderjährigen begangen worden wäre:

"Mais attendu que l'arrêt a relevé que la jeune victime avait été blessé par une branchette ou un morceau de bois que Philippe Blanchetier avait lancé en l'air et que l'acte ainsi commis était de ceux que peut commettre tout enfant du même âge quelle qu'ait été l'éducation reçue; qu'en l'état de ces énonciations qui, d'une part, impliquent que ne pouvait être imputé au mineur Blanchetier aucun fait susceptible d'être qualifié de fautif ou d'illicite, s'il avait été accompli par un mineur doté de discernement, et, d'autre part, excluent que la responsabilité de Blanchetier père puisse être retenue, la Cour d'appel a légalement justifié sa décision de ce chef; ..."

b) Das Urteil des Tribunal de grande instance Avesnes-sur-Helpe vom 8.7.1976

Die erste eindeutige Stellungnahme in der Rechtsprechung zum Problem der Einsichtsfähigkeit als Voraussetzung der Haftung von Kindern stammt vom Tribunal de grande instance Avesnes-sur-Helpe[198]. Seinem Urteil vom 8.7.1976 lag wiederum eine Schädigung im Rahmen von Kinderspielen zugrunde. Ein fünfjähriger Junge erlitt eine Kopfverletzung bei einem gefährlichen akrobatischen Spiel, an dem er auf Veranlassung des elfjährigen Spielinitiators teilgenommen hatte. Letzterer wurde aufgrund der Verschul-

---

[197] Siehe oben S. 48 ff.

[198] Trib.gr.inst. Avesnes-sur-Helpe, 1re chambre, 8.7.1976, J.C.P. 1977.II.18556, obs. Savatier.

denshaftung nach Artt. 1382, 1383 C.c. auf Schadensersatz in Anspruch genommen.

Für die persönliche Haftung des Schädigers verlangt das Gericht, daß er sich seines fehlerhaften Verhaltens bewußt gewesen sein müsse:

"Attendu que la responsabilité personnelle de Patrick Yardin étant recherchée par la victime en application des articles 1382 et 1383 du Code civil, il importe d'établir que cet enfant, âgé de 11 ans au moment des faits, a eu conscience de sa faute quasi délictuelle ou de son imprudence; ..."

Das Urteil geht insofern etwas zu weit, als es nicht nur auf die Einsichtsfähigkeit, sondern sogar auf die konkrete Erkenntnis der Pflichtverletzung abstellt. Daß es damit aber in der Sache zum Problem der Einsichtsfähigkeit Stellung nehmen wollte, macht das Gericht etwas später bei der konkreten Subsumtion deutlich, indem es den Schädiger von einem "infans", also einem noch einsichtsunfähigen Kind abgrenzt und die Haftung darauf stützt:

"Attendu que l'imprudence dont il a eu conscience alors qu'à 11 ans et 4 mois il ne pouvait être considéré comme un «infans» est de nature à engager sa responsabilité; ..."

Zwar ist auch die Folgerung der Einsichtsfähigkeit nur aus dem abstrakten Alter des Schädigers methodisch zweifelhaft. Das Gericht hat aber jedenfalls eindeutig Stellung bezogen für das Erfordernis der Einsichtsfähigkeit im Rahmen der persönlichen Verschuldenshaftung von Kindern.

c) Die Anwendung des Art. 489-2 C.c. auf minderjährige Geisteskranke (Urteil des Kassationshofs vom 20.7.1976)

Das erste höchstrichterliche Urteil, das sich ausdrücklich mit der Auslegung des Art. 489-2 C.c. befaßte, erging am 20.7.1976[199]. In dem zu entscheidenden Fall hatte ein 17jähriger Geisteskranker ein Mädchen getötet. Es stellte sich die Frage, ob die Regelung trotz ihrer gesetzessystematischen Stellung im Kapitel über die Geschäftsfähigkeit Volljähriger auch auf minderjährige Geisteskranke anwendbar ist. Dem in Frankreich üblichen thesenhaften Urteilsstil treu bleibend, bejahte die erste Zivilkammer des Kassationshofs die Frage ohne nähere Begründung mit einem lapidaren Satz:

---

[199] Cass.civ.I, 20.7.1976, Bull.civ.I, Nr. 270, S. 218 = J.C.P. 1978.II.18793, 1. Fall, obs. Dejean de la Batie = D. 1977, I.R. 114; obs. Durry, Rev.trim.dr.civ. 1976, S. 783, Nr. 5 bis (inzident bestätigt durch Cass.civ.II, 2.4.1979, Bull.civ.II, Nr. 111, S. 78 = D. 1980, I.R. 37, obs. Larroumet; obs. Durry, Rev.trim.dr.civ. 1980, S. 576, Nr. 3).

"... l'obligation à réparation prévue à l'article 489-2 du Code civil concerne tous ceux - majeurs ou mineurs - qui, sous l'empire d'un trouble mental, ont causé un dommage à autrui; ..."

Damit hatte die Rechtsprechung eine extrem restriktive Auslegung des Art. 489-2 C.c. abgelehnt. Die Entscheidung ließ sich ungeachtet des oben genannten gesetzessystematischen Arguments immerhin unter den Wortlaut der Regelung subsumieren, denn der bei Geisteskranken vorhandene "trouble mental" besteht unabhängig vom Alter des Schädigers. Fraglich blieb, ob die Rechtsprechung auch zur Haftung der noch einsichtsunfähigen Kinder übergehen würde.

d) Das Urteil der Cour d'appel de Bordeaux vom 6.12.1977

Das erste Urteil, das eine Verbindung zwischen Art. 489-2 C.c. und der Kinderhaftung herstellte, stammt von der Cour d'appel de Bordeaux[200]. Die schon in der vorstehend analysierten Entscheidung des Kassationshofs festzustellende Tendenz, der Regelung einen weiten Anwendungsbereich beizumessen, wird hier weitergeführt.

Ein zehnjähriger Junge hatte sich mit seinem sechsjährigen Cousin in eine Scheune begeben, obwohl ihnen dies vom Eigentümer des Grundstücks verboten worden war. Dort zündete der Zehnjährige einen kleinen Haufen Heu an, um ein Ei zu kochen. Dadurch geriet die ganze Scheune in Brand, und sein Cousin kam zu Tode. Dessen Eltern verlangten Schadensersatz von dem Zehnjährigen und seinen Eltern. Die Elternhaftung wurde wegen des erfolgreich geführten Entlastungsbeweises gemäß Art. 1384 Abs. 7 C.c. abgelehnt, so daß nur die persönliche Haftung des Zehnjährigen Abhilfe schaffen konnte.

Das Gericht bejahte die Haftung, kürzte den Anspruch aber wegen Mitverschuldens des verstorbenen Sechsjährigen, das auch dem eigenen Anspruch der Eltern entgegengehalten werden konnte[201], um ein Drittel. Die Anspruchsgrundlage wird in dem Urteil nicht ausdrücklich genannt. Es wird darauf verwiesen, daß das Verhalten des Zehnjährigen trotz des Strafverfolgungshindernisses für Kinder bis zu dreizehn Jahren objektiv den strafrechtlichen Tatbestand der fahrlässigen Tötung erfülle und auch zu einer zivilrechtlichen Schadensersatzpflicht führe. Es ist nicht ganz einsichtig, warum sich das Gericht auf diese strafrechtliche Herleitung stützt, zumal es sich nicht um einen Adhäsionsprozeß handelt.

---

[200] Bordeaux, 6.12.1977, G.P. 1978.1.133 = D. 1978, I.R. 322, obs. Larroumet.

[201] Zu diesem Problemkreis Viney, Traité, Nrn. 435 ff., S. 518 ff. m.w.N.

Das Vorgehen über das Strafrecht führt letztlich zu einem Anspruch aus der Schadensersatzhaftung für Fahrlässigkeit gemäß Artt. 1382, 1383 C.c., auch wenn das Gericht diese Normen nicht ausdrücklich erwähnt. Die Einsichtsfähigkeit, die auch in diesem Urteil ungenau mit "conscience" bezeichnet wird, sei wegen der Existenz des neuen Art. 489-2 C.c. keine Haftungsvoraussetzung mehr:

"Attendu que s'il résulte de l'ordonnance du 2 févr. 1945 sur l'enfance délinquante que les mineurs de 13 ans ne doivent pas faire l'objet de poursuites, cette ordonnance n'a pas pour autant pour effet de retirer leur caractère pénal aux faits qu'ils commettent, ni d'empêcher que leur responsabilité civile puisse être engagée. Attendu qu'on est d'autant moins fondé à soutenir qu'il est nécessaire que le mineur ait agi avec conscience, que l'article 489 nouveau c.civ. (Redaktionsversehen: Es mußte heißen «article 489-2») dispose désormais que celui qui a causé un dommage à autrui, alors qu'il était sous l'empire d'un trouble mental, n'en est pas moins obligé à réparation; ..."

Aus der Urteilsformulierung geht nicht eindeutig hervor, mit welchem methodischen Mittel sich das Gericht Art. 489-2 C.c. für die Kinderhaftung nutzbar gemacht hat. Es hat aber den Anschein, daß mit einem argumentum a minore ad maius gearbeitet wurde, d.h. daß die nur eine Personengruppe der Einsichtsunfähigen benennende Regelung des Art. 489-2 C.c. zu einer einheitlichen Rechtsfolge für alle einsichtsunfähigen Menschen führe.

Die Cour d'appel de Bordeaux hat mit ihrer Entscheidung als erstes Gericht aus Art. 489-2 C.c. die Schlußfolgerung gezogen, daß auch die noch einsichtsunfähigen Kinder auf der Grundlage der deliktsrechtlichen Verschuldenshaftung schadensersatzpflichtig werden können. Damit stand es im Gegensatz zu der Entscheidung des Tribunal de grande instance Avesnes-sur-Helpe vom 8.7.1976[202]. Ein klärendes Wort des Kassationshofs zu diesem Problem war nun mehr denn je vonnöten. Es ließ glücklicherweise nur einen Tag auf sich warten.

e) Die Grundsatzentscheidung des Kassationshofs vom 7.12.1977

Am 7.12.1977 rang sich endlich auch die zweite Zivilkammer des Kassationshofs zu einer eindeutigen Stellungnahme durch[203], was zu einer vorläufigen Klärung der Sachfrage in der Rechtsprechung führte. Dem Urteil lag folgender Sachverhalt zugrunde:

---

[202] Siehe oben S. 68 f.

[203] Cass.civ.II, 7.12.1977, Bull.civ.II, Nr. 233, S. 170 = J.C.P. 1980.II.19339, obs. Wibault = D. 1978, I.R. 205, obs. Larroumet; obs. Durry, Rev.trim.dr.civ. 1978, S. 653.

Ein Minderjähriger, dessen Alter nicht angegeben wird, hatte sich zu Hause zwei Schachteln Streichhölzer beschafft. Damit begab er sich in die Nähe eines Heuschobers und warf ein brennendes Streichholz in die Luft. Daraufhin entzündete sich der Heuschober, und das nunmehr verängstigte Kind lief zu seiner Mutter zurück, um sie über das Geschehen zu informieren. Der Versicherer des Geschädigten hatte den Schaden gedeckt und ging nunmehr im Rückgriff gegen das Kind vor, und zwar sowohl auf der Grundlage der Verschuldenshaftung nach Art. 1382 C.c. als auch im Wege der gardien-Haftung gemäß Art. 1384 Abs. 1, 2. Alt. C.c.[204].

Rein äußerlich in keiner Weise den Eindruck einer Grundsatzentscheidung erweckend, begnügte sich die zweite Zivilkammer des Kassationshofs mit einer einfachen Bestätigung des berufungsgerichtlichen Urteils, das die Einsichtsfähigkeit verneint hatte:

"Mais attendu que la Cour d'appel relève que Didier Vannel avait pris deux boîtes d'allumettes chez lui et que s'étant rendu près du hangar à foin, il avait jeté une allumette enflammée; que voyant le foin brûler il avait pris peur, avait couru chez lui pour prévenir sa mère; qu'elle en déduit, d'une part, que le discernement du mineur n'était pas démontré et, d'autre part, qu'il n'était pas gardien des allumettes; - Attendu qu'en l'état de ces constatations la Cour d'appel a pu estimer que la responsabilité de ce mineur n'était engagée ni sur le fondement de l'article 1382 du Code civil ni sur celui de l'article 1384, alinéa 1er du même code; ..."

Mit diesem Urteil zog der Kassationshof einen vorläufigen Schlußstrich unter die auch in der Rechtsprechung inzwischen kontroverse Diskussion um das Erfordernis der Einsichtsfähigkeit für die persönliche Verschuldenshaftung von Kindern. Er gab zu erkennen, daß sich die Rechtslage trotz des Inkrafttretens des Art. 489-2 C.c. nicht geändert habe. Kinder hafteten danach weiterhin nur unter der Voraussetzung der Einsichtsfähigkeit.

f) Die Bestätigung des Urteils vom 7.12.1977 durch eine Entscheidung des Kassationshofs vom 6.7.1978

In einer weiteren Entscheidung vom 6.7.1978[205] bestätigte der Kassationshof das vorstehend analysierte Grundsatzurteil. Ihr lag folgender Sachverhalt zugrunde: Die beiden am Schadensereignis beteiligten Jugendlichen lebten in einem medizinisch-pädagogischen Institut zur Betreuung von leicht

---

[204] Zur Ablehnung der gardien-Haftung sowohl durch das Berufungsgericht als auch durch den Kassationshof siehe unten S. 143 f.

[205] Cass.civ.II, 6.7.1978, Bull.civ.II, Nr. 179, S. 140 = D. 1979, I.R. 64, obs. Larroumet; obs. Durry, Rev.trim.dr.civ. 1979, S. 387.

schwachsinnigen Jugendlichen ("débiles moyens"). Als der Geschädigte in der dortigen Küche gerade eine Hand in eine Brotschneidemaschine hineinhielt, setzte der Schädiger die Maschine in Gang.

Die Familie des Geschädigten verlangte Schadensersatz von dem Vater des Schädigers sowie von seiner Haftpflichtversicherung. Die Aussagen zur geltend gemachten Anspruchsgrundlage sind nicht ganz eindeutig. Bei der Sachverhaltsschilderung heißt es noch, der Vater sei als "civilement responsable de son fils mineur" verklagt worden. Das deutet auf die Elternhaftung nach Art. 1384 Abs. 4 C.c. hin. Später beschränken sich die Ausführungen in dem Urteil indes auf die persönliche Verantwortlichkeit des Sohnes nach Art. 1382 C.c., für die der Vater aber nur als gesetzlicher Vertreter verklagt werden konnte.

Das Berufungsgericht hatte der Klage stattgegeben. Mit der Kassationsbeschwerde rügte der Beklagte, daß dem Urteil keine hinreichende Prüfung der Einsichtsfähigkeit, insbesondere in Bezug auf das Alter und den konkreten Geisteszustand des Schädigers zugrunde liege. Das Berufungsgericht hatte sich darauf gestützt, daß alle in dem Institut lebenden Jugendlichen zwischen acht und siebzehn Jahren alt und leicht schwachsinnig seien. Alle diese Jugendlichen, selbst diejenigen mit der geringsten Ausprägung der Geisteskraft, seien ausreichend alt und intelligent, um in Bezug auf so einfache Handlungen wie der hier zur Debatte stehenden als einsichtsfähig angesehen werden zu können. Die Beklagten hätten den Gegenbeweis im Hinblick auf den Schädiger führen müssen, was aber unterlassen worden sei.

Die zweite Zivilkammer des Kassationshofs beschränkte sich ein weiteres Mal auf die einfache Bestätigung des berufungsgerichtlichen Urteils:

"... Mais attendu qu'ayant relevé que l'institut médico-pédagogique ne recevait que des enfants de 8 à 17 ans qui, tous, étaient «débiles moyens», l'arrêt retient que ceux-ci avaient un âge et une intelligence qui, même considérés dans leur minimum, impliquaient qu'ils avaient conscience d'actes aussi simples que celui commis par le jeune Clément; qu'il relève, en outre, que Clément et le groupe ACY n'avaient produit aucun document contraire en ce qui concerne ce mineur;

Que par ces constatations et énonciations, la Cour d'appel a pu estimer que le mineur Clément avait la capacité de discerner les conséquences de l'acte fautif qu'il avait commis; ..."

Angesichts der Debilität des Schädigers hätte man auch an die Anwendung des Art. 489-2 C.c. denken können[206]. Der Kassationshof hat sich dem-

[206] Einige Kommentatoren meinten, seine Nichtanwendung müsse so verstanden werden, daß die zweite Zivilkammer des Kassationshofs die Anwendbarkeit dieser Regelung auf Min-

gegenüber an der von der Kassationsbeschwerde aufgeworfenen Frage orientiert, ob der natürliche Entwicklungsprozeß des Kindes bereits in das Stadium der Einsichtsfähigkeit eingemündet ist. Denn nur die Verneinung dieser Frage hätte zu einer Entscheidung im Sinne des Kassationsbeschwer-de führen können, weil der unnatürliche Zustand der Debilität eben wegen jenes Art. 489-2 C.c. nicht als Entlastungsgrund in Betracht kam.

Indem der Kassationshof erneut am Erfordernis der Einsichtsfähigkeit für die deliktsrechtliche Verschuldenshaftung von Kindern festhielt, blieb er auf der Linie seiner Grundsatzentscheidung vom 7.12.1977.

3. Zusammenfassung

Die Schaffung des Art. 489-2 C.c. hat zu erheblichen Unsicherheiten und Meinungsverschiedenheiten in Rechtsprechung und Lehre geführt. Dies ist vor allem darauf zurückzuführen, daß die Regelung mit den Geisteskranken nur eine Gruppe der Einsichtsunfähigen benennt und damit zwangsläufig die Frage nach der Sachgerechtigkeit einer Differenzierung zwischen dieser Gruppe und der Gruppe der noch nicht einsichtsfähigen Kinder aufwarf. Sowohl für die Gleich- als auch für die Ungleichbehandlung sind gewichtige Argumente angeführt worden, was dann auch in der Rechtsprechung zu zögernden bis gegensätzlichen Stellungnahmen geführt hat. Hier hat der Kassationshof erst spät klärende Worte gesprochen, ohne allerdings eine Begründung für seine Lösung zu geben. Damit ist er auch in dieser grundsätzlichen Frage dem der französischen Rechtstradition eigenen, thesenhaften Urteilsstil treu geblieben.

Aber selbst die aus den Urteilen von 1977 und 1978 hervorgegangene gefestigte Rechtsprechung wurde einige Jahre später durch neue Grundsatzentscheidungen des höchsten Gerichts überholt, wie zu zeigen sein wird[207].

---

derjährige verneint und damit dem Urteil der ersten Zivilkammer vom 20.7.1976 (siehe oben S. 69 f.) widersprochen habe (Larroumet, obs. D. 1979, I.R. 64 re.Sp.; Durry, obs. Rev.trim.dr. civ. 1979, S. 388; unschlüssig Poisson-Drocourt, note D. 1979.J.476, re.Sp.). Dagegen mit Recht im Sinne der folgenden Ausführungen Jourdain, Imputabilité II, S. 499, Fn. 1 und Barbiéri, J.C.P. 1982.I.3057, Nr. 12.

[207] Siehe unten S. 100 ff.

IV. Die konkrete Handhabung der Zurechnungsfähigkeit als Haftungsvoraussetzung

Bevor die von der Rechtsprechung im Jahre 1984 bewerkstelligte Aufgabe der Einsichtsfähigkeit als Haftungsvoraussetzung analysiert wird[1], soll im folgenden untersucht werden, wie man dieses Kriterium bis dahin konkretisiert und angewendet hat. In Frankreich hat sich zu dieser Frage keine ausgefeilte Begrifflichkeit und Dogmatik herausgebildet, wie es im deutschen Recht zu § 828 Abs. 2 BGB geschehen ist. Es macht sich hier bemerkbar, daß dem französischen Recht eine ausdrückliche gesetzliche Regelung als Anknüpfungspunkt für Auslegungsfragen fehlt. Das führt zu einem von der Lehre anerkannten weiten Entscheidungsspielraum der Richter.

1. Die Kriterien der Deliktsfähigkeit von Kindern

Die noch deliktsunfähigen Kinder werden in der Lehre oft als "infantes" bezeichnet[2]. In seiner ursprünglichen Wortbedeutung ist ein infans ein Kind, das noch nicht sprechen kann[3]. Schon das römische Recht fixierte aber das maßgebliche Alter auf das siebente Lebensjahr[4], obwohl die Fähigkeit zu sprechen früher einsetzt. Auch das französische Recht hat sich bei der Verwendung des Begriffs von der ursprünglichen Wortbedeutung gelöst. Im folgenden werden die Kriterien benannt, nach denen die infantes von denjenigen Minderjährigen abgegrenzt werden, die das "Alter der Vernunft" ("l'âge de raison"[5]) bereits erreicht haben.

a) Das discernement

Der am häufigsten gebrauchte Begriff zur Charakterisierung der Zurechnungsfähigkeit ist das "discernement"[6], das erstmals im Code pénal von 1791

---

[1] Dazu unten S. 100 ff.

[2] Siehe etwa die Titel zweier Aufsätze: Warembourg-Auque, "Responsabilité où irresponsabilité de l'«infans»", Rev.trim.dr.civ. 1982, S. 329 ff.; Blanc-Jouvan, "La responsabilité de l'«infans»", Rev.trim.dr.civ. 1957, S. 28 ff.

[3] Blanc-Jouvan, S. 29, Nr. 1; Waibel, S. 16.

[4] Waibel, S. 16 f.

[5] Jourdain, Imputabilité II, S. 325, Nr. 289; Mazeaud/Tunc I, Nr. 447, S. 515; Nr. 482, S. 541; Blanc-Jouvan, S. 30, Nr. 1.

[6] Aus der Rechtsprechung: Cour d'aix, 19.6.1877, D. 1879.V.365, Nr. 28; Cass.civ.II, 7.12. 1977, Bull.civ.II, Nr. 233, S. 170 = J.C.P. 1980.II.19339, obs. Wibault = D. 1978, I.R. 205, obs. Larroumet; Cass.civ.II., 6.7.1978, Bull.civ.II, Nr. 179, S. 140 = D. 1979, I.R. 64, obs. Lar-

auftauchte. Es bezeichnet umgangssprachlich die Fähigkeit, zwischen Gut und Böse unterscheiden zu können. Damit ist das intellektuelle Element der Zurechnungsfähigkeit angesprochen. Die Parallele im deutschen Recht ist die Einsichtsfähigkeit[7].

In Frankreich ist der juristische Begriff des discernement kaum näher präzisiert worden. In dem Zeitabschnitt nach Schaffung des Code pénal von 1791 wurden hierzu verschiedene Ausführungen gemacht. Zum einen war unklar, ob sich das discernement auf den Verstoß gegen eine Rechtsregel beziehen mußte oder ob es um ein moralisches Werturteil geht. Des weiteren war zweifelhaft, ob nur die Fähigkeit zur Erkenntnis oder die konkrete Erkenntnis selbst erforderlich ist. Die strafrechtliche Praxis hat sich schnell von diesen Problemen gelöst und ihr Urteil danach ausgerichtet, ob es im Einzelfall zweckmäßig ist, eine Kriminalstrafe zu verhängen[8]. Im Strafrecht ist das Gesetz mittlerweile an diese Praxis angepaßt worden: Das discernement wurde 1945 als Kriterium der Strafbarkeit aus dem Code pénal gestrichen und durch das Abstellen auf die Umstände und die Persönlichkeit des Minderjährigen ersetzt[9]. Um eine Erziehungsmaßnahme gegenüber einem nicht straffähigen Minderjährigen bis zum dreizehnten Lebensjahr festlegen zu können, ist die Zurechnungsfähigkeit nach der Rechtsprechung des Kassationshofs aber weiterhin erforderlich[10]. Eine Konkretisierung ihres intellektuellen Elements ist indes auch hier nicht erfolgt.

Der für das Deliktsrecht von Carbonnier unternommene Versuch einer Präzisierung bleibt recht verschwommen: "... état de discerner le bien du mal, le discernement supposant à la fois une suffisante raison et une certaine force de volonté. Il est difficile d'analyser cette notion, venue du droit pénal (maturité plutôt que niveau intellectuel, éveil de la conscience juridique plutôt que de la conscience morale, pour laquelle l'éducation est plus précoce)."[11]

Die Urteile des Kassationshofs zur Deliktsfähigkeit von Kindern enthalten immerhin eine einheitliche Formulierung, die jeweils nur unbedeutend abgewandelt wird. Die Zurechnungsfähigkeit ist danach vorhanden, "si le

---

roumet; aus der Lehre: Le Tourneau, La responsabilité civile, Nrn. 476 ff., S. 158 f.; Dejean de la Batie, in: Aubry/Rau, Nr. 347, S. 524.

[7] Zur diesbezüglichen Entwicklung der deutschen Rechtsprechung siehe oben S. 8.

[8] Zu dieser Entwicklung Waibel, S. 21 ff.

[9] Art. 66 Code pénal i.V.m. Art. 21 Abs. 2, S. 2 der ordonnance vom 2.2.1945.

[10] Cass.crim., 13.12.1956, D. 1957.J.349, note Patin.

[11] Carbonnier IV, Nr. 94, S. 401 f.

mineur était capable de discerner les conséquences de son acte"[12]. Welche Folgen der Handlung gemeint sind, ob etwa nur die Schädigung eines anderen oder das Eingreifen einer rechtlichen Sanktion, bleibt aber meistens im Dunkeln. Lediglich die Entscheidung vom 8.2.1962[13] ist hier präziser.

Das intellektuelle Element der Deliktsfähigkeit wird manchmal auch mit anderen Formulierungen ausgedrückt: Das Kind müsse sich seines Fehlverhaltens bewußt sein ("avoir conscience de sa faute"[14], "avoir une conscience suffisante de ses actes pour apprécier ... qu'il commettait une faute"[15]); ein "jugement trop rudimentaire" schließe die Zurechnung einer faute aus[16]; erforderlich sei "l'intelligence assez développée pour comprendre, soit la malice, soit l'imprudence de son acte"[17].

Letztlich legt man keinen besonderen Wert auf die konkret verwendete Terminologie. Jourdain, immerhin Verfasser eines dreibändigen Werkes über die Zurechnungsfähigkeit[18], begnügt sich dementsprechend mit der Aussage: "Peu importe d'ailleurs les expressions utilisées pour justifier l'irresponsabilité. L'important est qu'elles permettent de caractériser l'absence d'imputabilité morale du fait dommageable au jeune enfant."[19]

Diese Freiheit in der Terminologie geht damit einher, daß den Tatrichtern ein großer eigenständiger und damit unüberprüfbarer Entscheidungsspielraum bei der konreten Handhabung der Deliktsfähigkeit zukommt. Der Kassationsrichter Fédou betont dies in seinem Bericht an die Assemblée plénière vor den Grundsatzurteilen vom 9.5.1984: "... il convient de laisser au juge du fait la plus large part d'appréciation en la matière."

Kassiert würden nur solche Urteile, die das Problem des discernement umgehen oder die sogar auf ausdrückliche diesbezügliche Anträge der Parteien nicht eingehen[20].

---

[12] Cass.civ.II, 8.2.1962, Bull.civ.II, Nr. 180, S. 124 (125); 6.7.1978, Bull.civ.II, Nr. 179, S. 140; 11.6.1980, Bull.civ.II, Nr. 140, S. 97; Cass., Ass.plén., 9.5.1984, D. 1984.J.529, 4. u. 5. Fall.

[13] Cass.civ.II, 8.2.1962, Bull.civ.II, Nr. 180, S. 124 (125); siehe dazu näher unten S. 78 f.

[14] Tribunal de grande instance Avesnes-sur-Helpe, 8.7.1976, J.C.P. 1977.II.18556, obs. Savatier.

[15] Besançon, 17.12.1902, D. 1903.2.406 (407).

[16] Poitiers, 17.12.1934, G.P.1935.1.333.

[17] Savatier, Traité I, Nr. 199, S. 247; ähnlich Paris, 5.5.1959, D. 1959, Somm. 76: "assez intelligent pour comprendre sa faute".

[18] Recherche sur l'imputabilité en matière de responsabilité civile et pénale, thèse Paris 1982.

[19] Jourdain, in: J.Cl., Fasc. 121, Nr. 46.

[20] Fédou, J.C.P. 1984.II.20291 unter IV.

In der Lehre wird der Entscheidungsspielraum der Tatrichter bestätigt[21]. Dementsprechend begnügen sich viele Urteile mit der thesenhaften Bejahung bzw. Verneinung der Deliktsfähigkeit[22]. Entgegengetreten ist der Kassationshof nur der manchmal anzutreffenden Praxis, das Ergebnis abstrakt vom Alter des betroffenen Kindes abzuleiten[23]. Dies hat er nur für die Ablehnung des discernement bei sehr jungen Kindern zugelassen[24].

Es kommt hinzu, daß sich französische Gerichte bei der Prüfung der Deliktsfähigkeit von Kindern selbst für hinreichend sachkundig halten und nur selten auf psychologische Sachverständigengutachten zurückgreifen, im Gegensatz zur Prüfung der Zurechnungsfähigkeit von Erwachsenen[25].

In einigen Urteilen finden sich aber konkrete Argumentationen zur Handhabung der Deliktsfähigkeit im Einzelfall. Eine Entscheidung des Kassationshofs vom 8.2.1962 bestätigt das Urteil der Cour d'appel d'Amiens vom 10.2.1960, das dem elfjährigen Schädiger zwar das Verständnis für die allgemeine Gefährlichkeit des Spielens mit Pfeil und Bogen bescheinigte,

---

[21] Jourdain, in: J.Cl., Fasc. 121, Nr. 46; Blanc-Jouvan, S. 45, Nr. 13 (dieser Autor spricht sich allerdings letztendlich gegen die Zurechnungsfähigkeit als Haftungsvoraussetzung aus).

[22] Cass.civ.II, 1.12.1971, Bull.civ.II, Nr. 327, S. 239; 14.11.1984, Bull.civ.II, Nr. 168, S. 118; Trib.civ. Tarascon, 26.5.1876, zitiert und bestätigt von der Cour d'Aix, 19.6.1877, D. 1879.5.365, Nr. 28; Cour de Besançon, 17.12.1902, D. 1903.2.406 (407); Caen, 20.5.1969, J.C.P. 1969.II, 16040 = D. 1970, Somm. 23.

[23] Cass.civ.II, 12.11.1959, Bull.civ.II, Nr. 722, S. 472 (im Hinblick auf das Mitverschulden eines 6jährigen Kindes; Cass.civ.sect.soc., 24.3.1960, G.P. 1960.1.371 (Hier ging es um eine dem Vater als Grundstückspächter zuzurechnende "faute grave" eines 7- und eines 8jährigen Jungen gemäß Art. 1735 C.c. i.V.m. Art. 854 Code rural, was aber an dem Beurteilungsmaßstab für die auch dafür erforderliche Einsichtsfähigkeit nichts ändert.); Beispiele nicht zum Kassationshof gelangter Urteile: Trib.p.enf. Meaux, 28.5.1948, G.P. 1948.2.177 (im Hinblick auf das Mitverschulden eines 6jährigen): "Attendu qu'aucune faute n'incombe à la victime, dont le jeune âge s'oppose, évidemment, à ce que la conscience du danger puisse être retenu à sa charge"; Poitiers, 17.12.1934, G.P. 1935.1.333 (334) (Mitverschuldensfall): "Attendu qu'à 7 ans, le jugement de l'enfant est beaucoup trop rudimentaire pour qu'il puisse être retenu contre lui une faute, une imprudence plus ou moins consciente"; Trib.gr.inst Avesnes-sur-Helpe, 8.7. 1976, J.C.P. 1977.II.18556, obs. Savatier: "Attendu que l'imprudence dont il a eu conscience alors qu'à 11 ans et 4 mois il ne pouvait être considéré comme un «infans» est de nature à engager sa responsabilité".

[24] Cass.civ.sect.soc., 31.1.1957, G.P. 1957.1.340 (im Hinblick auf einen 4jährigen); Cass.civ. II, 30.5.1956, Bull.civ.II, Nr. 306, S. 190 = J.C.P. 1956.II.9445, note Rodière = D. 1956.J.680 (wegen des jungen Alters eines 5 1/2jährigen Kindes, das beim Spielen auf einer Drehscheibe der Eisenbahn verletzt worden war, könne nicht angenommen werden, "que celle-ci ait consciemment accepté le risque du jeu auquel elle avait pris part").

[25] Jourdain, Imputabilité II, S. 356 f., Nrn. 324 f.; Beispiel: Tribunal pour enfants de Meaux, 28.5.1948, G.P. 1948.2.177 (eigenständige Prüfung und Bejahung des discernement einer 10jährigen im Strafverfahren, wo es um mögliche Erziehungsmaßnahmen ging).

die Deliktsfähigkeit dann aber doch mangels Erkennbarkeit der konkreten Gefahr ablehnte, weil sich das neunjährige, am Auge verletzte Opfer zur Zeit der schädigenden Handlung hinter einem Heuhaufen versteckt hatte und nicht gezielt angeschossen worden war[26].

Dieses Vorgehen entspricht der früheren deutschen Rechtsprechung, die aber inzwischen bei der Einsichtsfähigkeit nur noch das Verständnis für die "allgemeine Gefährlichkeit" der schädigenden Handlung prüft und regelmäßig bejaht, während sie die Fähigkeit zur Erkenntnis der konkreten Gefahr erst beim Verschulden in Anwendung des alterstypischen Sorgfaltsmaßstabs berücksichtigt[27]. Die von der Rechtsprechung bzw. vom Wortlaut des § 828 Abs. 2 BGB geforderten Voraussetzungen, das Unrechtmäßige der Handlung und die daraus folgende rechtliche Verantwortlichkeit erkennen zu können, wird schon seit langem direkt aus der Fähigkeit zur Erkenntnis der Gefährlichkeit der Handlung gefolgert und haben praktisch keine eigenständige Bedeutung mehr.

Der Unterschied in der Methodik zwischen der französischen und der deutschen Rechtsprechung läßt sich sehr schön anhand der folgenden zwei Urteile verdeutlichen: Sowohl der Bundesgerichtshof als auch der Kassationshof hatten Fälle zu entscheiden, in denen ein 8jähriges Kind einen Großbrand verursacht hatte[28]. In beiden Fällen hatte der Junge ein kleines Feuerchen angezündet, im deutschen Fall mittels eines Stücks Papier, im französischen Fall mit einer Handvoll Heu, das dann von einem Windstoß erfaßt und in eine nahegelegene Scheune geweht wurde mit der Folge, daß ein ganzer Bauernhof niederbrannte.

Der BGH prüft die Fähigkeit zur Erkenntnis der "besonderen Gefahr" für die Gebäde des Bauernhofs erst in der Fahrlässigkeit, so daß für die Einsichtsfähigkeit gemäß § 828 Abs. 2 BGB nur noch die abstrakte "allgemeine Gefährlichkeit" des Spielens mit einem brennenden Papierstück übrig bleibt[29].

Der Kassationshof hingegen prüft sämtliche Gefahrenmomente bei der Deliktsfähigkeit: "Mais attendu que la Cour d'appel énonce «qu'âgé seulement de huit ans, Serge Richard n'a pas compris qu'en mettant le feu à une poignée de foin, il risquait qu'un coup de vent communiquât l'incendie à la meule, puis aux bâtiments d'exploitation; ...»; que les juges du fond ont pu admettre que ces circonstances de fait ne permettaient pas de retenir la res-

[26] Cass.civ.II, 8.2.1962, Bull.civ.II, Nr. 180, S. 124 (125).

[27] Siehe oben S. 8 f.; speziell zu Fällen des Bogenschießens: BGH VersR 1957, 131; 1962, 1088; 1964, 505; 1967, 158; LG Flensburg, VersR 1976, 451.

[28] BGH FamRZ 1962, 115; Cass.civ.III, 30.10.1969, Bull.civ.III, Nr. 694, S. 523.

[29] Siehe dazu die treffende Kritik von Geilen, FamRZ 1965, 401 (404).

ponsabilité de Serge Richard dont le discernement n'était pas démontré et ont ainsi légalement justifié leur décision; d'où il suit que le moyen n'est pas fondé;..."

Es gibt noch weitere veröffentlichte französische Entscheidungen, in denen das discernement konkret geprüft wurde. Auch hier haben die Gerichte es von der Fähigkeit zur Erkenntnis der konkreten Gefahr abhängig gemacht[30]. Manchmal stellen die Gerichte auf das Zuwiderhandeln gegen Verbote ab, die den Kindern bekannt waren[31].

Es läßt sich mithin feststellen, daß die französische Rechtsprechung nur selten ihre Prüfungsmaßstäbe offenbart, daß sie aber dort, wo sie es tut, der Methode folgt, die auch die frühere deutsche Rechtsprechung zu § 828 Abs. 2 BGB angewendet hat.

b) Die Willens- oder Steuerungsfähigkeit als Kriterium neben dem discernement?

In Deutschland ist nach der Neufassung des § 3 JGG eine intensive Diskussion darüber entstanden, ob nicht auch die deliktsrechtliche Zurechnungsfähigkeit in § 828 Abs. 2 BGB durch das volitive Element der Willens- bzw. Steuerungsfähigkeit ergänzt werden sollte. Das ist bisher nicht geschehen. Die Steuerungsfähigkeit wird vielmehr weiterhin beim Verschulden durch die Anwendung des alterstypischen Sorgfaltsmaßstabs geprüft[32], der allerdings keine individuelle Beurteilung des Schädigers erlaubt.

In Frankreich hat sich eine solche Diskussion nicht entwickelt. Nur vereinzelt wird bei der Zurechnungsfähigkeit das volitive neben dem intellektuellen Moment genannt, ohne jedoch zu behaupten, daß dies zu einer anderen Handhabung der Zurechnungsfähigkeit führe als es bisher der Fall war[33]. Inwieweit die Rechtsprechung nicht manchmal inzident auch die

---

[30] Cour de Nancy, 26.5.1888, zit. von Cass.civ., 13.1.1890, D. 1890.1.145 (146); Trib.p.enf. Meaux, 28.5.1948, G.P. 1948.2.177 (in beiden Urteilen wurde das discernement von 10jährigen bejaht).

[31] Cour de Nancy, 26.5.1888, zit. von Cass.civ., 13.1.1890, D. 1890.1.146; Cass.civ.II, 11.7. 1979, J.C.P. 1979.IV.318 (Mitverschulden eines 6jährigen).

[32] Siehe oben S. 8 f.

[33] Jourdain, Imputabilité II, S. 327-346, Nrn. 292-315 (a.E.: "N'est pas imputable l'agent qui, au moment des faits, était incapable de comprendre et de vouloir l'acte qui lui est reproché."); Viney, Traité, Nr. 578, S. 695: "comprendre la portée de ses actes et ... maîtriser son comportement"; Starck, Obligations I, Nr. 344, S. 193: "la faculté de discernement du bien et du mal, et la faculté de vouloir agir dans un sens déterminé"; Legeais, D. 1984, Chr. 237: "...le discernement, c'est-à-dire la possibilité de comprendre et de vouloir"; Blanc-Jouvan, S. 36 f., Nr. 7: "l'idée que nul ne peut commettre une faute - même non intentionnelle - s'il ne com-

Steuerungsfähigkeit berücksichtigt, läßt sich angesichts des kryptischen Urteilsstils der französischen Gerichte nicht feststellen. Ausdrücklich genannt wurde sie in dem schon zitierten Urteil der Strafkammer des Kassationshofs vom 13.12.1956, das das Erfordernis der Zurechnungsfähigkeit für die Anordnung von Erziehungsmaßnahmen betonte[34]. Fast alle Urteile zur zivilrechtlichen Deliktsfähigkeit nennen nur das intellektuelle Moment. Außerdem beschränken sich auch die wenigen Urteile, die eine konkrete Prüfung der Deliktsfähigkeit vornehmen, auf die Prüfung des discernement, ohne auf die Willens- oder Steuerungsfähigkeit einzugehen[35].

Die Willensreife ist bisher ganz allgemein nur selten als weiterer Ansatzpunkt des Minderjährigenschutzes aufgegriffen worden, denn auch die Technik der deutschen Rechtsprechung, die Steuerungsfähigkeit durch den nach Altersgruppen objektiv typisierten Sorgfaltsmaßstab zu berücksichtigen, findet sich in französischen Urteilen nicht oft und wird auch in der Lehre kaum erörtert[36].

2. Systematisierung der Rechtsprechung nach Altersgruppen

Eine statistische Aufbereitung der Rechtsprechung zur Bejahung bzw. Verneinung der Deliktsfähigkeit steht unter dem Vorbehalt, daß es sich um Einzelfallentscheidungen über die konkret-individuelle Persönlichkeit der jeweils betroffenen Kinder handelt. Außerdem ist zu beachten, daß die oben festgestellte fehlende Konkretisierung des Prüfungsmaßstabs in Verbindung mit der großen Entscheidungsfreiheit der Tatrichter die praktische Umsetzung der persönlichen Vorstellungen der Richter zu dieser Frage begünstigen dürfte.

Obwohl es im Code civil keine feste Altersgrenze gibt wie in § 828 BGB, sieht man auch in Frankreich das durchschnittliche Alter für das Erreichen der Deliktsfähigkeit bei 7 Jahren[37]. Warembourg-Auque weist auf kinderpsychologische Studien hin, die den normalen Beginn des Verantwortungs-

---

prend pas la portée de ses actes et s'il n'a pas la maîtrise de soi ...", S. 54, Nr. 16: "les deux conditions de l'imputabilité (discernement et libre-arbitre)"; allerdings lehnt dieser Autor letztlich die Zurechnungsfähigkeit als Haftungsvoraussetzung ab.

[34] "Encore faut-il, conformément aux principes généraux du droit, que le mineur dont la participation à l'acte matériel à lui reproché est établie, ait compris et voulu cet acte; ... toute infraction, même non intentionnelle, suppose en effet que son auteur ait agi avec intelligence et volonté" (Cass.crim., 13.12.1956, D. 1957.J.349, note Patin).

[35] Siehe oben S. 78 ff.

[36] Dazu näher unten S. 87 ff.

[37] Jourdain, Imputabilité II, S. 326, Nr. 290; S. 356, Nr. 324; Colmar, 1.12.1953, G.P. 1954.2, 149 = S. 1954.2.65; Chazal, G.P. 1955.1.27.

bewußtseins während des 6. bis 7. Lebensjahres sehen. Es entwickele sich schrittweise weiter, um etwa im 10. Lebensjahr voll ausgeprägt zu sein[38].

Dementsprechend wurden in der Rechtsprechung für deliktsunfähig erklärt: ein 4jähriges Kind, das mit Streichhölzern spielte[39]; ein 4 1/2-jähriger Junge, der mit seinem Freund mit einer Harke gespielt hatte und dabei am Auge verletzt worden war[40]; ein 5jähriger, der bei einem akrobatischen Spiel mit einem älteren Kind verletzt worden war[41]; ein 5 1/2-jähriges Kind, das sich beim Spielen auf einer Drehscheibe der Eisenbahn verletzt hatte[42]; ein 6jähriges Kind, das beim Spielen mit einer federgetriebenen Spielzeugpistole unter Verwendung eines spitzen Gegenstands als Geschoß am Auge getroffen worden war[43]. Der Kassationshof mußte schon berufungsgerichtliche Urteile kassieren, die eine faute bzw. sogar faute grave von 3 1/2-, 5- und 6jährigen Kindern bejaht hatten, ohne auf die Zurechnungsfähigkeit einzugehen[44].

Es gibt zwei veröffentlichte Urteile, die bei 6jährigen Kindern die Deliktsfähigkeit bejaht haben: In einem Fall hatte ein Mädchen eine andere Person mit einem Fahrrad angefahren[45], und in dem anderen Fall hatte ein Kind trotz vorherigen Verbots die Abladegrube eines Getreidesilos betreten und war dann im Korn erstickt[46].

Umgekehrt gibt es Urteile, die 7jährige für deliktsunfähig erklärt haben: z.B. ein Kind, das auf die Straße gelaufen und von einem Auto erfaßt worden war[47] und einen Jungen, der von einem Freund eine Gewehrpatrone ausgehändigt bekommen und sich beim Versuch, diese mit einem Hammer zur Explosion zu bringen, am Auge verletzt hatte[48].

---

[38] Warembourg-Auque, Rev.trim.dr.civ. 1982, S. 339 f., Nr. 14.

[39] Cass.civ.sect.soc., 31.1.1957, G.P. 1957.1.340.

[40] Paris, 9.2.1942, G.P. 1942.1.226.

[41] Trib.gr.inst. Avesnes-sur-Helpe, 8.7.1976, J.C.P. 1977.II.18556, obs. Savatier.

[42] Cass.civ.II, 30.5.1956, Bull.civ.II, Nr. 306, S. 190 = J.C.P. 1956.II.9445, note Rodière = D. 1956.J.680.

[43] Trib.p.enf. Meaux, 28.5.1948, G.P. 1948.2.177.

[44] Cass.civ.II, 11.6.1980, Bull.civ.II, Nr. 140, S. 97 = D. 1981, I.R. 323, obs. Larroumet = J.C.P. 1980.IV.323; Cass.civ.sect.soc., 25.7.1952, D. 1954.J.310, note Savatier; 9.5.1953, G.P. 1953.2.118 (119) (in diesen beiden Fällen ging es um eine dem Pächter im Verhältnis zum Verpächter zuzurechnende faute grave seiner Kinder).

[45] Paris, 5.6.1959, D. 1959, Somm. 76.

[46] Cass.civ.II, 11.7.1979, J.C.P. 1979.IV.318.

[47] Poitiers, 17.12.1934, G.P. 1937.1.333.

[48] Cass.civ.II, 11.12.1974, G.P. 1975.1, Somm. 68.

Bei 8jährigen Kindern bietet sich folgendes Bild: Bejaht wurde die Deliktsfähigkeit eines Jungen, der trotz Verbots ein Treppengeländer heruntergerutscht war[49]. Ebenfalls für deliktsfähig gehalten wurde ein Mädchen, das sich unvorsichtigerweise einem Windmotor genähert hatte, so daß es von diesem verletzt wurde[50]. Verneint wurde die Deliktsfähigkeit eines 8jährigen, der eine Handvoll Heu angezündet hatte, das dann durch einen Windstoß auf einen Heuschober geweht wurde mit der Folge, daß schließlich auch die Wirtschaftsgebäude des Bauernhofs brannten[51].

Im Hinblick auf einen 9jährigen gibt es ein bemerkenswertes Urteil: Der Junge hatte mit seinem 11jährigen Freund auf einem ungenutzten Grundstück Fußball gespielt. Dabei verfehlte er den Ball und trat stattdessen in den Boden, so daß sein Spielkamerad von einem Erdklumpen im Gesicht getroffen und verletzt wurde. Der Kassationshof bejaht die faute und die Haftung des Schützen gemäß Artt. 1382, 1383 C.c., ohne ein Wort zur Deliktsfähigkeit zu verlieren[52].

In der Altersgruppe der 10- bis 13jährigen überwiegen bei weitem die deliktsfähigkeitsbejahenden Urteile. Es gibt nur drei Entscheidungen, die die Deliktsfähigkeit von 11- bzw. 13jährigen Kindern abgelehnt haben: eine sehr alte Entscheidung verneinte sie im Hinblick auf einen 11jährigen, der versehentlich seinen Onkel mit einem ihm von diesem übergebenen Gewehr erschossen hatte[53].

Das gleiche Ergebnis erzielte der Kassationshof im Hinblick auf einen 11jährigen, der einen versteckten Spielkameraden durch einen Schuß mit Pfeil und Bogen verletzt hatte[54].

Sogar in Bezug auf einen 13jährigen, der einen anderen Jungen mit einer bei einem Waffenhändler erworbenen Pistole schwer verletzt hatte, spricht ein Urteil von einem "accident dû à l'inconscience, à l'étourderie et à l'inexpérience propres à l'âge de cet enfant"[55]. Indes ist hier zu berücksichtigen, daß die Formulierung nur als Begründung dafür diente, die Kausalität zwi-

---

[49] Cass.civ., 15.12.1936, G.P. 1937.1.255.

[50] Cass.civ.II, 8.4.1957, Bull.civ.II, Nr. 304, S. 202 = J.C.P. 1957.IV.77.

[51] Cass.civ.II, 30.10.1969, Bull.civ.III, Nr. 694, S. 523.

[52] Cass.civ.II, 1.12.1965, J.C.P. 1965.II.14567. Das Gericht lehnte eine anspruchsausschließende oder -mindernde "acceptation du risque" durch den Geschädigten ab und bejahte zusätzlich die Haftung des Vaters gemäß Art. 1384 Abs. 4 C.c.. Vgl. zu diesem Urteil kritisch Tunc, J.C.P. 1966.I.1983.

[53] Cour d'Aix, 19.6.1877, D. 1879.5.365, Nr. 28.

[54] Cass.civ.II, 8.2.1962, Bull.civ.II, Nr. 180, S. 124 (125); siehe zu diesem Fall näher oben S. 78 f.

[55] Grenoble, 9.3.1942, J.C.P. 1942.II.1873, obs. Rodière.

schen dem Aushändigen der Waffe an den Jungen und dem Eintritt des Schadens zu bejahen. Die persönliche Haftung des Schützen war kein Prozeßgegenstand. Zudem war der Junge zuvor im Strafverfahren mangels discernement freigesprochen worden. Daraus kann aber nicht ohne weiteres auf die deliktsrechtliche Beurteilung dieser Frage geschlossen werden. Die Rechtsprechung hat nämlich schon mehrfach das deliktsrechtliche discernement bejaht, obwohl es zuvor im Strafverfahren verneint worden war[56]. Die Verwendung des Begriffs "inconscience" spricht aber sehr dafür, daß der Junge bei gegebener Prozeßrelevanz als deliktsunfähig angesehen worden wäre.

Alle anderen Entscheidungen zu dieser Altersgruppe haben die Deliktsfähigkeit bejaht: So bereits das erste veröffentlichte Urteil zur Kinderhaftung nach Inkrafttreten des Code civil[57]; leider wurde der ihm zugrunde liegende Sachverhalt nicht veröffentlicht. Deliktsfähig waren ferner: ein 10jähriger, der im Internatshof trotz eines ihm bekannten Steinwurfverbots ungezielt mit einem Stück Schiefer geworfen und das Auge des später sogar erblindeten Schulkameraden getroffen hatte[58]; ein 10jähriger, der sich mit seinem 11jährigen Freund handgreiflich gestritten und diesen dabei durch eine ungeschickte Bewegung mit einer Stange am Auge verletzt hatte[59]; eine 10-jährige, die ihre 6jährige Spielkameradin am Auge verletzt hatte, indem sie mit einer Federpistole einen selbst eingelegten spitzen Gegenstand statt des dafür vorgesehenen, mit einem Gummipfropfen versehenen Pfeils abschoß[60]; zwei 11- und 12jährige, Fußball spielende Jungen, von denen der eine den anderen mit einem unglücklichen Schuß am Auge getroffen hatte, was eine erhebliche Minderung der Sehkraft hervorrief[61]; ein 11jähriger, der bei einem von ihm initiierten akrobatischen Spiel einen 5jährigen auf den

---

[56] Cour de Besançon, 17.12.1902, D. 1903.II.406; Orléans, 13.5.1909, G.P. 1909.II.625; Dijon, 20.5.1910, S. 1910, II.318; Poitiers, 29.1.1923, G.P. 1923.1.535; Cass.crim., 3.6.1932, G.P. 1932.2.308; Trib.comm. Seine, 10.12.1940, G.P. 1941.1.117; Paris, 2.2.1942, G.P. 1942.1.225.

[57] Bordeaux, 31.3.1854, D. 1854.5.656, Nr. 17.

[58] Cour de Nancy, 26.5.1888, zit. von Cass.civ., 13.1.1890, D. 1890.1.146.

[59] Cour de Besançon, 17.12.1902, D. 1903.2.406 (407). Interessant ist dieses Urteil auch wegen der unterschiedlichen Beurteilung des strafrechtlichen discernement, das zuvor verneint worden war. Methodisch fehlerhaft ist das Urteil bei der Bemessung des Schadensersatzes, indem es ohne eine entsprechende Rechtsgrundlage die Haftungshöhe "wegen des jungen Alters" des Schädigers reduziert.

[60] Trib.p.enf. Meaux, 28.5.1948, G.P. 1948.2.177.

[61] Caen, 20.5.1969, J.C.P. 1969.II.16040; D. 1970, Somm. 23 (Im Ergebnis entfiel die Haftung mangels faute des Schädigers, der keinen Regelverstoß begangen hatte, wegen der Einwilligung des Geschädigten in das dem Fußballspiel inhärente Verletzungsrisiko sowie mangels gardien-Haftung des Schädigers, dem das Urteil die garde über den Ball absprach. Siehe dazu näher unten S. 132 f.).

Schultern getragen hatte, wobei dieser stürzte und eine Kopfverletzung erlitt[62]; ein 11jähriges Kind, das in der Nähe einer Scheune einen kleinen Heuhaufen angezündet und das Feuer vor dem Verlassen des Tatorts nicht richtig gelöscht hatte[63].

Ohne Äußerung zur Deliktsfähigkeit bejahte ein vom Kassationshof bestätigtes Urteil der Cour d'appel d'Aix-en-Provence die Haftung einer 10-jährigen, die mit einem Fahrrad auf einem Bürgersteig zügig auf sehr kleine, spielende Kinder zugefahren, bei einem Bremsversuch ins Schleudern geraten war und eines der Kinder mit dem Lenker im Gesicht verletzt hatte[64]. Ebenfalls ohne ein Wort zur Frage der Deliktsfähigkeit bejahte das Tribunal civil Belfort die faute eines 11jährigen Jungen[65], der einem Spielkameraden den mitgeführten, auf ein ungenutztes Grundstück gerollten Ball zuwerfen wollte und dabei einen herannahenden Fahrradfahrer traf.

Es hafteten auch zwei 12jährige Jungen, die sich gegenseitig mit Hilfe von Gummibändern mit Metallstücken auf die Beine schießen wollten, wobei ein Schuß ins Auge traf[66].

Bei Schädigern im Alter von über 13 Jahren wird die Frage der Deliktsfähigkeit überhaupt nicht mehr erwähnt. Entsprechende Urteile gehen stets stillschweigend vom Vorliegen der Deliktsfähigkeit aus[67].

Die Rechtsprechung läßt sich folgendermaßen zusammenfassen: Kinder bis zum 6. Lebensjahr sind noch nicht für deliktsfähig gehalten worden. Für die Altersgruppe der 6- bis 13jährigen gibt es sowohl deliktsfähigkeitsbejahende als auch -verneinende Urteile, wobei in der unteren Altersstufe die

---

[62] Trib.gr.inst. Avesnes-sur-Helpe, 8.7.1976, J.C.P. 1977.II.18556, obs. Savatier; siehe dazu auch oben S. 68 f.

[63] Lyon, 13.1.1983, zit. von Cass.civ.II, 14.11.1984, Bull.civ.II, Nr. 168, S. 118. Man beachte die Ähnlichkeit des Sachverhalts mit demjenigen, der zum Vorlagebeschluß des OLG Celle geführt hat, siehe oben S. 9. Der entscheidende Unterschied liegt darin, daß im zitierten französischen Urteil die Elternhaftung eingreift.

[64] Aix-en-Provence, 29.1.1970, zitiert und bestätigt von Cass.civ.II, 1.12.1971, Bull.civ.II, Nr. 327, S. 239.

[65] Trib.civ. Belfort, 3.10.1956, J.C.P. 1956.II.9591, obs. Esmein.

[66] Trib.corr. Seine, 6.3.1951, G.P. 1951.1.325.

[67] Für einen 14- und einen 13 1/2jährigen: Douai, 25.3.1964, J.C.P. 1965.II.14174, obs. Martin; für einen 14jährigen: Cass.civ.II, 16.7.1969, Bull.civ.II, Nr. 255, S. 183; für einen 15jährigen: Cass.civ., 20.12.1972, J.C.P. 1973.II.17541, obs. Dejean de la Batie; für 16- bis 18jährige: Caen, 18.2.1958, J.C.P. 1959.IV.8 ("Sports et Jeux"); für "jeunes gens": Cass.civ.II, 6.2.1974, J.C.P. 1974.IV.107 (Anwendung des alterstypischen Sorgfaltsmaßstabs, dazu noch näher unten S. 130); ohne Altersangabe, aber von "mineur" statt "enfant" sprechend": Trib.civ. Lille, 1.2.1894, D. 1894.2.512; Cass.civ.II, 30.5.1956, J.C.P. 1956.II.9445; Nancy, 12.11.1947, G.P. 1947.2.278 (279).

verneinenden und in der älteren Altersstufe die bejahenden Urteile überwiegen. Die über 13jährigen sind stets als deliktsfähig angesehen worden.

3. Die Darlegungs- und Beweislast der Prozeßparteien

Die allgemeine Beweislastregel des französischen Zivilprozeßrechts ist die gleiche wie im deutschen Recht, so daß jede Partei diejenigen Tatsachen beweisen muß, die eine für sie günstige Rechtsfolge herbeiführen (Art. 9 Nouveau Code de procédure civile: "Il incombe à chaque partie de prouver conformément à la loi les faits nécessaires au succès de sa prétention."). Da es jedoch im französischen Recht an einer gesetzlichen Regelung über die Zurechnungsfähigkeit fehlt, war es nicht ohne weiteres klar, ob es sich hierbei um ein anspruchsbegründendes Erfordernis handelt, für das der Geschädigte beweispflichtig ist, oder ob es ein anspruchsausschließendes Kriterium ist, das der beklagte Schädiger zu beweisen hat.

Im deutschen Recht läßt sich dies leichter beantworten, weil das Problem der Einsichtsfähigkeit Minderjähriger in § 828 BGB eine gesetzliche Regelung gefunden hat, aus deren Tatbestandsformulierung bereits die Beweislastverteilung folgt. Danach stellt sich die Frage für Kinder bis zur Vollendung des siebenten Lebensjahres gar nicht; sie sind gemäß § 828 Abs. 1 BGB grundsätzlich verschuldensunfähig, was vom Richter von Amts wegen zu berücksichtigen ist. Für die Altersgruppe der 7- bis 17jährigen ergibt sich aus der Syntax des § 828 Abs. 2 BGB ("... ist nicht verantwortlich, wenn ..."), daß den Minderjährigen bzw. seinen gesetzlichen Vertreter die Darlegungs- und Beweislast für die haftungsausschließende Einsichtsunfähigkeit trifft. Es sei noch einmal darauf hingewiesen, daß hier eine Prüfung der Einsichtsfähigkeit von Amts wegen, ja sogar ein richterlicher Hinweis gemäß § 139 ZPO für unzulässig gehalten wird[68].

Das französische Recht kommt auch ohne gesetzliche Vorgabe zu ähnlichen Ergebnissen: Grundsätzlich ist der Minderjährige bzw. sein gesetzlicher Vertreter für seine Einsichtsunfähigkeit beweispflichtig, weil wie bei jedem anderen Menschen der Normalzustand der Einsichtsfähigkeit vermutet wird[69]. Ewas anderes gilt hingegen für sehr junge Kinder. Da bei ihnen der Normalzustand in der Einsichtsunfähigkeit besteht, reicht hier ausnahmsweise die bloße Altersangabe für die Vermutung der Einsichtsunfä-

---

[68] Staudinger/Schäfer, § 828 Rn. 18 m.w.N.

[69] Starck, Obligations I, Nr. 354, S. 196; Savatier, Traité I, Nr. 199, S. 247; Jourdain, Imputabilité II, Nr. 259, S. 287.

higkeit aus, und es kommt de facto zu einer Beweislastumkehr[70], soweit man hier einen Gegenbeweis überhaupt für denkbar hält[71].

So hat der Kassationshof eine Kassationsbeschwerde zurückgewiesen, in der die Verneinung der Einsichtsfähigkeit durch das Berufungsgericht angegriffen wurde, weil das Urteil sein Ergebnis nur abstrakt auf das junge Alter von 4 Jahren gestützt hatte[72]. In einem anderen Fall lehnte der Kassationshof das Mitverschulden eines 5 1/2-jährigen Mädchens, das beim Spielen auf einer Drehscheibe der Eisenbahn verletzt worden war, wegen des Alters des Opfers ab[73]. Bei Kindern unter 6 Jahren läßt also auch der Kassationshof den abstrakten Rückschluß aus der allgemeinen Lebenserfahrung zu, daß Kinder in diesem Alter grundsätzlich nicht einsichtsfähig sind[74]. Ab dem 6. Lebensjahr verlangt er hingegen für die Feststellung der Einsichtsunfähigkeit eine konkret-individuelle Beurteilung der Persönlichkeit des betreffenden Minderjährigen[75]. Dann gilt wieder der oben angesprochene Grundsatz, d.h. der Minderjährige bzw. sein gesetzlicher Vertreter sind darlegungs- und beweispflichtig für seine Einsichtsunfähigkeit.

4. Der alterstypische Sorgfaltsmaßstab als ergänzendes Schutzinstrument zugunsten der bereits einsichtsfähigen Kinder?

Im deutschen Recht ist es durch die restriktive Auslegung und Anwendung des § 828 Abs. 2 BGB zu einer Verlagerung des letztlich entscheidenden Prüfungsvorgangs gekommen. Die Rechtsprechung bejaht bei den 7- bis 17jährigen fast automatisch die Einsichtsfähigkeit, weil sie hierfür inzwischen die Fähigkeit zur Erkenntnis der "allgemeinen Gefährlichkeit" der

[70] Jourdain, in: J.Cl., Fasc. 121, Nr. 46, S. 13; ders., obs. J.C.P. 1984.II.20256 unter I.A. (im Ergebnis auch der Kassationsrichter Fédou in seinem Bericht an die Assemblée plénière zur Vorbereitung der Urteile vom 9.5.1984, J.C.P. 1984.II.20291 unter I: "... un jeune enfant chez qui l'absence de la raison n'est pas contestée, doit échapper ... à toute condamnation pécuniaire ...").

[71] Dejean de la Batie, Appréciation in abstracto, S. 99, Nr. 112 spricht in Bezug auf die Einsichtsunfähigkeit sehr junger Kinder von einem Naturgesetz, das keine Ausnahmen kenne.

[72] Cass.civ.sect.soc., 31.1.1957, G.P. 1957.1.340.

[73] Cass.civ.II, 30.5.1956, Bull.civ.II, Nr. 306, S. 190 = J.C.P. 1956.II.9445, obs. Rodière = D. 1956.J.680.

[74] Anders Starck, Obligations, Nr. 354, S. 196: Die Altersangabe allein soll nur bis zum 4. Lebensjahr für den Beweis der Einsichtsunfähigkeit ausreichen.

[75] Cass.civ.II, 12.11.1959, Bull.civ.II, Nr. 722, S. 472 (im Hinblick auf das Mitverschulden eines 6jährigen Kindes); Cass.civ.sect.soc., 24.3.1960, G.P. 1960.I.371 (hier ging es um eine dem Vater als Grundstückspächter zuzurechnende "faute grave" eines 7- und eines 8jährigen Jungen gemäß Art. 1735 C.c. i.V.m. Art. 854 Code rural, was aber an dem Beurteilungsmaßstab für die auch dafür erforderliche Einsichtsfähigkeit nichts ändert).

schädigenden Handlung ausreichen läßt. Die für die Haftungsbejahung ebenfalls erforderliche Fähigkeit zur Erkenntnis der konkreten Gefährlichkeit wird nach der neueren Rechtsprechung erst beim Verschulden gemäß § 276 BGB geprüft[76], das der Geschädigte zu beweisen hat. Dabei findet aber im Gegensatz zur Einsichtsfähigkeit keine individuell-persönliche Prüfung dieser Fähigkeit mehr statt. Es wird vielmehr ein nach typischen Altersgruppen abgestufter und insoweit objektiver Prüfungsmaßstab angewendet. Neben der Einsichtsfähigkeit im Hinblick auf die konkrete Gefährlichkeit der schädigenden Handlung kommt es dabei auch zur Berücksichtigung der Willens- bzw. Steuerungsfähigkeit des Minderjährigen, die wegen des engen Wortlauts des § 828 Abs. 2 BGB dort nicht geprüft werden kann.

In Frankreich hat sich der alterstypische Verschuldensmaßstab noch nicht als allgemein anerkannte Denk- und Prüfungskategorie durchgesetzt. Das ist maßgeblich darauf zurückzuführen, daß sich weder eine Aufspaltung in die bei der Deliktsfähigkeit zu prüfende Fähigkeit zur Erkenntnis der "allgemeinen Gefahr" und die bei der Fahrlässigkeit zu prüfende Erkennbarkeit der "besonderen Gefahr"[77] noch die Willens- bzw. Steuerungsfähigkeit als weitere Haftungsvoraussetzung[78] etabliert haben.

Die Gebrüder Mazeaud haben den alterstypischen Sorgfaltsmaßstab als erste in ihrem Lehrbuch des Haftungsrechts anhand eines Urteils des Reichsgerichts[79] diskutiert und abgelehnt[80]. Eine Analyse der Rechtsprechung bewerkstelligte später Dejean de la Batie. Er kam zu dem Ergebnis, daß die französischen Gerichte den alterstypischen Sorgfaltsmaßstab nur sehr selten anwenden. Die große Mehrheit der Urteile bejahe die faute, ohne auch nur ein Wort dazu zu verlieren[81]. Wenn man die dort zitierten Urteile überprüft, stellt man jedoch fest, daß es fast ausnahmslos Entscheidungen zum Mitverschulden sind. Hier hat die Rechtsprechung, jedenfalls im Rahmen von Ansprüchen aus der gardien-Haftung gemäß Art. 1384 Abs. 1, 2. Alt. C.c., eine sehr strenge Linie entwickelt[82], die aber nicht auf die Beurteilung der faute im Rahmen der persönlichen Haftung von Kindern gemäß Artt. 1382, 1383 C.c. übertragen werden kann.

---

[76] Siehe oben S. 8 f.

[77] Ebenda.

[78] Siehe oben S. 7 ff.

[79] RG, 6.3.1911, Gruchots Beiträge, Bd. 55, S. 991.

[80] Mazeaud/Mazeaud I, 1. Aufl., Nrn. 482 ff., S. 380 ff.; zuletzt Mazeaud/Tunc I, Nrn. 482 ff., S. 541 ff.

[81] Dejean de la Batie, Appréciations in abstracto et in concreto, S. 25 ff., Nr. 27.

[82] Lapoyade-Deschamps, thèse, S. 412 ff. m.w.N.; siehe ferner unten S. 164 ff.

Dennoch bestätigt sich die These von Dejean de la Batie, wenn man nur Urteile zur persönlichen Haftung von Kindern gemäß Artt. 1382, 1383 C.c. untersucht. Bis in die siebziger Jahre hinein läßt sich nur ein einziges Mal die Anwendung des alterstypischen Sorgfaltsmaßstabs nachweisen[83]. Ansonsten wird zwar mitunter die Altersbedingtheit bestimmter Verhaltensweisen erwähnt, jedoch ohne daraus eine begünstigende Rechtsfolge abzuleiten[84]. Alle anderen Urteile ziehen den alterstypischen Sorgfaltsmaßstab gar nicht erst in Erwägung, selbst wenn sie zuvor die Frage der Einsichtsfähigkeit erörtert und bejaht haben[85]. Das ist ein fundamentaler Unterschied zum deutschen Recht[86], wobei man sich allerdings vergegenwärtigen muß, daß der alterstypische Sorgfaltsmaßstab dort erst durch die restriktive Auslegung und Anwendung des § 828 Abs. 2 BGB zu seiner heutigen Bedeutung gekommen ist.

Allerdings hat der Kassationshof den alterstypischen Sorgfaltsmaßstab dann in den siebziger Jahren zweimal ausdrücklich angewendet:

In einem Urteil vom 6.2.1974[87] bestätigte er die Entscheidung eines Berufungsgerichts, das einen Jugendlichen mangels faute von der Haftung freigesprochen hatte, weil ein umsichtiger Jugendlicher in seinem Alter so habe handeln dürfen. Der Schädiger hatte sich mit drei Kumpanen auf einem Teich in einem kleinen Boot befunden. Bei einem Spiel wechselte er die Position, wodurch das Boot ins Schaukeln geriet und sich umdrehte. Dabei kam einer seiner Freunde ums Leben.

Das bereits analysierte Urteil des Kassationshofs vom 29.4.1976[88] bestätigt die Entscheidung des Berufungsgerichts, das die Haftung eines dreijährigen Schädigers abgelehnt hatte, weil jedes Kind diesen Alters so habe

---

[83] Trib.civ. Cosne, 13.1.1931, G.P. 1931.1.483. Es ging um das Mitverschulden eines Kindes im Rahmen eines Anspruchs gemäß Art. 1384 Abs. 1, 2. Alt. C.c.. Das Kind war auf dem Heimweg von der Schule von einem Auto angefahren und tödlich verletzt worden. Das Gericht verneint in merkwürdiger Reihenfolge zunächst die faute und dann das discernement: "Attendu ... qu'en effet, la turbulence naturelle des enfants est une des caractéristiques nécessaires de leur âge; qu'on ne saurait considérer comme une faute le fait par un enfant de céder à cet instinct de sa nature, non plus que le manque de discernement qui ne lui permet pas d'en prévoir les conséquences dangereuses; ..."

[84] Z.B. Trib.corr. Seine, 22.7.1933, G.P. 1933.2.720.

[85] Vgl. die oben auf S. 78 ff. zitierten Urteile.

[86] Vgl. z.B. BGHZ 39, 281 = NJW 1963, 1609 = FamRZ 1965, 435; BGH VersR 1957, 131; BGH FamRZ 1965, 132; BGH FamRZ 1962, 115; BGH VersR 1962, 1088; BGH VersR 1964, 385.

[87] Cass.civ.II, 6.2.1974, J.C.P. 1974.IV.107.

[88] Cass.civ.II, 29.4.1976, Bull.civ.II, Nr. 140, S. 109 f. = J.C.P. 1978.II.18793, note Dejean de la Batie; obs. Durry, Rev.trim.dr.civ. 1977, S. 130, Nr. 6; siehe dazu oben S. 67 f.

handeln dürfen. Das Kind hatte mit einem Holzstück geworfen und dadurch seine gleichaltrige Spielkameradin so schwer am Auge verletzt, daß das Auge später erblindete. Indes ist bei diesem Urteil zu berücksichtigen, daß es sich angesichts des neuen Art. 489-2 C.c. mit dem daraus folgenden Streit um die Einsichtsfähigkeit als Voraussetzung der Kinderhaftung um eine Verlegenheitslösung handelte. Die gleichzeitige Anwendung des vom Kassationskläger vorgebrachten Prüfungsmaßstabs, nämlich das Verhalten eines bereits einsichtsfähigen Kindes, belegt die Unsicherheit der Rechtsprechung in dieser Zeit[89].

Obwohl der Kassationshof also seine Bereitschaft zur Anerkennung des alterstypischen Sorgfaltsmaßstabs gezeigt hat, ist seitdem, soweit ersichtlich, erst ein Kassationskläger auf die Idee gekommen, hier anzusetzen: In einem Fall der Elternhaftung[90] hatte das Berufungsgericht ein rechtswidriges Verhalten eines 11jähriges Kindes darin gesehen, daß das Kind einen kleinen Heuhaufens in der Nähe einer Scheune angezündet und anschließend vor dem Verlassen des Tatorts nicht richtig gelöscht hatte. Die Kassationsbeschwerde rügte die fehlende Untersuchung der Frage, ob dieses Verhalten nicht von jedem Kind diesen Alters hätte begangen werden können, unabhängig von der konkreten Erziehung. Die Formulierung ist nahezu identisch mit derjenigen, die der Kassationshof in seinem Urteil vom 29.4.1976[91] gebraucht hatte.

Der Kassationshof brauchte indes in seinem Urteil vom 14.11.1984 nicht auf diese Problematik einzugehen, weil er zwischenzeitlich sogar das Erfordernis einer rechtswidrigen Handlung des Kindes bei der Elternhaftung aufgegeben hatte und nur noch die direkte Kausalbeziehung zwischen der Handlung des Kindes und dem Eintritt des Schadens verlangte[92]. Dieses Erfordernis konnte er hier problemlos bejahen.

Bei allen übrigen Gelegenheiten ist der alterstypische Sorgfaltsmaßstab nicht mehr eingebracht worden. Das Urteil vom 6.7.1978[93] und auch die Grundsatzentscheidungen der Assemblée plénière vom 9.5.1984[94] zeigen dies. Die ihnen zugrunde liegenden Kassationsbeschwerden rügen aus-

---

[89] Siehe oben S. 67 f.

[90] Cass.civ.II, 14.11.1984, Bull.civ.II, Nr. 168, S. 118.

[91] Cass.civ.II, 29.4.1976, Bull.civ.II, Nr. 140, S. 109 f. = J.C.P. 1978.II.18793, note Dejean de la Batie; obs. Durry, Rev.trim.dr.civ. 1977, S. 130, Nr. 6; siehe dazu oben S. 67 f.

[92] Arrêt Füllenwarth vom 9.5.1984; siehe dazu näher unten S. 122 ff.

[93] Cass.civ.II, 6.7.1978, Bull.civ.II, Nr. 179, S. 140 = D. 1979, I.R. 64, obs. Larroumet; obs. Durry, Rev.trim.dr.civ. 1979, S. 387; siehe dazu oben S. 72 ff.

[94] Cass., Ass.plén., 9.5.1984, D. 1984.J.529 (4. u. 5. Urteil); siehe dazu noch eingehend unten S. 103 ff.

schließlich die Bejahung der Einsichtsfähigkeit. Auch die unteren Instanzen in diesen Rechtsstreitigkeiten hatten den alterstypischen Sorgfaltsmaßstab nicht erwogen.

Bezeichnend sind ferner die Kommentare zu den Grundsatzurteilen vom 9.5.1984. Obwohl die Einsichtsfähigkeit seitdem keine Voraussetzung der persönlichen Haftung von Kindern mehr ist und die Notwendigkeit eines anderweitigen Schutzes der Kinder weitgehend anerkannt wird, schlägt niemand den alterstypischen Sorgfaltsmaßstab als Schutzinstrument vor. Die Diskussion konzentriert sich auf die Frage, ob eine Pflichtversicherung der Eltern zur Deckung der von Kindern angerichteten Schäden geschaffen werden soll[95].

Resümierend ist festzustellen, daß der alterstypische Sorgfaltsmaßstab in der Rechtsprechung bisher nur vereinzelt angewendet worden ist und auch in der Lehre weitgehend ignoriert wird. Mithin ist die Frage der Deliktsfähigkeit im französischen Recht bis zu den Grundsatzurteilen vom 9.5.1984 das einzige bei der Person des Kindes ansetzende Instrument zum Schutz vor persönlicher Inanspruchnahme gewesen.

Inwiefern auch die Haftung aufsichtspflichtiger Personen, insbesondere der Eltern, einen gewissen Schutzwall gebildet hat, ist im folgenden darzustellen.

V. Die Haftung der Eltern und anderer Aufsichtspflichtiger als vorgelagerter Schutzwall

Wenn ein Kind einen Schaden verursacht, denkt der Geschädigte auch in Frankreich in der Regel zuerst an die Eltern als Adressaten eines Schadensersatzbegehrens. Sofern die Voraussetzungen dafür vorliegen, ist dieser Weg meistens lukrativer, weil Eltern normalerweise ein größeres Finanzpolster haben als die oft noch vermögenslosen Kinder. Der tatsächliche Anwendungsbereich der Elternhaftung soll im folgenden kurz aufgezeigt werden, um einen Überblick darüber zu geben, inwieweit sie die Fälle der Schädigungen durch Kinder tatsächlich abdeckt.

Die Rechtsgrundlage der Elternhaftung ist Art. 1384 Abs. 4 C.c.[96]: "Le père et la mère, en tant qu'ils exercent le droit de garde, sont solidairement responsable du dommage causé par leurs enfants mineurs habitant avec eux."

---

[95] Siehe unten S. 120 ff.

[96] Siehe ferner unten S. 153 ff. zur Frage, ob und wann Eltern als gardiens der von ihren Kindern bewegten Sachen haften.

Die Entlastungsmöglichkeit für die Eltern ist in Abs. 7 der selben Norm geregelt: "La responsabilité ci-dessus a lieu, à moins que les père et mère ... ne prouvent qu'ils n'ont pu empêcher le fait qui donne lieu à cette responsabilité."

Die ursprüngliche Fassung von 1804 ist nur im Hinblick auf die anspruchsverpflichtete Person verändert worden. War es zunächst allein der Vater und nur nach seinem Tode die Mutter, so hat ein Gesetz vom 4.6.1970 in diesem Punkt die Gleichheit der Geschlechter hergestellt und, insbesondere für den Fall des Getrenntlebens der Eltern, nach dem Sorgerecht ("droit de garde") differenziert. Auch ein neueres Gesetz zur Ausübung der elterlichen Gewalt vom 22.7.1987 hat nur Auswirkungen auf die Frage, welcher Elternteil anspruchsverpflichtet ist[97]. Da es im Rahmen dieser Arbeit nur darauf ankommt, wann die Elternhaftung überhaupt eingreift, kann der vorgenannte Aspekt hier vernachlässigt werden.

Das französische Recht kennt im Gegensatz zu § 832 BGB keine Ausdehnung der strengen Elternhaftung auf andere Aufsichtspflichtige[98]. Hier bleibt bisher nur die Möglichkeit einer Haftung nach allgemeinem Deliktsrecht, insbesondere nach Artt. 1382, 1383 C.c., wobei der Geschädigte eine faute der Aufsichtsperson beweisen muß[99].

Es bleibt abzuwarten, ob sich der arrêt Blieck des Kassationshofs vom 29.3.1991[100] in der weiteren Entwicklung der Rechtsprechung auch auf diese Fallgestaltungen auswirken wird. Mit jenem Urteil ist der Kassationshof dazu übergegangen, Art. 1384 Abs. 1, 1. Alt. C.c. ("On est responsable du dommage qui est causé par le fait des personnes dont on doit répondre"[101])

---

[97] Starck, Obligations I, Nr. 711 f., S. 411.

[98] Siehe zur Ablehnung einer analogen Anwendung der Norm auf andere Aufsichtspersonen: Cass.civ.II, 9.5.1988, zit. im J.Cl., Fasc. 140, Ergänzung 5/1990 zu Nr. 22; weitere Nachweise bei Viney, Traité, Nr. 874, S. 965 f.

[99] Beispiele: Cass.civ.II, 4.7.1990, J.C.P. 1990.IV.337 (Haftung des erwachsenen Begleiters eines 9jährigen für den Schaden, den das Kind durch das Aufsammeln eines scheinbar abgebrannten Feuerwerkskörpers verursachte); Cass.civ.II, 16.5.1988, D. 1988., I.R. 160 (Keine Haftung der Aufsichtspersonen in einem Ferienlager für das Zündeln zweier 10- und 12jähriger Kinder, die keine besonderen Mängel aufwiesen und daher nicht ständig beaufsichtigt werden mußten); Riom, 28.12.1988, G.P. 1989.1, Somm. 320 (Haftung der Großeltern, die ihren 10- und 11jährigen Enkeln ein Feuerzeug geliehen hatten, womit diese einen Feuerwerkskörper entzündeten); siehe ferner unten S. 153 ff. zur Frage, ob und wann Aufsichtspersonen als gardiens der von den beaufsichtigten Kindern bewegten Sachen haften.

[100] Cass., Ass.plén., J.C.P. 1991.II.21673, concl. Dontenwille, obs. Ghestin = D. 1991.J.324, note Larroumet; obs. Jourdain, Rev.trim.dr.civ. 1991, 541; dazu auch Viney, D. 1991, Chr. 157.

[101] Auf deutsch: Man haftet für den Schaden, den diejenigen Personen verursacht haben, für die man verantwortlich ist.

als selbständige Anspruchsgrundlage der Haftung für Dritte anzuerkennen, nachdem man diesem Tatbestand früher eine eigene Regelungswirkung abgesprochen und ihn nur als Einleitungssatz für die in den folgenden Absätzen des Art. 1384 C.c. normierten Spezialtatbestände der Haftung für Dritte angesehen hatte. Die Parallele zur Entdeckung und Entwicklung der allgemeinen gardien-Haftung für Sachen gemäß Art. 1384 Abs. 1, 2. Alt. C.c.[102] ist unverkennbar. Der im arrêt Blieck angesprochene Anwendungsbereich des Art. 1384 Abs. 1, 1. Alt. C.c. ist allerdings noch relativ eng. Der Kassationshof hat in diesem Urteil darauf abgestellt, daß der haftende Träger eines Erziehungsheims die Pflicht übernommen habe, die Lebensführung des geistig behinderten Schädigers ständig zu organisieren und zu kontrollieren. Insoweit ist zumindest eine Angleichung an die strenge Staatshaftung für "risque spécial" bewerkstelligt worden, die schon vorher für Schädigungen im Bereich besonderer öffentlicher Erzeihungseinrichtungen anerkannt war[103].

Art. 1384 Abs. 6 und 8 C.c. enthalten eine Regelung der Lehrerhaftung, die aber im Bereich öffentlicher Schulen gegenstandslos ist, weil sie insoweit durch eine Staatshaftung ersetzt wurde[104]. Voraussetzung dieser Staatshaftung ist die vom Geschädigten nachzuweisende faute eines Lehrers. Nur die Lehrerhaftung im Privatschulbereich wird noch von Art. 1384 Abs. 6 und 8 C.c. erfaßt. Die seit 1937 geltende Fassung dieser Regelung setzt ebenfalls eine vom Geschädigten nachzuweisende faute eines Lehrers voraus, so daß sie letztlich nur ein Anwendungsfall der allgemeinen Haftung für faute im Sinne der Artt. 1382, 1383 C.c. ist[105]. Wenn der Geschädigte selbst Schüler der Privatschule ist, in deren Bereich sich der Schadensfall ereignet, geht allerdings nach dem Prinzip des non-cumul in der Regel die vertragliche Haftung der Schule vor[106].

Den tatsächlichen Anwendungsbereich der Elternhaftung gemäß Artt. 1384 Abs. 4 und 7 C.c. zu umreißen, ist nicht einfach, da die Rechtsprechung in vielen Punkten keine einheitliche Linie zeigt[107]. Dies wird bei den drei entscheidenden Problempunkten deutlich. Damit sind gemeint: Das Tatbestandsmerkmal der cohabitation, die Anforderungen an das Verhalten des

---

[102] Siehe dazu oben S. 130.

[103] Conseil d'Etat, 24.6.1949, D. 1956.J.596; 9.3.1966, J.C.P. 1966.II.14811.

[104] Art. 2 des Gesetzes vom 5.4.1937; diese Haftung gilt gemäß Art. 10 des Dekrets Nr. 60-389 vom 22.4.1960 auch für diejenigen zahlreichen Privatschulen, die der direkten Staatsaufsicht unterstehen ("écoles sous contrat d'association").

[105] Ferid/Sonnenberger, 2 O 201, S. 476.

[106] Ebenda, Fußnote 4.

[107] Das beklagt Viney, Traité, Nr. 870 a.E., S. 964 und bestätigt sich immer wieder in der Analyse der französischen Rechtsprechung bei Aden.

Kindes sowie die Entlastungsmöglichkeit der Eltern gemäß Art. 1384 Abs. 7 C.c.

(1) Mit Cohabitation ist dem Wortsinn nach gemeint, daß Eltern und Kind zusammen leben müssen. Dahinter steht der Gedanke, daß nur dann gehaftet werden soll, wenn die Möglichkeit zur Einflußnahme auf das Verhalten des Kindes besteht[108]. Dies und das dazu manchmal kontrastierende Ziel möglichst weitgehender Haftung sind die eigentlichen Leitmotive der Rechtsprechung bei der Auslegung und Anwendung der cohabitation. Sie lassen sich indes mit dem Merkmal der cohabitation nicht widerspruchsfrei ins Werk umsetzen[109].

Zwar soll die cohabitation bei gelegentlicher Abwesenheit des Kindes für einige Stunden[110] oder selbst Tage[111] nicht enden. Das soll erst der Fall sein, wenn das Kind für die Dauer der Ferien bei Dritten untergebracht ist[112]. Demgegenüber soll die cohabitation aber plötzlich wieder aufleben, wenn das an sich woanders, z.B. bei seinem Lehrherrn wohnende Kind seine Eltern besucht[113].

Daß es im Grunde nicht um das gemeinsame Wohnen geht, zeigt sich auch daran, daß eine tatsächliche Trennung nach der Rechtsprechung nur dann die cohabitation beendet, wenn ein legitimer Grund für die Trennung vorliegt[114]. In diesen Fällen hat die Rechtsprechung ferner die Beweislast so verteilt, daß die cohabitation im Grunde kein haftungsbegründendes Tatbestandsmerkmal, sondern umgekehrt die non-cohabitation nur eine Entlastungsmöglichkeit der Eltern ist. Denn wenn die cohabitation fehlt, hindert dies die Haftung nur, wenn die Eltern einen legitimen Grund dafür dartun können[115].

---

[108] Viney, Traité, Nr. 876, S. 968 m.w.N.

[109] Aden, S. 57-74; Ollier, Nrn. 55-58; Viney, Traité, Nr. 876, S. 968 ff.

[110] Cass.crim., 11.10.1972, D. 1973.J.75, note J.L.; Cass.crim., 18.6.1975, J.C.P. 1975.IV, S. 259 (Drouillet et autre); für den Schulbesuch Cass.civ.II, 12.2.1976, D. 1976, I.R. 140 = J.C.P. 1976.IV.118; 4.6.1980, D. 1981, I.R. 322 (1re espèce, Delor c. Jourdan), obs. Larroumet.

[111] Cass.civ.II, 8.7.1970, Bull.civ.II, Nr. 242; obs. Durry, Rev.trim.dr.civ. 1971, S. 381.

[112] Cass.civ.II, 24.4.1989, Bull.civ.II, Nr. 99 = D. 1990.J.519, note Dagorgne-Labbé; 9.12. 1954, Bull.civ.II, Nr. 410 = G.P. 1955.1.87; Riom, 28.12.1988, G.P. 1989.1, Somm. 320.

[113] Cass.Req., 9.1.1934, S. 1934.1.104 = D.H. 1934, S. 98; Cass.crim., 27.3.1957, D. 1957, Somm. 79.

[114] Viney, Traité, Nr. 876, S. 970 und Aden, S. 81 ff. mit umfangreichen Rechtsprechungsnachweisen.

[115] Cass.crim., 13.1.1954, J.C.P. 1954.IV.26; Cass.crim., 13.7.1949, D. 1949.J.461 (Analyse bei Aden, S. 85).

Insgesamt ist die cohabitation also für die Rechtsprechung nur eine eher lästige, oft umfunktionierte Haftungsvoraussetzung, an der die Haftung nur selten scheitert.

(2) Der zweite problematische Punkt bei der Elternhaftung ist die Frage, welche Anforderungen an das Verhalten des schädigenden Kindes zu stellen sind. Der Wortlaut des Art. 1384 Abs. 4 C.c. nennt nur die Kausalbeziehung zwischen diesem Verhalten und dem Schadenseintritt. Die Rechtsprechung hat sich aber erst im arrêt Füllenwarth der Assemblée plénière vom 9.5.1984 zu dieser Auslegung der Norm entschlossen. Bis dahin bedurfte es einer schrittweisen Entwicklung, die die anfangs hohen Anforderungen an das Verhalten des Kindes immer weiter herabsetzte.

Zunächst galt allgemein, daß das Verhalten des Kindes so beschaffen sein mußte, daß es dessen eigene persönliche Haftung begründet. Da die gardien-Haftung gemäß Art. 1384 Abs. 1, 2. Alt. C.c. erst knapp einhundert Jahre nach dem Inkrafttreten des Code civil von der Rechtsprechung entwickelt wurde, kam insoweit zunächst nur die Eigenhaftung des Kindes nach Artt. 1382, 1383 C.c. in Betracht. Das Kind mußte also selbst eine faute begangen haben[116]. Dies entnahm man der Konzeption des Art. 1384 Abs. 4 und Abs. 7 C.c., der als Haftung für vermutetes Aufsichts- und Erziehungsverschulden der Eltern verstanden wurde. Eine solche Verschuldensvermutung sei nur angebracht, wenn das schädigende Kind selbst eine vorwerfbare Handlung begangen hat[117].

Da die faute nach damals herrschendem Verständnis die Einsichtsfähigkeit des Schädigers voraussetzte, konnte die objektiv rechtswidrige Schädigung durch ein noch einsichtsunfähiges Kleinkind die Elternhaftung gemäß Art. 1384 Abs. 4 C.c. nicht herbeiführen[118]. Das Ergebnis war unbefriedigend, denn gerade kleine Kinder müssen noch besonders intensiv beaufsichtigt werden. Die Notlösung bestand nun darin, auf die deliktsrechtliche Generalklausel der Artt. 1382, 1383 C.c. auszuweichen. Zwar muß hier grundsätzlich der Geschädigte die faute des Anspruchsgegeners beweisen. Die genannte besondere Aufsichtsbedürftigkeit von Kleinkindern führte aber de facto auch hier zu einer Verschuldensvermutung[119].

Die Nichtanwendung des Art. 1384 Abs. 4 C.c. bei Schädigungen durch noch einsichtsunfähige Kinder ließ sich aber auf Dauer nicht halten. Die Rechtsprechung war hier einmal mehr Vorreiter, wobei das dogmatische

---

[116] Ollier, Nr. 64 f. m.w.N.

[117] Rodière, obs. J.C.P. 1941.II.1698.

[118] Lalou, Nr. 1083; Blanc, Nrn. 25, 60; Rodière, obs. J.C.P. 1941.II.1698; Chazal, G.P. 1947.1, Doctr., S. 1.

[119] Lafon, S. 56 sowie die in der vorherigen Fußnote Genannten.

Problem zunächst gar nicht angesprochen wurde[120]. Die Lehre ging verschiedentlich dazu über, nur noch ein objektiv rechtswidriges Verhalten ("fait objectivement illicite") des Kindes zu fordern[121], so daß die Einsichtsunfähigkeit des Kindes auch dogmatisch kein Hindernis für die Elternhaftung gemäß Art. 1384 Abs. 4 C.c. mehr war. Diese Formulierung übernahm schließlich der Kassationshof[122].

Damit deckte die Elternhaftung auch solche Fälle ab, in denen die persönliche Haftung des Kindes zu jener Zeit mangels Einsichtsfähigkeit nicht in Betracht kam. Dies verkennen viele Kommentatoren, die meinen, vor dem arrêt Füllenwarth vom 9.5.1984 sei die persönliche Haftung des Kindes eine unabdingbare Voraussetzung der Haftung nach Art. 1384 Abs. 4 C.c. gewesen[123]. Der Grund für diesen Irrtum ist eine Formulierung, die der Kassationshof seit 1966 in denjenigen Fällen ständig gebrauchte, in denen die Elternhaftung an eine persönliche Verantwortlichkeit des Kindes als gardien der schadenstiftenden Sache anknüpft: "Attendu ... que si la responsabilité du père suppose que celle de l'enfant a été préalablement établie, la loi ne distingue pas entre les causes qui ont pu donner naissance à la responsabilité de l'enfant; ..."[124] Der Kassationshof hat bei dieser Formulierung offensichtlich diejenigen seiner eigenen Urteile nicht bedacht, die nur eine objektiv rechtswidrige Handlung des Kindes verlangten[125]. Die zitierte Formulierung ist folglich dahingehend zu korrigieren, daß die Elternhaftung gemäß Art. 1384 Abs. 4 C.c. alle Erfordernisse einer persönlichen Haftung des Kindes (nach Artt. 1382, 1383 oder nach 1384 Abs. 1, 2. Alt. C.c.) mit Ausnahme der damals noch erforderlichen Einsichtsfähigkeit voraussetzt.

Wie aus dem Vorstehenden ersichtlich ist, bejahte die Rechtsprechung die Elternhaftung nach anfänglichem Zögern auch für den Fall, daß das

---

[120] Cass.civ.I, 20.12.1960, J.C.P. 1961.II.12031, note Tunc = D. 1961.J.141, note Esmein für ein 2 1/2-jähriges Kind; Paris, 9.2.1942, G.P.1942.1.225 für ein 3 1/2-jähriges Kind; Lyon, 28.12.1946, J.C.P. 1947.II.3641 für ein 5jähriges Kind.

[121] Savatier, Traité I, Nr. 248, S. 318; Demogue III, Nr. 820; Marty/Raynaud, S. 428.

[122] Cass.civ.II, 13.6.1974, Bull.civ.II, Nr. 198, S. 166; obs. Durry, Rev.trim.dr.civ. 1975, S. 311 (aber auch 715); vorher schon das Tribunal civil Nizza, 13.11.1953, D. 1954.J.143; Rouen, 14.3. 1967, zit. von Cass.civ.II, 16.7.1969, Bull.civ.II, Nr. 255, S. 183; Besançon, 15.7.1940, D. 1941.J, 75 (obiter dictum); Paris, 21.6.1962, J.C.P. 1962.II.12890 spricht begrifflich unscharf von einem "acte socialement blâmable".

[123] Legeais, Rép.Defr. 1985.1.558 ff.; Puill, D. 1988, Chr. 185, Nr. 1; Lapoyade-Deschamps, D. 1988, Chr. 301 f.; Wiederkehr, S. 120.

[124] Cass.civ.II, 10.2.1966, D. 1966.J.335, concl. Schmelck, S. 332; J.C.P. 1968.II.15506, note Plancqueel; 15.1.1975, Bull.civ.II, Nr. 12, S. 10; 8.4.1976, Bull.civ.II, Nr. 114, S. 88.

[125] Dejean de la Batie, obs. J.C.P. 1984.II.20255, unter II.A. meint, man dürfe die zitierte Formulierung nicht allzu wörtlich nehmen.

Kind den Schaden mittels einer Sache herbeigeführt hatte, deren gardien es war, ohne daß es auf eine faute oder auf eine rechtswidrige Handlung des Kindes ankam[126].

(3) Gemäß Art. 1384 Abs. 7 C.c. können sich die Eltern von der Haftung entlasten. Der Wortlaut der Regelung lautet: "La responsabilité ci-dessus a lieu, à moins que les père et mère ... ne prouvent qu'ils n'ont pu empêcher le fait qui donne lieu à cette responsabilité."

Traditionell wird für eine Entlastung von den Eltern der Beweis verlangt, daß sie ihr Kind ordentlich beaufsichtigt und erzogen haben[127]. Der Wortlaut des Art. 1384 Abs. 7 C.c. hätte auch eine Auslegung in dem Sinne erlaubt, daß nur solche Umstände zur Entlastung führen, die eine "force majeure" darstellen, wie es etwa bei der gardien-Haftung nach Art. 1384 Abs.1, 2. Alt. C.c. anerkannt ist. Das Deliktsrecht war jedoch ursprünglich durchweg dem Verschuldensprinzip verhaftet, so daß das Verschulden, wenn schon nicht als haftungsbegründendes Tatbestandsmerkmal, so doch wenigstens im Rahmen der Entlastungsmöglichkeit fruchtbar gemacht wurde.

Die traditionelle Auslegung des Art. 1384 Abs. 7 C.c. eröffnete der Rechtsprechung einen weiten Spielraum für die Anwendung im Einzelfall. Dabei hat sie eine den Eltern gegenüber im Vergleich zum deutschen Recht sehr strenge Linie entwickelt, die teilweise das Verständnis der Elternhaftung als Gefährdungs- bzw. Garantiehaftung nahelegen[128]. Wie Aden gezeigt hat, kommen Entlastungen bei Schädigungen durch Kinder bis zum vollendeten 13. Lebensjahr praktisch überhaupt nicht vor. Die einzige Ausnahme sind diejenigen Fälle, in denen das Kind zur Zeit der Schädigung unter der Aufsicht eines Dritten stand[129].

Da Dritte bisher nur nach allgemeinem Deliktsrecht, also vor allem nach Artt. 1382, 1383 C.c.[130] haften, ist die oben angesprochene faktische Gefährdungs- bzw. Garantiehaftung insoweit, aber auch nur insoweit ausgeschaltet. Allerdings hält die Rechtsprechung die Anforderungen an die vom Geschädigten zu beweisende faute des aufsichtsführenden Dritten und ihre Kausalbeziehung zum Schadenseintritt oft gering, zumal bei noch einsichtsunfähi-

---

126 Siehe dazu ausführlicher unten S. 151 ff.

127 Starck, Obligations I, Nr. 762, S. 431.

128 Aden, S. 157-191; Vialard in: J.Cl., Fasc. 141, Nr. 7 (Kasuistik in Nrn. 83 ff.).

129 Aden, S. 166 ff.

130 Möglicherweise wird aber in Zukunft die auf den arrêt Blieck fußende Rechtsprechung zu einer Ausweitung dieser Haftung führen (siehe oben S. 92 f.); siehe ferner oben S. 93 zur Lehrerhaftung sowie unten S. 153 ff. zur Haftung von Aufsichtspersonen als gardiens der von Kindern bewegten Sachen.

gen Kindern eine besondere Aufsichtsbedürftigkeit besteht[131]. Hinzu kommt, daß der Schädiger im Rahmen des Art. 1384 Abs. 4 C.c. im Gegensatz zum deutschen Recht[132] den konkreten Aufsichtsanlaß und dessen Erkennbarkeit nicht darlegen muß[133] und de facto auch nicht durch dadurch entlastet wird, daß ein eventuelles Aufsichts- bzw. Erziehungsverschulden nicht kausal für das schädigende Verhalten des Kindes war[134].

Die Strenge der Rechtsprechung hat in der Lehre mehrfach dazu geführt, daß das klassische Konzept der Verschuldensvermutung schon für das geltende Recht in Frage gestellt wurde[135]. So gab es Forderungen, die von der Rechtsprechung entwickelte gardien-Haftung gemäß Art. 1384 Abs. 1 C.c. nicht mehr nur auf Schädigungen durch Sachen anzuwenden, sondern auch allgemein auf Schädigungen durch Aufsichtsbedürftige, zumal die Norm beides nebeneinander anführe[136]. Es bleibt abzuwarten, ob sich der zwischenzeitlich ergangene arrêt Blieck[137] in diesem Sinne auch auf die Elternhaftung auswirken wird. Die Abkoppelung der Elternhaftung vom Verschuldensprinzip glaubte man schließlich auch aus dem Wortlaut des 1964 geschaffenen Art. 482 Abs. 2 C.c. ablesen zu können, der die Elternhaftung beiläufig als "responsabilité de plein droit" bezeichnet[138].

Allerdings ist der Rechtsprechung zu entnehmen, daß der Entlastungsbeweis ab dem 13. Lebensjahr mit fortschreitendem Alter des Kindes zunehmend erfolgreich geführt wird, abhängig vor allem von der Selbständig-

---

[131] Cass.civ.III, 4.1.1973, J.C.P. 1973, Somm. 69; Cass.civ.II, 9.11.1971, D. 1972.J.78; siehe die Parallele zum früher praktizierten Ausweichen auf Artt. 1382, 1383 C.c. auch gegenüber den Eltern der noch einsichtsunfähigen Kinder, oben S. 95. Diese Möglichkeit besteht auch heute noch, wenn die Voraussetzungen des Art. 1384 Abs. 4 C.c. nicht vorliegen, vgl. Legeais in: Mélanges Marty, S. 787 Fn. 40 mit Nachweisen der Rechtsprechung.

[132] Aden, S. 148 ff. m.w.N.

[133] Aden, S. 125 ff.

[134] Aden, S. 133 ff.; vgl. demgegenüber ausdrücklich § 832 Abs. 1, S. 2, 2. Alt. BGB.

[135] Neuere Stellungnahmen in diesem Sinne bei Vialard, J.Cl., Fasc. 141, Nrn. 9 ff.; Starck, Obligations I, Nrn. 774 ff., S. 435 ff.; Puill, D. 1988, Chr. 189 ff., Nrn. 16 ff.; de lege ferenda für eine Garantiehaftung i.V.m. einer Pflichtversicherung Viney, Traité, Nr. 892, S. 986 f.

[136] Savatier, D.H. 1933, Chr. 81; Legeais, D. 1965, Chr. 131; Overstake in: J.Cl., Fasc. 140, Nr. 25; Aden, S. 192 ff.; Anwendungen in der Rechtsprechung: Trib.p.enf. Dijon, 27.12.1965, D. 1966.J.439 = G.P. 1965.1.297; Trib.gr.inst. Angoulême, 2.10.1974, zit. in Cass.civ.II, 24.11. 1976, D. 1977.J.595, note Larroumet; Limoges, 23.3.1989, zit. im J.Cl., Fasc. 140, Ergänzung 5/1990 zu Nr. 22.

[137] Siehe oben S. 92 f.

[138] Starck, Obligations I, Nr. 779, S. 437 f.; darauf hinweisend auch Puill, D. 1988, Chr. 190, Nr. 20 sowie Vialard, in: J.Cl., Fasc. 141, Nr. 9.

keit des Minderjährigen[139]. Praktisch bedeutsam ist dabei vorrangig die Widerlegung des vermuteten Aufsichtsverschuldens. Die dem französischen Recht eigene Vermutung auch des Erziehungsverschuldens wird nur in solchen Fällen relevant, in denen das Kind den Schaden in böswilliger Absicht herbeigeführt hat[140].

Im Hinblick auf Kinder unter 13 Jahren muß noch einmal herausgestellt werden, daß sich die Eltern nur dann gemäß Art. 1384 Abs. 7 C.c. entlasten können, wenn das Kind zur Zeit der Schädigung unter der Aufsicht eines Dritten stand. Dieser haftet nur nach allgemeinem Deliktsrecht, also in der Regel gemäß Artt. 1382, 1383 C.c. für eine vom Geschädigten zu beweisende faute bei der Aufsicht des Kindes[141].

Ansonsten werden aber die weitaus meisten Fälle der Schädigungen durch Kinder von der für den Geschädigten fast immer lukrativeren Elternhaftung abgedeckt. Daß die persönliche Haftung von Kindern indes in der Rechtspraxis durchaus ihre Relevanz hat, wird durch die analysierte Rechtsprechung bewiesen. Zudem ist es jedem Geschädigten unbenommen, diese Haftung parallel zur Elternhaftung geltend zu machen[142]. Im Einzelfall kann es ja so liegen, daß ein Kind bereits über ein ansehnliches Vermögen verfügt, etwa nach einem Erbfall oder aufgrund von Schenkungen. Sonst muß der anspruchsberechtigte Geschädigte warten, bis der minderjährige Schädiger zahlungsfähig ist.

---

[139] Viney, Traité, Nr. 886, S. 980; Vialard in: J.Cl., Fasc. 141, Nr. 7; siehe aber neuerdings Cass.civ.II, 3.3.1988, Bull.civ.II, Nr. 58; obs. Jourdain, Rev.trim.dr.civ. 1988, S. 772 und die Analyse dieses Urteils unten S. 125 f.

[140] Viney, Traité, Nr. 887, S. 980 ff. mit Nachweisen der Rechtsprechung; zuletzt Cass.civ.II, 28.10.1987, G.P. 1988.1., Somm. 153.

[141] Siehe ferner oben S. 93 zur Lehrerhaftung sowie unten S. 153 ff. zur Haftung von Aufsichtspersonen als gardiens der von den beaufsichtigten Kindern bewegten Sachen.

[142] Beispiele aus der Rechtsprechung: Cass.civ.II, 29.4.1976, Bull.civ.II, Nr. 140, S. 109 f. = J.C.P. 1978.II.18793, 2. Fall, obs. Dejean de la Batie; obs. Durry, Rev.trim.dr.civ. 1977, S. 130, Nr. 6 (siehe zu diesem Urteil näher oben S. 67 f.); Paris, 8.11.1969, D. 1970.J.97.

C. Die Grundsatzurteile des Kassationshofs vom 9.5.1984 und vom 12.12.1984

Nachdem man sich in der Rechtspraxis und in der Rechtswissenschaft darauf eingestellt hatte, daß der Kassationshof trotz der Geltung des Art. 489-2 C.c. letztendlich doch am Erfordernis der Einsichtsfähigkeit für die persönliche Haftung von Kindern im Rahmen der Artt. 1382, 1383 C.c. festhielt, überraschte das höchste Gericht nur wenige Jahre später mit neuen Grundsatzentscheidungen, die in den Augen fast aller Kommentatoren die Rechtslage umkehrten.

Nachdem erneut fünf Kassationsbeschwerden vorlagen, die allesamt die fehlende Berücksichtigung einer eventuellen Einsichtsunfähigkeit des jeweils betroffenen Minderjährigen bemängelten, sah sich der Erste Präsident des Kassationshofs veranlaßt, die Assemblée plénière einzuberufen. Diese Befugnis steht ihm gemäß Art. L. 131-2 Code de l'organisation judiciaire zu, wenn ein Rechtsstreit eine Grundsatzfrage aufwirft, insbesondere wenn von verschiedenen Untergerichten oder von Untergerichten einerseits und dem Kassationshof andererseits verschiedene Lösungen vertreten werden. Die tatbestandlichen Voraussetzungen ähneln insoweit der Regelung des § 137 GVG für die Zuständigkeit der Großen Senate des Bundesgerichtshofs. Der Assemblée plénière gehören neben dem vorsitzenden Ersten Präsidenten des Kassationshofs gemäß Art. L. 121-6 Code de l'organisation judiciaire die Präsidenten und Ältesten der heute insgesamt sechs Kammern des Kassationshofs sowie zwei weitere Richter aus jeder Kammer an.

Wegen des Zusammenhangs der aufgeworfenen Rechtsfragen erließ dieses Gremium an einem einzigen Tag, dem 9.5.1984, die Urteile zu den oben genannten fünf Kassationsbeschwerden[1]. Dabei waren fast alle Haftungskonstellationen im Bereich der Schädigungen durch Kinder vertreten, so daß die Gelegenheit zur Schaffung kohärenter Lösungen bestand. Es traten vier verschiedene Problemstellungen auf, von denen drei im Sinne einer Haftungsausweitung gelöst wurden.

Der "arrêt Djouab" betraf die Haftung eines Kindes nach Art. 1382 C.c. im Rahmen eines Adhäsionsprozesses. Hier machte die Assemblée plénière keine grundsätzlichen dogmatischen Aussagen, sondern bestätigte lediglich die Subsumtionsarbeit des Berufungsgerichts.

Der "arrêt Füllenwarth" verschärfte die Elternhaftung nach Art. 1384 Abs. 4 C.c., indem statt einer objektiv rechtswidrigen Handlung des Kindes nur

---

[1] Cass., Ass.plén., 9.5.1984, Bull.civ., Ass.plén., Nrn. 1-4, Bull.crim., Nr. 162 = D. 1984.J., 525, concl. Cabannes, note Chabas = J.C.P. 1984.II.20255, obs. Dejean de la Batie; 20256, obs. Jourdain; 20291, rapp. Fédou; obs. Huet, Rev.trim.dr.civ. 1984, S. 508.

noch der direkte Kausalzusammenhang zwischen dem Verhalten des Kindes und dem Schadenseintritt verlangt wurde.

Im "arrêt Gabillet" wurde ein zur Tatzeit Dreijähriger als gardien eines Stockes gemäß Art. 1384 Abs. 1, 2. Alt. C.c. für schadensersatzpflichtig erklärt. Nach dem Urteil der Assemblée plénière hatte das Berufungsgericht dabei die Einsichtsfähigkeit des Kindes nicht nachzuprüfen. Bis dahin hatte der Kassationshof die gardien-Haftung noch einsichtsunfähiger Kinder stets abgelehnt[2].

Zwei Urteile, der "arrêt Derguini" und der "arrêt Lemaire", betrafen schließlich die Mitverschuldensproblematik im Rahmen von Ansprüchen nach Artt. 1382, 1383 C.c.. In beiden Fällen wurde den Minderjährigen ihr eigenes Mitverschulden anspruchsmindernd entgegengehalten, ohne daß die Berufungsgerichte ihre Einsichtsfähigkeit nachzuprüfen gehabt hätten. Diese Lösung wurde einige Monate später von der zweiten Zivilkammer des Kassationshofs auf das haftungsbegründende Verschulden eines Kindes nach Artt. 1382, 1383 C.c. übertragen[3].

I. Darstellung der Urteile zur faute

Von den fünf Urteilen der Assemblée plénière vom 9.5.1984 betrafen drei Entscheidungen die faute im Rahmen der Artt. 1382, 1383 C.c.. Zwei davon äußern sich zum Mitverschulden Minderjähriger, so daß sie streng genommen erst im Kapitel über die Mitverschuldensproblematik abzuhandeln wären. Die Assemblée plénière hat aber gerade in diesen Urteilen eine allgemeine dogmatische Neubestimmung der faute vorgenommen, wie noch zu zeigen sein wird. Dies rechtfertigt die eingehende Analyse bereits an dieser Stelle.

1. Der arrêt Djouab

Das erste Urteil der Assemblée plénière vom 9.5.1984 erging im Rahmen eines Adhäsionsprozesses gegen einen zur Tatzeit 9jährigen Jungen, der durch eine vorsätzlich Brandstiftung einen Lastwagen und fremde Gebäude zerstört hatte.

Das Berufungsgericht hatte das strafechtliche Verfahren abgeschlossen, indem es den Jungen gemäß Art. 21 Abs. 3 der ordonnance vom 2.2.1945 im

---

[2] Siehe dazu näher unten S. 135 ff.

[3] Cass.civ.II, 12.12.1984, Bull.civ.II, Nr. 193, S. 137 = J.C.P. 1985.IV., S. 71 = G.P. 1985.2, Pan. 235, obs. Chabas.

Wege der "liberté surveillée" an seine Eltern zurückführte. Eine strafrechtliche Verfolgung scheiterte an der Regelung des Art. 66 Code pénal i.V.m. Art. 21 Abs. 2 S. 2, Abs. 3 der ordonnance vom 2.2.1945, wonach Minderjährige bis zum 13. Lebensjahr strafrechtlich nicht verantwortlich sind.

Das Gericht sah nichtsdestotrotz den Tatbestand der vorsätzlichen Brandstiftung als erfüllt an und kam so auf der zivilrechtlichen Schiene im Adhäsionsprozeß zur Schadensersatzhaftung des Jungen gemäß Art. 1382 C.c..

Die Eltern des Jungen rügten mit der Kassationsbeschwerde, daß die vorsätzliche Brandstiftung ohne Überprüfung seiner Einsichtsfähigkeit bejaht wurde. Die Assemblée plénière bestätigt das Berufungsgericht folgendermaßen:

"Mais attendu qu'après avoir relevé le comportement et les déclarations contradictoires du jeune S. D. qui connaissait les lieux pour s'y être déjà introduit et y avoir volé les clés de contact des véhicules, la cour d'appel a souverainement retenu que l'enfant avait «volontairement allumé l'incendie», et a, par ce seul motif, légalement justifié sa décision; ..."[4]

Zwar spricht die Assemblée plénière das Problem der Einsichtsfähigkeit nicht direkt an. Es ist jedoch zu bedenken, daß es im entschiedenen Fall um eine Vorsatztat ging. Die Erfüllung dieser Verschuldensform setzt nach allgemeiner Meinung die Einsichtsfähigkeit des Täters voraus. Hier besteht sogar Einigkeit zwischen der subjektiven Verschuldenslehre und der Lehre von der faute objective[5].

Die Assemblée plénière ist dementsprechend davon ausgegangen, daß das Berufungsgericht die Einsichtsfähigkeit ohne ausdrückliche Erwähnung implizit geprüft und bejaht habe[6]. Das wird daran deutlich, daß sie die dafür wesentlichen Anhaltspunkte im Sachverhalt wiederholt und die Subsumtionsarbeit des Berufungsgerichts bestätigt.

Anstatt die Richter von der Prüfung der Einsichtsfähigkeit zu befreien, hat die Entscheidung somit nur die Aussagekraft, daß die Prüfung und Bejahung der Einsichtsfähigkeit bei vorsätzlichem Verhalten nicht ausdrücklich im Urteil erwähnt werden muß[7]. Damit ist aber keine Änderung der Rechts-

---

[4] Cass., Ass.plén., 9.5.1984, D. 1984.J.528.

[5] Chabas, note D. 1984.J.533, Fn. 34 a.E.; Mazeaud/Tunc I, Nr. 410, S. 480; Blanc-Jouvan, Nr. 4, S. 33.

[6] So auch schon Cabannes, concl. D. 1984.J.528, (linke Spalte nach dem Spiegelstrich); ferner Chabas, note D. 1984.J.533 oben.

[7] Wiederkehr, S. 119 f.

lage verbunden. Für das Problem der fahrlässigen Schädigung gibt das Urteil nämlich nichts her[8].

2. *Der arrêt Derguini*

Im nächsten Urteil der Assemblée plénière zur faute ging es um das Mitverschulden eines 5jährigen Mädchens. Es war trotz des Herannahens eines Autos plötzlich auf die Straße gelaufen und beim ebenso plötzlichen Versuch des Umkehrens in Richtung Bürgersteig vom besagten Fahrzeug erfaßt und dabei tödlich verletzt worden.

Der Autofahrer war wegen fahrlässiger Tötung verurteilt worden, weil vor der Unfallstelle Straßenschilder auf einen geschützten Bereich und die Möglichkeit spielender Kinder hingewiesen hatten und er seine daraus resultierenden Pflicht zu besonderer Vorsicht und angepaßter Geschwindigkeit verletzt hatte. Im Adhäsionsprozeß wurde der von den Eltern des Mädchens eingeklagte Schadensersatzanspruch aber um die Hälfte gekürzt, weil auch das Verhalten des Kindes als faute gewertet wurde, zumal das plötzliche Betreten der Straße jedes Ausweichmanöver des Fahrers unmöglich gemacht habe[9].

Der Adhäsionsprozeß war schon einmal bis zum Kassationshof gelangt und am 13.12.1978 von der Strafkammer an die Cour de Nancy zurückverwiesen worden[10]. Dabei ging es nur um die vom Kassationshof für erforderlich gehaltene genaue Beschreibung der konkreten Gefahr durch das herannahende Auto zur Zeit des kindlichen Fehlverhaltens. Keines der Urteile im bisherigen Instanzenzug, auch nicht diejenigen der Strafkammer des Kassationshofs und der Cour de Nancy, war auf das Problem der Einsichtsfähigkeit des Mädchens eingegangen, so daß eine erneute Kassationsbeschwerde folgte.

Die Eltern verlangten vollen Schadensersatz, weil die Einsichtsunfähigkeit ihrer Tochter zur Zeit des schädigenden Ereignisses die Bejahung und Anrechnung von Mitverschulden ausschließe. Die Assemblée plénière bestätigte aber das berufungsgerichtliche Urteil und nahm zum Problem der Einsichtsfähigkeit in einer inzwischen berühmt gewordenen Formulierung in der Weise Stellung, daß das Berufungsgericht nicht gehalten gewesen sei, die Einsichtsfähigkeit der Minderjährigen nachzuprüfen:

---

[8] Chabas, note D. 1984.J.533.

[9] Zum Problem des eigenen Klagerechts der Eltern und zur Anrechenbarkeit des Mitverschuldens des unmittelbar Verletzten siehe Ferid/Sonnenberger, 2 O 63 ff., 2 O 66, S. 457 f. m.w.N.

[10] Cass.crim., 13.12.1978, D. 1979, I.R. 270 f.

"Mais attendu qu'après avoir retenu le défaut d'attention de M. Tidu et constaté que la jeune Fatiha, s'élançant sur la chaussée, l'avait soudainement traversée malgré le danger immédiat de l'arrivée de la voiture de M. Tidu et avait fait aussitôt demi-tour pour revenir sur le trottoir, l'arrêt énonce que cette irruption intempestive avait rendu impossible toute manoevre de sauvetage de l'automobiliste; qu'en l'état de ces énonciations et constatations, *la cour d'appel, qui n'était pas tenue de vérifier si la mineure était capable de discerner les conséquences de tels actes*, a pu, sans se contredire, retenir, sur le fondement de l'article 1382 c. civ., que la victime avait commis une faute qui avait concouru, avec celle de M. Tidu, à la réalisation du dommage dans une proportion souverainement appréciée; ..." (Hervorhebungen hinzugefügt)

Wer die Entwicklung des französischen Deliktsrechts im Bereich des Mitverschuldens kennt, wird sich zunächst wundern, daß dieser Fall überhaupt über Artt. 1382, 1383 C.c. gelöst worden ist. Der Schädiger hätte nämlich ebensogut als gardien des Autos nach Art. 1384 Abs. 1, 2. Alt. C.c. belangt werden können. Im Rahmen dieser Vorschrift hatte die zweite Zivilkammer des Kassationshofs mit dem berühmten "arrêt Desmares" vom 21.7.1982[11] die anspruchsmindernde Anrechnung des Opfermitverschuldens völlig ausgeschlossen, es sei denn die Voraussetzungen der "force majeure" sind erfüllt.

Zwar ist der arrêt Desmares vom gleichen Gericht mit einem Urteil vom 6.4.1987 inzwischen wieder aufgegeben worden[12]. Als die Assemblée plénière den hier analysierten arrêt Derguini erließ, war er aber noch in Geltung, so daß es auf diesem Wege zu einem ungekürzten Schadensersatzanspruch hätte kommen können. Indessen hatten sich die Kläger dieser Möglichkeit selbst beraubt, indem sie ihren Schadensersatzanspruch im Adhäsionsverfahren verfolgten, wo nur Ansprüche nach Artt. 1382, 1383 C.c., nicht aber nach Art. 1384 Abs. 1, 2. Alt. C.c. geltend gemacht werden können[13]. Die Konsequenzen für den vorliegenden Fall befremden etwas, wenn man bedenkt, daß die Änderung der Rechtslage durch den arrêt Desmares für die Kläger zur Zeit der Klageerhebung im Jahre 1977 nicht vorhersehbar war[14].

---

[11] Cass.civ.II, 21.7.1982, D. 1982.J.449 (Korrekturen S. 487), concl. Charbonnier, note Larroumet = J.C.P. 1982.II.19861, note Chabas = G.P. 1982.2.391, concl. Charbonnier; obs. Durry, Rev.trim.dr.civ. 1982, S. 606; siehe dazu eingehender unten S. 176 ff.

[12] Cass.civ.II, 6.4.1987, D. 1988.J.32, note Mouly; obs. Huet, Rev.trim.dr.civ. 1987, S. 767.

[13] Viney, J.C.P. 1984.I.3155, Nr. 19; anders Chabas, note D. 1984.J.530, Fn. 1, der aber wohl übersieht, daß es sich um ein Adhäsionsverfahren handelte; siehe zu den Rechtsgrundlagen des Adhäsionsverfahrens in Frankreich Ferid/Sonnenberger, 2 O 52 ff., S. 454 ff. m.w.N.

[14] Wiederkehr, S. 122 f.

Unabhängig von dieser unbefriedigenden Prozeßsituation ist aber vor allem die Bejahung des Mitverschuldens im Rahmen der Artt. 1382, 1383 C.c. kritisiert worden. Abgesehen von grundsätzlichen Einwänden gegen die objektive Beurteilung des Mitverschuldens im allgemeinen[15] hat das konkrete Ergebnis im entschiedenen Fall viel Unbehagen hervorgerufen[16]. Teilweise findet sich dabei die Ablehnung der Einzelfallentscheidung und die gleichzeitige Bejahung des Prinzips, von dem das Urteil abgeleitet wurde.[17]

Besonders deutlich wird dies bereits in den conclusions des die öffentlichen Interessen vertretenden Premier avocat général Cabannes[18], der in seinem Plädoyer für die vorbehaltlose Anerkennung der faute objective auch bei Kindern eintritt. Er führt die Ungerechtigkeit der Einzelfallentscheidung darauf zurück, daß die Untergerichte nicht einmal eine objektiv definierte faute hätten bejahen dürfen, so daß es auf die Frage der Einsichtsfähigkeit gar nicht mehr angekommen wäre. Da sich die Kassationsbeschwerde aber nur auf die mangelnde Berücksichtigung der behaupteten Einsichtsunfähigkeit gestützt habe, könne die Assemblée plénière der festgestellten Ungerechtigkeit schwerlich abhelfen[19].

Das Gericht ging dementsprechend nur auf das Problem der Einsichtsfähigkeit ein und bestätigte das Berufungsgericht in der oben dargestellten Weise. Gerade die daraus resultierende Härte wird als Beweis dafür angesehen, wie ernst es die Assemblée plénière mit ihrer neuen Lösung meint[20]. Der Wille des Kassationshofs zum Bruch mit der bis dahin geltenden Rechtslage wird auch daran deutlich, daß dem letzten Urteil des Kassationshofs vor dem 9.5.1984, das die Prüfung der Einsichtsfähigkeit noch verlangt hatte, ein dem arrêt Derguini ähnlicher Sachverhalt zugrunde lag[21].

---

[15] Jourdain, obs. J.C.P. 1984.II.20256 unter II; Huet, obs. Rev.trim.dr.civ. 1984, S. 514; Lapoyade-Deschamps, D. 1988, Chr. 303; Viney, J.C.P. 1985.I.3189, Nrn. 17 ff.

[16] Huet, obs. Rev.trim.dr.civ. 1984, S. 514: "Le dénouement apparaît particulièrement cruel"; Wiederkehr, S. 121: "... des conséquences de fait si malheureuses ...", "... l'arrêt Derguini ... provoque un malaise en raison de l'injustice flagrante sur laquelle il a débouché en l'espèce." Kritisch auch Legeais, Rép.Defr. 1985.1.562 f. sowie Carbonnier IV, Nr. 97, S. 415.

[17] Wiederkehr, S. 121: "Cette iniquité est cependant circonstancielle et l'on doit sans doute moins regretter la nouvelle solution instaurée par l'assemblée plénière que le choix fait de cette affaire pour l'imposer."

[18] Cabannes, concl., D. 1984.J.525 ff.

[19] Ebenda, S. 527, 528.

[20] Wiederkehr, S. 121.

[21] Cass.civ.II, 11.6.1980, Bull.civ.II, Nr. 140, S. 97 = D. 1981, I.R. 323, obs. Larroumet = J.C.P. 1980.IV.323; dazu noch unten S. 160.

3. Der arrêt Lemaire

Auch das letzte der fünf Urteile vom 9.5.1984 erging zum Problem des Mitverschuldens im Rahmen der Artt. 1382, 1383 C.c.. Ein 13jähriger Junge war durch einen Stromschlag ums Leben gekommen, als er an einer Infrarot-Wärmelampe für Jungschweine im elterlichen Bauernhof eine Glühbirne in die Fassung drehen wollte. Ein Elektriker hatte zehn Tage vorher beim Anschluß die stromführenden Kabel verwechselt und dadurch die Fassung unter Spannung gesetzt. Er war dafür wegen fahrlässiger Tötung strafrechtlich verurteilt worden. Der gegen ihn im Wege des Adhäsionsverfahrens geltend gemachte Schadensersatzanspruch der Eltern des getöteten Jungen wurde indes zur Hälfte gekürzt, weil ein Mitverschulden des Jungen angerechnet wurde. Dieser hätte nach Auffassung des Berufungsgerichts vor dem Eindrehen der Glühbirne den Strom unterbrechen müssen, weil die Stellung des Drehschalters nicht erkennen ließ, ob die Lampe angeschaltet und damit der Stromfluß unterbrochen war.

Die Kassationsbeschwerde der Eltern im Hinblick auf das Mitverschulden stützte sich, wie im arrêt Derguini, nur auf die fehlende Prüfung der Einsichtsfähigkeit des Jungen. Die Assemblée plénière verwarf das Rechtsmittel in der gleichen Weise wie schon im arrêt Derguini, indem es die Pflicht des Berufungsgerichts zur Prüfung der Einsichtsfähigkeit verneinte:

"Mais attendu que l'arrêt retient qu'aucune indication ne pouvant être déduite de la position de l'interrupteur rotatif, Dominique Declercq aurait dû, avant de visser l'ampoule, couper le courant en actionnant le disjoncteur; qu'en l'état de ces énonciations, *la Cour d'appel, qui n'était pas tenue de vérifier si le mineur était capable de discerner les conséquences de son acte,* a pu estimer sur le fondement de l'article 1382 du Code civil que la victime avait commis une faute qui avait concouru, avec celle de M. Lemaire, à la réalisation du dommage dans une proportion souverainement appréciée; d'où il suit que le moyen n'est pas fondé;..." (Hervorhebungen hinzugefügt)

Auch der arrêt Lemaire hat Kritik erfahren. Neben den grundsätzlichen Einwänden gegen eine objektive Beurteilung des Mitverschuldens im allgemeinen ist auch hier die konkrete Einzelfallentscheidung beanstandet worden, weil man selbst von einem durchschnittlich sorgfältigen Erwachsenen nicht verlangen könne, vor jedem Auswechseln einer Glühbirne den Stromkreis zu unterbrechen[22].

Wie beim arrêt Derguini konnte die Assemblée plénière das Urteil trotzdem nicht aus diesem Grunde aufheben, weil sich die Beschwerdeführer nur

---

[22] Cabannes, concl., D. 1984.J.528; in diesem Sinne auch Huet, obs. Rev.trim.dr.civ. 1984, S. 514; Wiederkehr, S. 121; Carbonnier IV, Nr. 97, S. 416.

auf die mangelnde Prüfung der Einsichtsfähigkeit, nicht aber auf eine fälschliche Bejahung rechtswidrigen Verhaltens beriefen und sich das Gericht folglich mit dieser Frage nicht zu beschäftigen hatte[23].

4. Das Urteil der zweiten Zivilkammer des Kassationshofs vom 12.12.1984

An und für sich war man sich in der Rechtslehre einig in der Einschätzung, daß die neue Rechtsprechung sowohl für das Mitverschulden des Geschädigten als auch für die faute des Schädigers im Rahmen der Artt. 1382, 1383 C.c. gilt. Zwar hatten der arrêt Derguini wie auch der arrêt Lemaire nur über das Mitverschulden Minderjähriger zu befinden; die Formulierung der Urteile war aber ein starkes Indiz für eine darüber hinausgehende Tragweite. Die Grundlage für die Anrechnung des Mitverschuldens wurde nämlich in Art. 1382 C.c. gesehen, der ja eigentlich nur die Schadensersatzpflicht des Schädigers regelt: "... la cour d'appel, ..., a pu estimer *sur le fondement de l'article 1382 du Code civil que la victime avait commis une faute* qui avait concouru, avec celle de M. Lemaire, à la réalisation du dommage ..."[24] (Hervorhebungen hinzugefügt)

Diese dogmatische Ansiedlung des Rechtsproblems schien für eine unterschiedliche Behandlung der faute des Schädigers und derjenigen des Geschädigten keinen Raum mehr zu lassen[25]. Ein starkes Indiz dafür ist auch eine Aussage des Richters am Kassationshof Fédou in seinem verfahrensvorbereitenden Bericht an die Assemblée plénière: "... nous savons que, sur le fondement de l'article 1382 du Code civil, la *faute* de la victime exonère ... partiellement le coauteur du dommage de sa responsabilité lorsque la victime *concourt* à la réalisation du dommage; et il s'agit toujours de faute et de la même responsabilité, que l'enfant soit seul auteur du dommage ou coauteur de son propre dommage; ..."[26]

Diese Sichtweise wurde einige Monate später durch ein Urteil der zweiten Zivilkammer des Kassationshofs bestätigt: Ein 7jähriger Junge hatte einen gleichaltrigen Spielkameraden im Schulhof so stark angerempelt, daß dieser auf eine Bank prallte und sich dabei einen Milzriß mit inneren Blutungen zuzog. Die Cour d'appel de Toulouse hatte die Schadensersatzpflicht des Schädigers bejaht, ohne auf die von seinem Vater behauptete Einsichts-

---

[23] Cabannes, concl., D. 1984.J.528.

[24] Identische Wortwahl im arrêt Derguini und im arrêt Lemaire.

[25] Jourdain, obs. J.C.P. 1984.I.20256 unter II.A.2; Legeais, Rép.Defr. 1985.1.563; zweifelnd noch Huet, obs. Rev.trim.dr.civ. 1984, S. 509.

[26] Fédou, rapport général, J.C.P. 1984.II.20291 unter 2) vor I.

unfähigkeit des Kindes einzugehen. Genau dies wurde mit der Kassationsbeschwerde beanstandet. Die zweite Zivilkammer des Kassationshofs verwarf die Beschwerde mit der gleichen Formulierung, mit der schon die Assemblée plénière am 9.5.1984 in den arrêts Derguini und Lemaire die Pflicht der Berufungsgerichte zur Überprüfung der Einsichtsfähigkeit der Minderjährigen abgelehnt hatte:

"Mais attendu que l'arrêt relève que le mineur Jean-Claude Sabatier a poussé Nicolas Desprats sur un banc de la cour d'école avec une violence telle qu'elle a entrainé un éclatement de la rate avec hémorragie interne;

Qu'en l'état de ces énonciations, la Cour d'appel, qui n'était pas tenue de vérifier si le mineur Jean-Claude Sabatier était capable de discerner les conséquences de son acte, a caractérisé la faute commise par lui;

D'où il suit que le moyen n'est pas fondé; ..."[27]

Damit war nach den Worten von Huet das letzte Glied in der Kette der neuen Rechtsprechung eingereiht[28].

II. Die Auslegung der Urteile in der Lehre

Fast alle Kommentatoren der Urteile vom 9.5.1984 gingen ohne Bedenken davon aus, daß die Assemblée plénière nun auch für Minderjährige das Erfordernis der Einsichtsfähigkeit als Haftungsvoraussetzung abgeschafft hat. Vorherzusehen war diese Haltung bei den erklärten Anhängern der Lehre von der faute objective[29]. Aber auch fast alle anderen Stellungnahmen im Schrifttum sehen sich zu diesem Verständnis der Urteile gezwungen[30].

Wenn man sich den Wortlaut der entscheidenden Urteilspassagen genau ansieht, kommen indes Zweifel auf, ob hier wirklich ein Abschied vom Erfordernis der Einsichtsfähigkeit vorliegt, wie die überwältigende Mehrheit der französischen Kommentatoren meint. Die Formulierung "... la cour d'appel, qui n'était pas tenue de vérifier si le mineur était capable de discerner les conséquences de son acte ..." besagt ja zunächst nur, daß die Berufungsgerichte nicht gehalten waren, die Einsichtsfähigkeit der betroffenen Minderjährigen nachzuprüfen. Man könnte in der Formulierung einen blo-

---

[27] Cass.civ.II, 12.12.1984, Bull.civ.II, Nr. 193, S. 137; obs. Huet, Rev.trim.dr.civ. 1986, S. 119, Nr. 4.

[28] Huet, obs. Rev.trim.dr.civ. 1986, S. 120.

[29] Dejean de la Batie, obs. J.C.P. 1984.II.20255 unter I.A.b; H. Mazeaud, D. 1985, Chr. 13.

[30] Viney, J.C.P. 1985.I.3189, Nr. 11; Lapoyade-Deschamps, D. 1988, Chr. 301; Huet, obs. Rev.trim.dr.civ. 1984, S. 509; Jourdain, J.C.P. 1984.II.20256 unter I.B.; Wiederkehr, S. 119; Puill, D. 1988, Chr. 186, Nr. 7.

ßen Hinweis auf die den Minderjährigen bzw. seinen gesetzlichen Vertreter treffende Darlegungs- und Beweislast für die haftungsausschließende Einsichtsunfähigkeit sehen. Danach wäre nur die Nachprüfung der Einsichtsfähigkeit von Amts wegen ausgeschlossen, das Erfordernis der Einsichtsfähigkeit als solches aber nicht beseitigt. So sieht in der Tat die Lösung des geltenden deutschen Rechts für die Altersgruppe der Sieben- bis Siebzehnjährigen (§ 828 Abs. 2 BGB) aus; nicht einmal ein richterlicher Hinweis gemäß Art. 139 ZPO wird für zulässig gehalten[31].

Auf diese Interpretationsmöglichkeit für das französische Recht weist Legeais hin[32]. Er tut dies im Rahmen der Besprechung des arrêt Gabillet[33]. Zwar betrifft dieses Urteil die gardien-Haftung eines Kindes; da jedoch die Formulierung der Assemblée plénière im Hinblick auf das Erfordernis der Einsichtsfähigkeit die gleiche ist wie in den Urteilen zur faute, läßt sich seine Analyse insoweit verallgemeinern.

Dejean de la Batie gibt zu bedenken, daß die Assemblée plénière im arrêt Füllenwarth vom gleichen Tag die Gelegenheit nicht wahrgenommen habe, ausdrücklich und unmißverständlich den Begriff der faute objective zu verwenden, wie es die Tatrichter in Bezug auf das Verhalten des betroffenen 7jährigen Jungen getan hätten, der einen Pfeil auf einen Spielkameraden geschossen hatte[34]. Indes war es für das Gericht überflüssig, eine faute des Kindes festzustellen, weil es im arrêt Füllenwarth ausschließlich um die Elternhaftung gemäß Art. 1384 Abs. 4 C.c. ging und diese neuerdings nur noch von der reinen Kausalbeziehung zwischen dem Verhalten des Kindes und dem Schadenseintritt abhängig gemacht wurde[35]. Aus dem arrêt Füllenwarth lassen sich daher keine stichhaltigen Wortlautargumente für die Auslegung der übrigen Urteile vom 9.5.1984 ableiten[36].

III. Die wirkliche Tragweite der Urteile vom 9.5.1984

1. Rückschlüsse aus der bisherigen Rechtslage zur Darlegungs- und Beweislast

Die Auslegung der Urteile vom 9.5.1984 als bloße Hinweise auf die Darlegungs- und Beweislast der Prozeßparteien läßt sich nicht halten, wenn

---

[31] Staudinger/Schäfer, § 828, Rn. 18 m.w.N.

[32] Legeais, D. 1984, Chr. 240.

[33] Dazu eingehend unten S. 145 ff.

[34] Dejean de la Batie, obs., J.C.P. 1984.II.20255 unter I.A.b.

[35] Siehe dazu noch unten S. 123 ff.

[36] Das meint letztlich auch Dejean de la Batie, a.a.O.

man das Alter der jeweils betroffenen Minderjährigen berücksichtigt: Im Fall Gabillet war das schädigende Kind 3 Jahre alt[37]. Hier hätte also nach der bisherigen Rechtslage die bloße Altersangabe genügt, um zumindest die Vermutung der Einsichtsunfähigkeit auszulösen, wenn nicht gar bereits den Beweis zu führen[38].

Die Eltern hatten sich auch auf die altersbedingte Einsichtsunfähigkeit des Kindes berufen. Welche Beweismittel hätte man hier auch zur Feststellung der Einsichtsunfähigkeit noch verlangen können? Vor diesem Hintergrund kann man sich kaum vorstellen, daß die Assemblée plénière des Kassationshofs mit ihrer Formulierung "... la cour d'appel ... n'avait pas, malgré le très jeune âge de ce mineur, à rechercher si celui-ci avait un discernement ..." nur auf die Beweispflichtigkeit der Eltern hinweisen wollte. Die konkreten Gegebenheiten des Falles sprechen vielmehr dafür, daß es dem Gericht um die grundsätzliche Aufgabe der Einsichtsfähigkeit als Voraussetzung der gardien-Haftung ging.

Auch beim arrêt Derguini löst das Alter des betroffenen Mädchens Zweifel darüber aus, ob die Assemblée plénière nur einen Hinweis auf die Beweispflichtigkeit seiner Eltern geben wollte. Fatiha Derguini, deren Anspruch aus Art. 1382 C.c. wegen Mitverschuldens gekürzt wurde, war zur Zeit des schädigenden Ereignisses 5 Jahre alt. Auch hier hatten die Eltern auf die altersbedingte Einsichtsunfähigkeit abgestellt. Der Kassationshof hatte bisher bei Kindern unter 6 Jahren den Schluß vom Lebensalter auf die Einsichtsunfähigkeit zugelassen[39].

Lediglich der arrêt Lemaire[40] gibt, isoliert betrachtet, für solche Rückschlüsse nichts her, weil der betroffene Minderjährige zur Zeit des schädigenden Ereignisses bereits 13 Jahre alt und somit nicht ohne weiteres als einsichtsunfähig anzusehen war. Insofern ließe sich die Formulierung "... la cour d'appel ... n'était pas tenue de vérifier si le mineur était capable de discerner les conséquences de son acte ..." durchaus als bloßer Hinweis auf die Beweispflichtigkeit der Eltern verstehen. Allerdings könnte nur eine genaue Analyse des nicht veröffentlichten Parteivortrags in diesem Prozeß Aufschluß darüber geben, ob die Eltern selbst keine Beweismittel angeboten hatten.

Unabhängig davon spricht aber der Gesamtzusammenhang der Urteile vom 9.5.1984, insbesondere wegen der fast identischen Formulierungen in den arrêts Gabillet, Derguini und Lemaire, entscheidend dafür, daß die As-

---

[37] Nach Legeais, D. 1984, Chr. 237 sogar nur 2 1/2.

[38] Siehe oben S. 86 f.

[39] Ebenda.

[40] Cass., Ass.plén., 9.5.1984, D. 1984.J.529 f. (5. Fall) = J.C.P. 1984.II.20256.

semblée plénière in allen drei Entscheidungen grundsätzlich die Einsichtsfähigkeit als Voraussetzung der persönlichen deliktsrechtlichen Haftung abgeschafft hat.

2. Rückschlüsse aus dem urteilsvorbereitenden Bericht des Kassationsrichters Fédou

Das Verständnis der Urteile vom 9.5.1984 wird weiter erleichtert, wenn man die Stellungnahme des Kassationsrichters Fédou[41] hinzuzieht. Dieser hatte einen urteilsvorbereitenden Bericht an die Assemblée plénière erstellt, der den Blickwinkel verdeutlicht, unter dem das Gericht die ihm zur Entscheidung vorliegenden Fälle betrachtete.

Fédou stellt fest, daß die Freiheit der Tatrichter bei der Prüfung der Einsichtsfähigkeit eine einheitliche Linie in der Rechtsprechung verhindere[42]. Die Aufhebung eines Urteils durch den Kassationshof sei erst dann geboten, wenn sich aus der Urteilsbegründung das Umgehen des Problems der Einsichtsfähigkeit ergebe oder wenn auf diesbezügliche Anträge der Parteien nicht eingegangen worden sei.

Daraus schließt Fédou, daß die Assemblée plénière drei Entscheidungsalternativen habe:

- Entweder sie verlange eine ausdrückliche Behandlung des Problems in den Urteilsgründen,

- oder sie befreie die Tatrichter hiervon, sofern sich die Berücksichtigung des Problems inzident aus der Beschreibung des Kinderverhaltens ergebe,

- oder sie schaffe generell die Pflicht zur Prüfung der Einsichtsfähigkeit ab. (Hier erscheint die Formulierung, die auch die Assemblée plénière in ihren Urteilen vom 9.5.1984 verwendet: "ou enfin décider que le juge du fond n'est *même pas tenu de vérifier* ce degré de discernement". Die Hervorhebungen wurden hinzugefügt.)

Daraufhin kündigt Fédou an, die Vor- und Nachteile der erstgenannten Alternative darzustellen. In Wirklichkeit gerät sein letzter Abschnitt aber zu einer grundsätzlichen Diskussion über das Erfordernis der Einsichtsfähigkeit als solches. Die Ausführungen enthalten dabei keinen einzigen Gedanken zur Beweispflichtigkeit der Prozeßparteien, sie sind letztlich ein Plädoyer gegen die Einsichtsfähigkeit als Haftungsvoraussetzung.

---

[41] Rapport Fédou, J.C.P. 1984.II.20291.

[42] Ebenda, unter IV. Die als Beispiele genannten Urteile der Cour d'appel de Colmar vom 1.12. und 2.2.1954, G.P. 1954.2.147 und 149 lassen sich hierfür indes nicht ohne weiteres heranziehen, denn in ihnen ging es um die strafrechtliche Zurechnungsfähigkeit.

Daß Fédou als Kassationsrichter bei der Vorstellung dieser Entscheidungsalternative die gleiche Formulierung gebraucht, die später auch in den Urteilen der Assemblée plénière vom 9.5.1984 wiederkehrt, ist ein weiteres Indiz dafür, daß das Gericht eine Grundsatzentscheidung gegen die Einsichtsfähigkeit als Haftungsvoraussetzung getroffen hat und nicht nur auf die Beweispflichtigkeit der Prozeßparteien hinweisen wollte.

3. Rückschlüsse aus den conclusions des Premier avocat général Cabannes

Aufschlußreich für das Verständnis der Urteile vom 9.5.1984 sind ferner die Ausführungen des Premier avocat général Cabannes, der am Kassationshof die öffentlichen Interessen vertritt (siehe dazu Artt. L. 132-1 ff. Code de l'organisation judiciaire). In seinen conclusions vor der Assemblée plénière[43] forderte er das Gericht zu genau denjenigen Entscheidungen auf, die es dann tatsächlich getroffen hat. Daher kann man davon ausgehen, daß seine in den thesenhaft abgefaßten Urteilen nicht wiederkehrenden Argumente wesentlich zur Urteilsfindung beigetragen haben.

Zunächst sei sogleich darauf hingewiesen, daß sich auch bei Cabannes, bezogen auf das Mitverschulden von Kindern, eine Formulierung findet, die fast wörtlich der später von der Assemblée plénière benutzten Wendung entspricht und sich im Textzusammenhang als grundsätzliche Stellungnahme gegen die Einsichtsfähigkeit als Haftungsvoraussetzung, nicht nur als Hinweis auf die Beweispflichtigkeit der Prozeßparteien erweist: "... il importe peu que ce soit avec ou sans discernement que cette victime se soit mise en situation irrégulière: ... et *le juge n'a pas à rechercher* si la victime ... avait pu être, ou ne pas être, consciente de son imprudence." (Hervorhebungen hinzugefügt)

Cabannes vertritt nachdrücklich die Abkoppelung der Kinderhaftung von der Voraussetzung der Einsichtsfähigkeit. Er stützt sich dabei auf diverse Gesichtspunkte. Der interessanteste Gedanke bezieht sich dabei auf die Verknüpfung des Haftungsrechts mit dem System der Haftpflichtversicherungen. Hierin sieht er nämlich neben einer streng objektiven Elternhaftung und dem verbleibenden Entscheidungsspielraum der Tatrichter das entscheidende Instrument, um im Einzelfall Unbilligkeiten zum Nachteil der haftenden Kinder zu vermeiden. Dabei verkennt Cabannes nicht, daß die Haftpflichtversicherung der Eltern bisher nur fakultativ ist, so daß zur Zeit nur vorausschauende Familien in den Genuß ihres Schutzes kommen. Erforderlich sei daher die Ergänzung der von ihm vorgeschlagenen strengen

[43] Concl. Cabannes, D. 1984.J.525.

Kinder- und Elternhaftung mit einer gesetzlich vorgeschriebenen Haftpflichtversicherung, wie sie bereits für Kraftfahrzeuge und im Schulbereich existiere. Da die Rechtsprechung hierfür nicht zuständig sei, könne sie dem Gesetzgeber nur im Rahmen des Haftungsrechts vorgreifen bzw. ihn in diese Richtung "orientieren":

"Mais n'est-ce-pas, dans tous les cas, un problème d'assurance des parents ... Faut-il donc s'en remettre à l'intervention du législateur? Ce serait la voie de la facilité, non celle de la sagesse ... J'aimerais, pour ma part, que, précédant, ou orientant le législateur, vos décisions ouvrent nettement la voie à la responsabilité objective."[44]

Da die Assemblée plénière in allen fünf Urteilen den Vorschlägen von Cabannes gefolgt ist, liegt die Vermutung nahe, daß sie ihre Entscheidungen dementsprechend als "arrêt pédagogique" betrachtet, gerichtet in erster Linie an den Gesetzgeber, der zur Schaffung einer Pflichthaftpflichtversicherung für Eltern zur Deckung der von ihren Kindern angerichteten Schäden angehalten werden soll. Die französische Rechtsprechung scheint hier den originellen, wenn auch unter dem Gesichtspunkt des Gewaltenteilungsprinzips fragwürdigen Weg gegangen zu sein, von einer aus zwei Teilen (strenge Haftung und Versicherung) bestehenden Lösung den ersten Teil zu schaffen, um so den dafür allein zuständigen Gesetzgeber zur Ergänzung durch den zweiten Teil zu veranlassen. Immerhin könnte sich der Gesetzgeber dieser Situation dadurch entziehen, daß er die haftungsrechtliche Seite ausdrücklich anders regelt. Bis heute hat er indes überhaupt noch keine Reaktion gezeigt, weder in der einen noch in der anderen Richtung.

Als Nebenprodukt kann man den Urteilen für die Zwischenzeit bis zum gesetzgeberischen Tätigwerden außerdem einen Appell an die noch nicht freiwillig versicherten Eltern entnehmen, dies angesichts des hohen Haftungsrisikos schleunigst nachzuholen[45], zumal auch die Elternhaftung gemäß Art. 1384 Abs. 4 C.c. von dem Erfordernis einer rechtswidrigen Handlung des Kindes befreit und, vorbehaltlich der Entlastungsmöglichkeit nach Art. 1384 Abs. 7 C.c., nur noch von der direkten Kausalbeziehung zwischen dem Verhalten des Kindes und dem Schadenseintritt abhängig gemacht wurde[46].

Diese Erwägungen zeigen deutlich, daß und vor allem warum Cabannes und ihm folgend wohl auch die Assemblée plénière des Kassationshofs einer isoliert betrachtet erstaunlich strengen Kinder- und Elternhaftung das Wort reden, ohne nur einen Hinweis auf die Beweispflichtigkeit der Prozeßparteien geben zu wollen. Es ist indes erstaunlich, daß keiner der vielen Kom-

---

[44] Ebenda, S. 528.

[45] Einen solchen Appell macht ausdrücklich Chabas, note D. 1984.J.534 a.E.

[46] Siehe dazu unten S. 123 ff.

mentare nach dem 9.5.1984 diesen Zusammenhang zwischen den Vorschlägen von Cabannes und den Entscheidungen der Assemblée plénière anspricht.

4. Ergebnis

Das Verständnis der Urteile vom 9.5.1984 zum Erfordernis der Einsichtsfähigkeit als bloßer Hinweis auf die Beweispflichtigkeit der Prozeßparteien ist nach alldem nicht haltbar. Die Assemblée plénière hat vielmehr grundsätzlich Abschied genommen von der Einsichtsfähigkeit als Voraussetzung der deliktsrechtlichen Haftung für faute.

IV. Das neue Problem des Verschuldensmaßstabs gegenüber infantes

Mit der neuen Rechtsprechung taucht nun ein neues Problem auf: Welcher Beurteilungsmaßstab ist bei der Prüfung der faute auf das Verhalten der neuerdings haftenden Kleinst- und Kleinkinder anzuwenden?

Zwei Lösungen kommen hier in Betracht: Entweder man folgt konsequent der Lehre von der faute objective und wendet auch auf Kinder den der Erwachsenenwelt entlehnten einheitlichen Vergleichsmaßstab des bon père de famille an, der nur bei Schädigungen im rein kindlichen Umfeld modifiziert wird[47], oder man entscheidet sich generell für eine nach typischen Altersgruppen abgestufte Beurteilung, wie es im deutschen Recht bei den bereits einsichtsfähigen Minderjährigen üblich ist.

Die Kommentatoren, die dieses Problem nach den Urteilen vom 9.5.1984 ansprechen, vermeiden eine klare Stellungnahme[48]. Der Grund dafür ist darin zu sehen, daß die Rechtsprechung zu dieser Frage schon bisher im Hinblick auf die bereits einsichtsfähigen Kinder nur selten Aussagen getroffen und sich auch in der Lehre noch keine einheitliche Linie entwickelt hat[49].

Man könnte geneigt sein, den Urteilen selbst eine Stellungnahme zu entnehmen. Denn immerhin wurde das Mitverschulden in den arrêts Derguini und Lemaire ohne Berücksichtigung eines alterstypisch abgestuften Fahrläs-

---

[47] Siehe dazu oben S. 48 ff.; ablehnend Lapoyade-Deschamps, D. 1988, Chr. 303, Fn. 34 sowie Warembourg-Auque, S. 338 f., Nr. 13.

[48] Lapoyade-Deschamps, D. 1988, Chr. 303, zu und in Fn. 34; Huet, obs. Rev.trim.dr.civ. 1984, S. 513; Chabas, note D. 1984.J.530 f. unter A.I.1.

[49] Siehe dazu näher oben S. 87 ff.

sigkeitsmaßstabes bejaht[50]. Indes ist bei der Bewertung dieser Beobachtung Vorsicht geboten: Die den Urteilen zugrunde liegenden Kassationsbeschwerden hatten nur die mangelnde Berücksichtigung der Einsichtsfähigkeit als Voraussetzung des Mitverschuldens gerügt. Die von den Berufungsgerichten stammende Bewertung des Verhaltens als Fahrlässigkeit war demgegenüber kein Streitgegenstand vor dem Kassationshof. Deshalb wird man aus den Urteilen der Assemblée plénière keine Stellungnahme zu diesem Problem herauslesen können[51]. Immerhin belegen die berufungsgerichtlichen Urteile die Tendenz der französischen Gerichte zur strengen Beurteilung jedenfalls des kindlichen *Mit*verschuldens[52].

Es ist aber auch auf das bereits oben analysierte Urteil des Kassationshofs vom 29.4.1976 hinzuweisen, das bei einem dreijährigen Kind auf einen alterstypischen Verschuldensmaßstab abstellte, wenn auch in demselben Urteil widersprüchlicherweise gleichzeitig ein einsichtsfähiges Kind zur Vergleichsperson erhoben wurde[53]. Die zukünftige Haltung der Rechtsprechung zu diesem Problem bleibt abzuwarten.

Solange die Haftung der noch einsichtsunfähigen Kinder noch nicht durch eine Pflichtversicherung ergänzt bzw. ersetzt ist, könnten die Gerichte den alterstypischen Verschuldensmaßstab als Instrument zur Vermeidung unbilliger Härten einzusetzen versuchen[54]. Bei Schädigungen durch Kinder in einem typischen Alter der Einsichtsunfähigkeit (d.h. mindestens bis zur Vollendung des 6. Lebensjahrs) dürften die praktischen Ergebnisse dann kaum von denen abweichen, die früher durch die Haftungsschranke der Einsichtsunfähigkeit erzielt wurden. Denn welches vernünftige Verhalten kann man von typischen Kindern diesen Alters verlangen? Das oben genannte Urteil des Kassationshofs vom 29.4.1976 belegt diese These: Ein 3jähriger hatte mit einem Holzstock geworfen und dadurch seine gleichaltrige Spielkameradin so schwer am Auge verletzt, daß sie auf diesem Auge erblindete. Die Erwägung des Berufungsgerichts, daß eine solche Handlung typisch sei für Kinder in diesem Alter und deshalb nicht als faute zu werten sei, wurde vom Kassationshof bestätigt. Hier stellt sich mit aller Deutlichkeit die Frage, ob

---

[50] Siehe oben S. 103 ff. und die Kritik in der Lehre an den strengen Einzelfallentscheidungen.

[51] Vgl. dazu auch Cabannes, concl., D. 1984.J.527, 528.

[52] Siehe dazu die umfangreichen Rechtsprechungsnachweise bei Dejean de la Batie, Appréciations in abstracto et in concreto, Nr. 27, S. 25 ff., die der Autor verallgemeinernd auch für die Schädiger-faute in Anspruch nimmt.

[53] Siehe zu diesem Urteil oben S. 67 f.

[54] Vgl. den Vorschlag von Deutsch in Haftungsrecht I, S. 299 f., der offenbar de lege ferenda im deutschen Recht die Schranke der Einsichtsfähigkeit durch die Anwendung des alterstypischen Fahrlässigkeitsmaßstabs ersetzen will.

man nicht der Ansicht recht geben muß, die noch einsichtsunfähige Kinder von der Haftung ausnimmt, weil sie noch keine tauglichen Adressaten von Verhaltenspflichten sind.

Sofern man auch für die Einsichtsunfähigkeit eine typisierte Altersgrenze aufstellt wie in § 828 Abs. 1 BGB[55], ist es dabei nur eine rechtstechnische Frage, ob man dieses Ergebnis mit dem Erfordernis der Einsichtsfähigkeit oder mit der Anwendung des alterstypischen Verschuldensmaßstabs erreicht.

Der Unterschied zwischen beiden Methoden wirkt sich allerdings auch im Ergebnis aus, wenn eine individuelle Prüfung der Einsichtsfähigkeit gefordert wird. In Deutschland gilt dies gemäß § 828 Abs. 2 BGB für die 7- bis 17jährigen, in Frankreich grundsätzlich immer, de facto aber erst ab dem 6. Lebensjahr[56]. Bei ausschließlicher Anwendung des alterstypischen Verschuldensmaßstabs würden nämlich auch solche Minderjährige haften, die nur wegen ihres vom Standard abweichenden, individuell schwächeren Entwicklungsstandes noch einsichtsunfähig sind.

Die Neigung zur Anwendung des alterstypischen Verschuldensmaßstabs dürfte aber zurückgehen, wenn die persönliche Haftung der infantes durch eine Versicherung der Eltern gedeckt ist, die ja nach Ansicht vieler obligatorisch sein sollte[57]. Denn dann entfällt die besondere Schutzwürdigkeit der Kinder, weil nicht sie in ihrem persönlichen Vermögen betroffen sind, sondern die Gemeinschaft der Versicherten für den Schaden aufkommt. Wenn die Ersatzpflicht der Versicherung schon bei bloßer Schadensverursachung durch ein Kind eingreifen würde, wie es Viney fordert[58], entfiele das Problem des Verschuldensmaßstabs sogar vollends. Indes ist der Gesetzgeber noch nicht in dieser Richtung aktiv geworden, so daß sich die Frage des Verschuldensmaßstabs zur Zeit in aller Schärfe stellt.

Es bleibt indes zu bedenken, daß der alterstypische Verschuldensmaßstab in Frankreich noch keine allgemein akzeptierte Denkkategorie ist, so daß ein Einschwenken von Rechtsprechung und Lehre in diese Richtung nicht ohne weiteres zu erwarten ist. Die herrschende Meinung drängt auf die Ergänzung bzw. Ersetzung der neuen Rechtsprechung durch eine Pflichtversicherung. Je länger der Gesetzgeber allerdings mit seiner Reaktion auf diese Forderungen auf sich warten läßt, desto größer wird die Chance für den al-

[55] Nach der französischen Rechtsprechung bestand de facto auch in Frankreich eine typisierte Altersgrenze bei etwa 6 Jahren, siehe oben S. 81 ff., S. 86 f.

[56] Siehe oben S. 86 f.

[57] Siehe oben S. 112 f. und unten S. 120 ff.

[58] Siehe unten S. 122.

terstypischen Verschuldensmaßstab, quasi hilfsweise als Korrektiv des strengen Haftungsrechts anerkannt zu werden.

Die erste Zivilkammer des Kassationshofs hat ihn immerhin jüngst bei der Haftung eines 16jährigen Jungen angewendet, der beim gemeinsamen Bergsteigen versehentlich einen Felsbrocken losgetreten und dadurch einen weiter unten kletternden Mitschüler verletzt hatte[59]. Andererseits hat die zweite Zivilkammer des Kassationshofs in einem Urteil vom 27.2.1991[60] keine Anstalten gezeigt, den alterstypischen Sorgfaltsmaßstab auf einen 8jährigen anzuwenden, der auf dem Pausenhof einen Mitschüler versehentlich angerempelt und dadurch eine Lähmung verursacht hatte.

V. Die rechtspolitische Bewertung der Urteile vom 9.5.1984

Die Urteile der Assemblée plénière vom 9.5.1984 fanden ein geteiltes Echo in der Rechtslehre, was angesichts des schon vorher heftigen Streits um die Sachgerechtigkeit der persönlichen Haftung noch einsichtsunfähiger Kinder nicht verwunderlich ist.

Dabei findet man zum Teil die gleichen Argumente, die schon die Diskussion nach der Schaffung des Art. 489-2 C.c. bestimmt haben. Hinzu kommt jetzt aber vielfach die Forderung, die neuen Haftungsregeln durch eine Pflichthaftpflichtversicherung zu ergänzen bzw. sie durch eine rein versicherungsrechtliche Lösung zu ersetzen.

1. Ablehnende Stimmen

Die Gegner der neuen Rechtsprechung stützen sich auf mehrere Argumente. Zunächst erfordere die Präventionsfunktion der faute die Einsichtsfähigkeit des Schädigers, weil er nur dann ein tauglicher Adressat von Verhaltenspflichten sei[61].

Es kehrt auch das Argument wieder, daß noch einsichtsunfähige Kinder in der Regel vermögenslos sind und ihnen eine langjährige Verschuldung nicht zuzumuten sei, deren Ursache sie erst später verstehen und die sie als ungerecht empfinden müssen[62].

Außerdem sehen diese Autoren einen eklatanten Wertungswiderspruch zwischen den neuen, strengen deliktsrechtlichen Haftungsregeln und dem

---

[59] Cass.civ.I, 7.3.1989, J.C.P. 1990.II.21403, note Dejean de la Batie.

[60] J.C.P. 1991.IV, 161.

[61] Viney, J.C.P. 1985.I.3189, Nr. 17; ähnlich Legeais, D. 1984, Chr. 241.

[62] Legeais, D. 1984, Chr. 239; Viney, J.C.P. 1985.I.3189, Nr. 21; dazu schon oben S. 65 f.

weitreichenden Schutz der noch einsichtsunfähigen Kinder an anderen Stellen der Rechtsordnung, insbesondere im Vertragsrecht[63].

Es wird ferner der Gesichtspunkt der Versicherbarkeit ins Spiel gebracht: Die Behandlung von Erwachsenen und Kindern nach dem gleichen strengen Haftungsrecht sei ungerecht, weil sich nur die Erwachsenen selbständig durch den Abschluß einer Haftpflichtversicherung vor dessen weitreichenden Folgen wirksam schützen können[64].

Die Urteile vom 9.5.1984 werden von ihren Gegnern schließlich als Rückschritt im Hinblick auf die allgemeine Tendenz des Haftungsrechts zu mehr Opferschutz empfunden. Zwar führe die Aufgabe subjektiver Haftungsvoraussetzungen grundsätzlich zu strengerer Haftung. Das neue faute-Konzept erstrecke sich aber auch auf das Mitverschulden der noch einsichtsunfähigen Kinder im Rahmen ihrer eigenen Ersatzansprüche, so daß die Rechtsposition dieser Geschädigten verschlechtert worden sei.

Darüber hinaus sei zu bedenken, daß bei einer Schädigung durch noch einsichtsunfähige Kinder zumeist die Elternhaftung nach Art. 1384 Abs. 4 C.c. eingreife, die für die Geschädigten wegen des in aller Regel stärkeren finanziellen Polsters der Eltern lukrativer sei als die persönliche Inanspruchnahme des Kindes. Die Anerkennung der persönlichen Haftung noch einsichtsunfähiger Kinder werde daher in vielen Fällen ohne praktische Auswirkungen bleiben. Daraus folge, daß der Opferschutz insgesamt eher zurückgedrängt als vorangebracht worden sei[65]. Zudem lasse sich zwar die persönliche Haftung von Kindern durch eine Haftpflichtversicherung dekken; die Anrechnung eigenen Mitverschuldens werde aber von den gängigen Versicherungsverträgen nicht erfaßt, so daß dieses versicherungsrechtliche Ungleichgewicht ebenfalls zur Verschlechterung der Rechtsposition noch einsichtsunfähiger Geschädigter führe[66].

Indessen könnten diese Auswirkungen der neuen Rechtsprechung auch dadurch beseitigt werden, daß man die Anrechenbarkeit des Mitverschuldens von strengeren Voraussetzungen abhängig macht als die persönliche Haftung des Schädigers[67]. Im französischen Recht ist das Mitverschulden ohnehin seit längerem Gegenstand differenzierter Behandlung durch Rechtsprechung und Gesetzgeber geworden[68]. Die verbleibende persönliche Haf-

---

[63] Viney, J.C.P. 1985.I.3189, Nr. 21; Legeais, D. 1984, Chr. 241.

[64] Legeais, Rép.Defr. 1985.1., S. 561; gegen dieses Argument Canaris, JZ 1990, 680.

[65] Viney, J.C.P. 1985.I.3189, Nr. 18; Huet, obs. Rev.trim.dr.civ. 1984, S. 514; Lapoyade-Deschamps, D. 1988, Chr. 303.

[66] Huet, obs. Rev.trim.dr.civ. 1984, S. 514.

[67] Huet, obs. Rev.trim.dr.civ. 1984, S. 514; Jourdain, obs. J.C.P. 1984.I.20256 a.E.

[68] Siehe dazu näher unten S. 157 ff.

tung der noch einsichtsunfähigen Kinder würde sich dann in die allgemeine Tendenz des Deliktsrechts zu strengerer Haftung und mehr Opferschutz einpassen.

2. Die überraschenden Bedenken bei den bisher kompromißlosen Befürwortern der Haftung noch einsichtsunfähiger Kinder

Die Anhänger der Lehre von der faute objective sehen in den Urteilen vom 9.5.1984 ihre These bestätigt, daß subjektive Erwägungen im Haftungsrecht unbeachtlich seien, weil ein Geschädigter im Konfliktfall schutzwürdiger sei als jeder einsichtsunfähige, aber objektiv rechtswidrig handelnde Schädiger[69]. Es fällt aber auf, daß selbst diese Rechtsgelehrten angesichts der tatsächlich Rechtspraxis gewordenen unbeschränkten persönlichen Haftung der noch einsichtsunfähigen Kinder plötzlich Mitleid mit diesen zeigen und den Triumph ihrer Idee nicht recht genießen können[70].

Dejean de la Batie etwa begrüßt zwar grundsätzlich die Lösung der Assemblée plénière, fügt aber in lyrischer Anwandlung hinzu, daß in dem Meer von Tränen der unschuldigen Opfer und der unschuldigen Kinder die weiseste juristische Lösung nicht völlig zufriedenstellen könne. Obwohl man ihn sich seit langem gewünscht habe, begrüße man den Sieg der Vernunft ohne Freude[71].

Chabas, der sich an anderer Stelle als Anhänger der Lehre von der faute objective zu erkennen gibt[72], hält seine Anmerkung zu den Urteilen vom 9.5.1984 auffallend neutral und bemerkt, es sei betrüblich, daß ein kleines unschuldiges Kind u.U. sein ganzes Leben lang das Gewicht seiner "faute" tragen müsse[73].

3. Kaum Forderungen nach einer Billigkeitslösung wie in § 829 BGB

Wenn man als deutscher Jurist die dargelegten Gewissenskonflikte betrachtet, fragt man sich, warum die flexible Billigkeitslösung des § 829 BGB nicht in Erwägung gezogen wird, die einen angemessenen Ausgleich der wi-

[69] Dejean de la Batie, obs. J.C.P. 1984.II.20255 unter I.B.; H. Mazeaud, D. 1985, Chr. 13 f.

[70] Mit Ausnahme von H. Mazeaud, D. 1985, Chr. 13 f., den keine Zweifel plagen.

[71] Dejean de la Batie, obs. J.C.P. 1984.II.20255 a.E.

[72] Mazeaud/Chabas, Leçons, t. II, 1er vol., S. 444 ff., Nrn. 448 f.

[73] Chabas, note D. 1984.J.533 unter II.B.

derstreitenden Interessen im Einzelfall ermöglicht[74]. Bei der Beantwortung dieser Frage muß man sich vergegenwärtigen, daß das französische Rechtsdenken hier stärker prinzipienorientiert ist. In der Diskussion um die Deliktshaftung Einsichtsunfähiger ist dies erkennbar geworden, als der ursprüngliche Entwurf des Art. 489-2 C.c., der eine Reduktionsklausel aus Billigkeitsgründen vorgesehen hatte, im Gesetzgebungsverfahren wegen seines Verstoßes gegen den haftungsrechtlichen Grundsatz der Totalreparation gestrichen wurde[75]. Zwar gab es anschließend einige Ansätze in der Rechtslehre, der Regelung im Wege der Auslegung doch noch diesen Inhalt beizumessen[76]. Mit dem Verstummen dieser Stimmen scheint der Gedanke einer Billigkeitsregelung im französischen Recht aber weitgehend zu den Akten gelegt worden zu sein. Dies mag zu einem guten Teil auch daran liegen, daß man glaubt, mit dem Instrument der Haftpflichtversicherung einen besseren Ausgleich der beiderseitigen Interessen gefunden zu haben.

4. Die Forderungen nach einer Pflichtversicherung als ergänzendes oder autonomes Instrument der Schadensregulierung

Der wachsende Einfluß der Haftpflichtversicherungen auf das französische Rechtsdenken ist bereits in der Analyse der conclusions des Premier avocat général Cabannes deutlich geworden, die einen nicht unwesentlichen Einfluß auf die Assemblée plénière ausgeübt haben dürften[77]. Beispielhaft dafür sind auch die Darlegungen von Huet, der in einer möglichst obligatorischen Haftpflichtversicherung der Eltern (in Frankreich "assurance chef de famille" genannt) das beste Mittel zur Vermeidung unbilliger Ergebnisse erblickt und eine Billigkeitshaftung bezeichnenderweise nur als subsidiäre Lösung für diejenigen Fälle vorschlägt, die nicht vom Versicherungsschutz gedeckt sind[78]. Er denkt dabei an Fälle, in denen der Eintritt der Einsichtsunfähigkeit unvorhersehbar war, was aber nur bei an sich einsichtsfähigen Menschen in Betracht kommt. Schädigungen durch noch einsichtsunfähige Kinder können demgegenüber leicht im voraus versicherungsrechtlich erfaßt werden.

---

[74] Dargestellt und vorgeschlagen wird sie nur von Legeais, D. 1984, Chr. 241, der aber in einem späteren Aufsatz im Rép.Defr. 1985.1.563 f. eine andere Lösung ohne Erwähnung der Billigkeitshaftung postuliert. Huet, obs. Rev.trim.dr.civ. 1984, S. 513 tritt für eine subsidiäre Billigkeitshaftung ein, die nur dann eingreifen soll, wenn kein Haftpflichtversicherungsschutz besteht.

[75] Siehe oben S. 61, Fn. 172.

[76] Ebenda.

[77] Siehe oben S. 112 ff.

[78] Huet, obs. Rev.trim.dr.civ. 1984, S. 513.

Auch viele andere Kommentatoren der Urteile vom 9.5.1984 sehen in der Versicherung die ideale Ergänzung zur strengen deliktsrechtlichen Haftung der noch einsichtsunfähigen Kinder. Neben den Appell an die Eltern, eine freiwillige Versicherung abzuschließen[79], tritt dabei überwiegend die Forderung nach einer gesetzlich geregelten Pflichthaftpflichtversicherung[80] bis hin zur Ersetzung der haftungsrechtlichen Lösung durch eine Pflichtversicherung für alle Schädigungen, die von Einsichtsunfähigen verursacht werden[81].

Die Argumente für die Schaffung einer Pflichtversicherung lauten wie folgt: Viele Eltern seien über das bestehende Haftungsrisiko nicht informiert und würden sich deshalb nicht freiwillig versichern[82]. Außerdem verzichteten gerade ärmere Familien, die den Versicherungsschutz am nötigsten hätten, oft aus Kostengründen auf diesen Versicherungsschutz[83], obwohl die übliche Versicherungsprämie zur Zeit nur etwa 100 Francs (ca. 30 DM) pro Jahr betrage[84]. Nach den Angaben von Puill standen im Jahre 1981 65 % der französischen Familien unter dem Schutz einer "assurance chef de famille"[85].

Da die Einsichtsunfähigkeit auch im Bereich des Mitverschuldens keine entlastende Wirkung mehr habe, seien auch die von Kindern erlittenen Schädigungen in den Versicherungsschutz einzubeziehen[86]. Eine andere Meinung fordert, die Anrechnung des Mitverschuldens noch einsichtsunfähiger Kinder wieder aufzugeben, so daß dieser Bereich dann auch aus der Versicherungspflicht ausgeklammert werden könnte[87].

Das von Viney[88] vorgeschlagene und von Weill/Terré[89] unterstützte Abkoppeln der Versicherungslösung vom Haftungsrecht beruht auf der Erwägung, daß das Deliktsrecht kein taugliches Instrument zur Lösung derjeni-

[79] Chabas, note D. 1984.J.534.

[80] Huet, obs. Rev.trim.dr.civ. 1984, S. 513, 1986, S. 121 a.E.; Lapoyade-Deschamps, D. 1988, Chr. 305; Puill, D. 1988, Chr. 190 ff., Nrn. 24 ff.; schon vorher dafür Durry, obs. Rev.trim.dr. civ. 1978, S. 655.

[81] Viney, J.C.P. 1985.I.3189, Nrn. 22 ff.; Weill/Terré, Nr. 631 a.E., S. 643.

[82] Viney, J.C.P. 1985.I.3189, Nr. 23.

[83] Viney, J.C.P. 1985.I.3189, Nr. 23; Lapoyade-Deschamps, D. 1988, Chr. 303.

[84] Starck, Obligations I, Nr. 784, S. 439.

[85] Puill, D. 1988, Chr. 191, Nr. 25, Fn. 51.

[86] Viney, J.C.P. 1985.I.3189, Nr. 23 beschränkt diese Forderung auf Körperschäden; Chabas, note D. 1984.J.534, fordert die Eltern zu einer freiwilligen Mitversicherung dieses Risikos auf.

[87] Lapoyade-Deschamps, D. 1988, Chr. 305; Huet, obs. Rev.trim.dr.civ. 1984, S. 514.

[88] Viney, J.C.P. 1985.I.3189.

[89] Weill/Terré, Nr. 631 a.E., S. 643.

gen Probleme sei, die die Beteiligung von Einsichtsunfähigen bei Schadensfällen aufwerfe. Maßgeblich sind dabei drei der schon oben aufgeführten Argumente gegen die neue Rechtsprechung: Das Leerlaufen der Präventionsfunktion der faute, der Rückschritt für den Opferschutz durch die Anwendung auch auf das Mitverschulden sowie der Wertungswiderspruch zwischen der neuen Rechtsprechung und dem Schutz der noch einsichtsunfähigen Kinder in anderen Bereichen der Rechtsordnung, insbesondere im Vertragsrecht[90]. Diese Argumente seien dazu angetan, die Schadensfälle mit Beteiligung einsichtsunfähiger Personen gänzlich dem Haftungsrecht zu entziehen und einer rein versicherungsrechtlichen Lösung zuzuführen[91]. Dabei sei nur auf die Schadensverursachung durch eine einsichtsunfähige Person abzustellen[92].

In der ganzen Diskussion ist allerdings ein Aspekt in den Hintergrund getreten: Zur Wahrung der Präventionsfunktion der faute wären ergänzende Maßnahmen erforderlich, z.B. ein Rückgriff des Versicherers gegen Eltern, deren grob schuldhaftes Verhalten die Schädigung durch ihr Kind ermöglicht hat. Ob und inwieweit es ferner sinnvoll wäre, auch einen Rückgriff des Versicherers gegen das schädigende Kind zuzulassen, soll hier nicht näher untersucht werden. Jedenfalls die noch einsichtsunfähigen Kinder müßten aber davon verschont bleiben, denn die Präventions- bzw. sogar Sanktionsfunktion eines solchen Rückgriffs läßt sich ihnen gegenüber nicht zur Geltung bringen.

5. Die Elternhaftung gemäß Art. 1384 Abs. 4 C.c. als vorgelagerter Schutzwall

Die Strenge der neuen Rechtsprechung zur persönlichen Haftung der noch einsichtsunfähigen Kinder wird in ihrer praktischen Relevanz dadurch etwas gemildert, daß in solchen Fällen oft die Elternhaftung gemäß Art. 1384 Abs. 4 C.c. eingreift[93]. Für die Geschädigten ist diese Anspruchsgrundlage meistens lukrativer, weil Eltern in aller Regel ein größeres Finanzpolster haben als ihre Kleinkinder. Die Elternhaftung ist zudem am 9.5.1984 durch den arrêt Füllenwarth ebenfalls ausgeweitet worden, wie gleich zu zeigen sein wird. Hinzu kommt, daß der theoretisch mögliche Rückgriff der haftenden Eltern gegen ihr Kind in der Praxis nie stattfindet[94].

---

[90] Siehe unten S. 128.

[91] Viney, J.C.P. 1985.I.3189; Nrn. 22 ff.

[92] Ebenda, Nr. 23.

[93] Siehe oben S. 91 ff. zum Anwendungsbereich der Elternhaftung bis zum 9.5.1984.

[94] Viney, Traité, Nr. 888, S. 983 m.w.N.

Die Elternhaftung schützt die Kinder aber nicht absolut vor jeglicher Inanspruchnahme, wie die immer wieder auftauchenden Urteile zur persönlichen Haftung von Kindern zeigen. In der Tat kommen Situationen vor, in denen die Elternhaftung nicht greift. Das ist namentlich der Fall bei Waisenkindern oder wenn das Kind für längere Zeit bei anderen Aufsichtspersonen weilt[95], zumal das französische Recht im Gegensatz zu § 832 BGB keine Ausdehnung der strengen Elternhaftung auf andere Aufsichtspflichtige kennt[96]. Die Elternhaftung kann auch aus anderen Gründen scheitern, sei es, weil nicht alle haftungsbegründenden Tatbestandsmerkmale erfüllt sind, sei es, weil sich die Eltern gemäß Art. 1384 Abs. 7 C.c. entlasten können.

Am 9.5.1984 hat der Kassationshof nicht nur Grundsatzurteile zur persönlichen Haftung der infantes erlassen. Der inzwischen berühmte arrêt Füllenwarth[97] hat vielmehr auch bei der Elternhaftung eine Neubestimmung vorgenommen, und zwar im Hinblick auf die Anforderungen an das schädigende Verhalten des Kindes. Hier ist der letzte Schritt bei der Herabsetzung dieser Anforderungen vollzogen worden, indem es nur noch auf eine direkte Kausalbeziehung zwischen dem Verhalten des Kindes und dem Schadenseintritt ankommen soll:

"Mais attendu que, pour que soit présumée, sur le fondement de l'article 1384, alinéa 4, du Code civil, la responsabilité des père et mère d'un mineur habitant avec eux, il suffit que celui-ci ait commis un acte qui soit la cause directe du dommage invoqué par la victime; ..."[98]

Damit ist die Elternhaftung auf der Ebene der haftungsbegründenden Tatbestandsmerkmale zu einer echten Garantiehaftung für das Verhalten

---

95 Hier stellt sich das Problem der cohabitation; dazu oben S. 94.

96 Siehe oben S. 92 f.

97 Cass., Ass.plén., 9.5.1984, Bull.civ., Ass.plén., Nr. 4 = D. 1984.J.529, 2. Fall = J.C.P. 1984, II.20255, 2. Fall.

98 Angesichts des der Entscheidung zugrunde liegenden Lebenssachverhalts hätte es dieser weitgehenden Formulierung gar nicht bedurft, um die Elternhaftung zu bejahen. Das Verhalten des schädigenden Kindes (ein 7jähriger Junge hatte mit Pfeil und Bogen auf seinen Spielkameraden geschossen und diesen am Auge getroffen) hätte nämlich durchaus als "fait objectivement illicite" im Sinne der bisherigen Terminologie (siehe oben S. 96) gewertet werden können. Daran wird deutlich, daß die Assemblée plénière unabhängig von dem zu entscheidenden Einzelfall eine grundsätzliche Aussage getroffen hat. Die Beschränkung auf die unmittelbare Kausalbeziehung zwischen dem Verhalten des Kindes und dem Schadenseintritt wurde inzwischen bestätigt durch Cass.civ.II, 14.11.1984, Bull.civ.II, Nr. 168, S. 118 und 13.4.1992, J.C.P. 1992.IV.1803, S. 198; dagegen opponierend Caen, 4.2.1988, D. 1989.J.295, note Prieur (das Urteil geht sogar hinter die vor dem arrêt Füllenwarth bestehende Rechtslage zurück, indem es die gardien-Haftung oder ein "fait personnellement imputable" des Kindes fordert).

von Kindern geworden, wenn man von dem ohnehin oft umgangenen bzw. verformten Erfordernis der cohabitation[99] absieht.

Da die Eltern nun also auch für völlig normales, rechtmäßiges Verhalten ihrer Kinder haften, sobald daraus ein Schaden entsteht, ist das traditionelle Konzept des vermuteten elterlichen Aufsichts- und Erziehungsverschuldens in Zweifel geraten. Denn wie kann ein nicht zu beanstandendes Verhalten eines Kindes die Vermutung auslösen, daß es von seinen Eltern nicht ordentlich beaufsichtigt und erzogen wurde?[100] Der arrêt Füllenwarth bekräftigt vielmehr als weiteres Indiz die Vermutung, daß die Assemblée plénière des Kassationshofs den Gesetzgeber zur Schaffung einer Pflichtversicherung motivieren wollte[101].

Dagegen führt der arrêt Füllenwarth nicht allein durch die Herabsetzung der Anforderungen an das schädigende Verhalten des Kindes zu einer breiteren Abdeckung der Fälle, in denen auch eine persönliche Haftung des schädigenden Kindes in Betracht kommt. Die Urteile der Assemblée plénière zur persönlichen Haftung der Kinder vom 9.5.1984 haben zwar die Einsichtsfähigkeit als Haftungsvoraussetzung abgeschafft[102]. Für die Elternhaftung genügte indes schon zuvor eine objektiv rechtswidrige Handlung des Kindes, (die auch weiterhin eine Voraussetzung der persönlichen Haftung von Kindern ist) so daß sich Kindes- und Elternhaftung insoweit auch ohne den arrêt Füllenwarth gedeckt hätten. Dieses Urteil begründet also zunächst nur eine weiter gehende Verantwortlichkeit der Eltern, ohne eine stärkere Entlastung der Kinder von der eigenen persönlichen Haftung zu bewirken.

Der arrêt Füllenwarth könnte aber im Rahmen der Entlastungsmöglichkeit der Eltern nach Art. 1384 Abs. 7 C.c.[103] zu einem noch weiter gehenden Schutz der Kinder vor persönlicher Inanspruchnahme führen. Das ist der Fall, wenn das Urteil die Entlastung gemäß Art. 1384 Abs. 7 C.c. generell auf das Vorliegen einer "force majeure" beschränkt hat. Dafür spricht zunächst die schon oben angesprochene Erwägung, daß die traditionelle Vermutung des elterlichen Aufsichts- und Erziehungsverschuldens ihren Sinn verliere, wenn die Elternhaftung wie im arrêt Füllenwarth nur noch an die bloße Kausalbeziehung zwischen dem Verhalten des Kindes und dem Eintritt des Schadens anknüpft, ohne daß das Verhalten des Kindes wie frü-

---

[99] Siehe oben S. 94.

[100] Dazu mit interessanten, wenn auch fiktiven Beispielen Dejean de la Batie, obs. J.C.P. 1984.II.20255 unter II.

[101] Dazu schon oben S. 112 f.

[102] Siehe oben S. 100 ff.

[103] Siehe dazu schon oben S. 97 ff.

her in irgendeiner Weise qualifiziert sein muß[104]. Allerdings ist die ursprüngliche Kohärenz eigentlich schon seit 1966 dadurch in Frage gestellt worden, daß die Elternhaftung auch an eine gardien-Haftung des Kindes angeknüpft werden konnte. Denn auch hierfür reicht die bloße Schadensverursachung durch eine Sache aus, ohne daß das Verhalten des gardien rechtswidrig sein muß[105].

Für die Beschränkung der Entlastungsmöglichkeit nach Art. 1384 Abs. 7 C.c. durch den arrêt Füllenwarth spricht ferner, daß die Assemblée plénière nicht mehr von einer Verschuldensvermutung ("faute présumée"), sondern allgemeiner von einer Haftungsvermutung ("responsabilité présumée") spricht[106]. Da der Kassationshof diese Formulierung erstmals bei der Bestimmung der Entlastungsgründe im Rahmen der gardien-Haftung nach Art. 1384 Abs. 1, 2. Alt. C.c. gebraucht hatte[107], ist es naheliegend, daß nun auch die Elternhaftung nur noch durch den Nachweis einer "force majeure" zu Fall gebracht werden kann[108].

Inzwischen hat der Kassationshof mit einem Urteil der zweiten Zivilkammer vom 3.3.1988[109] die Gelegenheit zu einer Stellungnahme zu diesem Problem wahrgenommen. Ein 16jähriger hatte beim Spielen mit Freunden eine Scheune angezündet. Das Berufungsgericht hatte die Haftung der Eltern gemäß Art. 1384 Abs. 4 C.c. verneint, weil es die traditionelle Vermutung des Aufsichts- und Erziehungsverschuldens für widerlegt hielt. Der Sohn sei ordentlich erzogen worden und habe sich als Gymnasiast stets normal verhalten, so daß er mit über 16 Jahren bereits über eine gewisse Selbständigkeit verfüge und nichts gegen eine zeitweilige Entfernung vom Elternhaus ohne ständige Beaufsichtigung einzuwenden sei.

---

[104] Huet, obs. Rev.trim.dr.civ. 1986, S. 121; Viney, J.C.P. 1985.I.3189, Nr. 12; Dejean de la Batie, obs. J.C.P. 1984.I.20255 unter II.B zieht daraus die abweichende, aber ebenfalls kohärenzbewahrende Forderung, das Erfordernis des rechtswidrigen Verhaltens des Kindes ebenso wie die traditionelle Auslegung des Art. 1384 Abs. 7 C.c. beizubehalten.

[105] Dazu näher unten S. 152 f.; in der Bewertung ebenso Plancqueel, obs. J.C.P. 1968.II, 15506; Starck, Obligations I, Nrn. 752 f., S. 427 f.; Denis in: J.Cl., Fasc. 150-2, Nr. 69; Vialard in: J.Cl., Fasc. 141, Nrn. 40, 44.

[106] Allerdings hat sich diese Formulierung auch früher schon ab und zu in Urteile des Kassationshofs eingeschlichen, wie Aden, S. 124 nachgewiesen hat. Aber das sind seltene Ausnahmen.

[107] Cass., ch.réun., 13.2.1930 (arrêt Jand'heur), D.P. 1930.1.57, rapport le Marc'hadour, concl. Matter, note Ripert = S. 1930.1.121, note Esmein = G.P. 1930.1.393, concl. Matter

[108] Starck, Obligations I, Nr. 742, S. 423; Puill, D. 1988, Chr. 190, Nr. 20; Viney, J.C.P. 1985, I.3189, Nr. 12.

[109] Cass.civ.II, 3.3.1988, Bull.civ.II, Nr. 58; obs. Jourdain, Rev.trim.dr.civ. 1988, S. 772.

Der Kassationshof hebt das Urteil mit einer mehrdeutigen Formulierung auf: "Qu'en statuant ainsi, alors que le mineur, au moment des faits, habitait avec ses parents, sans rechercher si son comportement répréhensible n'établissait pas par lui-même, à la charge des parents, un manquement à leur obligation de surveillance et de direction, la cour d'appel n'a pas légalement justifié sa décision; ..."

Mit dem Hinweis auf die Aufsichtspflicht der Eltern bewegt sich der Kassationshof auf dem traditionellen Pfad der Verschuldensvermutung. Bemerkenswert und nicht leicht einzuordnen ist aber die Aussage, daß das Berufungsgericht hätte prüfen müssen, ob das vorwerfbare Verhalten des Sohnes nicht schon per se eine Verletzung der elterlichen Aufsichts- und Leitungspflicht begründe. Immerhin hatte die Rechtsprechung bisher bei bereits 16jährigen keine besonders hohen Anforderungen mehr an die Aufsichtspflicht der Eltern gestellt, wenn das vorherige Verhalten des Jugendlichen keinen besonderen Anlaß dafür gab[110]. So lag es im vorliegenden Fall. Man könnte die Entscheidung allenfalls in die Gruppe derjenigen Urteile einordnen, die schon bisher aus der bloßen Teilnahme eines Kindes an einem gefährlichen Spiel auf das Aufsichts- oder Erziehungsverschulden der Eltern geschlossen hatten[111]. Denn der 16jährige verursachte den Brand im vorliegenden Fall beim Spielen mit seinen Freunden. Indes beruft sich der Kassationshof ausdrücklich auf das tadelnswerte Verhalten des Jugendlichen. Dies scheint der entscheidende Ansatzpunkt für die strenge Handhabung der Verschuldensvermutung zu sein. De facto ist damit auch in diesem Fall aus der an sich widerlegbaren eine unwiderlegbare Verschuldensvermutung geworden.

Obwohl der Kassationshof formell noch nicht von seiner Auslegung des Art. 1384 Abs. 7 C.c. als vermutetes Aufsichts- und Erziehungsverschulden abgewichen ist, kann man doch eine Tendenz zur weiteren Einschränkung des Entlastungsbeweises feststellen. Es bleibt abzuwarten, wie weit diese Entwicklung gehen wird. Möglicherweise wird sie durch die auf den arrêt Blieck vom 29.3.1991[112] folgende Rechtsprechung zur neu entdeckten Anspruchsgrundlage des Art. 1384 Abs. 1, 1. Alt. C.c. mitbeeinflußt werden.

---

[110] Siehe oben S. 98 f.; so auch Paris, 7e ch. B, 12.7.1990, J.C.P. 1991.IV.248.

[111] Umfangreiche Rechtsprechungsnachweise bei Vialard in: J.Cl., Fasc. 141, Nrn. 89 ff.; auf dieser Linie auch Cass.civ.II, 25.1.1989, Bull.civ.II, Nr. 21 (ein unbeaufsichtigter 7jähriger hatte einen Stein auf seinen Freund geworfen).

[112] Siehe oben S. 92 f.

6. Die neue Rechtslage im internationalen Vergleich

Mit der Anerkennung der unbeschränkten persönlichen Haftung der noch einsichtsunfähigen Kinder ist das französische Recht, auch rechtsvergleichend betrachtet, von der einen zur anderen Extremlösung übergegangen. Während es zuvor die Freistellung dieser Kinder von der Haftung ohne jegliche Billigkeitskorrektur vertrat und sich dabei in Gesellschaft mit einigen südamerikanischen Rechtsordnungen sowie Louisiana, Quebec, der Sowjetunion und der Tschechoslowakei befand[113], folgt es nunmehr dem haftungsbejahenden Konzept ohne Billigkeitskorrektur, das schon in Spanien, Mexiko, Finnland und einigen islamisch geprägten Rechtsordnungen des Mittleren Ostens gilt[114]. Indes ist die persönliche Haftung der noch einsichtsunfähigen Kinder in den letztgenannten Ländern nur subsidiär, d.h. sie greift erst ein, wenn kein Aufsichtspflichtiger in Anspruch genommen werden kann.

Das französische Recht hat also zur Zeit die strengste Haftungsregel im internationalen Vergleich. Im praktischen Ergebnis dürfte der Unterschied zu den Rechtsordnungen mit subsidiärer, dann aber unbeschränkter Kinderhaftung indes nur in wenigen Fällen relevant werden, weil die Entschädigung auch in Frankreich jedenfalls de facto in aller Regel zuerst bei den Eltern als lukrativere Geldquelle gesucht wird.

Das französische Recht weicht mit seiner neuen haftungsrechtlichen Strenge gegenüber den noch nicht einsichtsfähigen Kindern von der internationalen Tendenz ab, die eher zu einer umfassenden Billigkeitsabwägung unter Einbeziehung eines eventuell bestehenden Versicherungsschutzes neigt[115]. Diese international dominierende Lösung läßt sich noch einmal aufspalten in Rechtsordnungen, die die Billigkeitsabwägung an die grundsätzliche Haftungsfreistellung der infantes anknüpfen (so §§ 828, 829 BGB), und in Rechtsordnungen, die sie als Korrelat zur grundsätzlichen Haftung der

---

[113] Mazeaud/Tunc I, Nr. 475, S. 536; Limpens/Kruithof/Meinertzhagen-Limpens, in: Int. Enc.Comp.L., vol. XI, Torts, Part I, chapter 2, Nrn. 205, S. 97, Nr. 210, S. 98.

[114] Limpens/Kruithof/Meinertzhagen-Limpens, a.a.O., Nrn. 199, 201, S. 96; Mazeaud/Tunc I, Nr. 475, S. 536 f.

[115] Limpens/Kruithof/Meinertzhagen-Limpens, a.a.O., Nrn. 194-213, S. 94-99, Nr. 229, S. 103 f.; Deutsch, Haftungsrecht I, S. 301 f.; von Bar, Gutachten, S. 1739 f.. Vgl. aber auch die Regelung im neuen Niederländischen Bürgerlichen Gesetzbuch (dazu Vranken, AcP 191, 418 ff.; Scheffen, ZRP 1991, 463): Minderjährige bis zum 14. Lebensjahr haften überhaupt nicht persönlich; es haften insoweit nur die Eltern ohne Exkulpationsmöglichkeit. Für Jugendliche im Alter zwischen 14 und 16 Jahren haften die Eltern mit der Möglichkeit der Exkulpation; daneben haften die Jugendlichen selbst. Vom 16. Lebensjahr an haften nur noch die Jugendlichen persönlich.

infantes verstehen[116]. Ferner finden sich verschiedene Konzepte zu der Frage, nach welchen Kriterien die Einsichtsfähigkeit beurteilt wird. Zum Teil gibt es feste Altersgrenzen, zum Teil wird eine individuelle Prüfung in jedem Einzelfall verlangt, und es gibt Kombinationen zwischen beidem wie in § 828 BGB[117].

Die Vorteile der neuen französischen Lösung sind auf zwei Ebenen zu suchen: Zum einen ist der Opferschutz verstärkt worden, zum anderen besteht ein hohes Maß an Rechtssicherheit, so daß eine langwierige und kostenintensive Inanspruchnahme der Gerichte im Vergleich zu den Rechtsordnungen mit Billigkeitslösungen wesentlich seltener vorkommen dürfte. Die Quellen der Unsicherheit, die z.B. im deutschen Recht auf drei Prüfungsstufen auftreten, nämlich bei der Prüfung der Einsichtsfähigkeit gemäß § 828 Abs. 2, beim alterstypischen Sorgfaltsmaßstab und bei der Billigkeitsabwägung gemäß § 829 BGB[118], gibt es in Frankreich nicht.

Die Bedenken gegen die unbeschränkte Haftung der noch einsichtsunfähigen Kinder wurzeln in der Präventionsfunktion der deliktsrechtlichen Verschuldenstatbestände[119] sowie im Grundsatz des Minderjährigenschutzes, der an anderen Stellen der Rechtsordnung konsequent durchgeführt wird und nicht ohne Wertungswidersprüche im Deliktsrecht plötzlich aufgegeben werden kann. Allenfalls eine konsequente Anwendung des alterstypischen Fahrlässigkeitsmaßstabes auch auf Kleinkinder könnte diese Bedenken entkräften[120].

Letzteres wäre auch dann der Fall, wenn es zu der von vielen geforderten (und wie gezeigt möglicherweise auch von der Assemblée plénière des Kassationshofs als Schöpferin der neuen Rechtsprechung intendierten, ihr nur mangels gesetzgeberischer Kompetenz verwehrten) Ergänzung oder gar Ersetzung der neuen haftungsrechtlichen Regel durch eine Pflichtversicherung kommen sollte. Denn die Zahlung der geringen Versicherungsprämie durch die Eltern würde zu einer faktisch kompletten Schadloshaltung der nur de jure persönlich haftenden Kinder führen.

Damit wären die drei Hauptprobleme bei der Kinderhaftung gleichzeitig befriedigend gelöst, die oft als nicht miteinander zu vereinbarende Pole an-

---

[116] Limpens/Kruithof/Meinertzhagen-Limpens, a.a.O., Nrn. 207 ff., S. 98 f.

[117] Limpens/Kruithof/Meinertzhagen-Limpens, a.a.O., Nr. 205, S. 97.

[118] Instruktiv dazu Kötz, Deliktsrecht, Rn. 317 a.E., 320, S. 117 f., Nr. 329 a.E., S. 121, Rn. 332, S. 122.

[119] Diese setzt geeignete Adressaten von Verhaltenspflichten voraus, woran es im Falle einsichtsunfähiger Personen mangelt; siehe oben S. 50 ff..

[120] De lege ferenda für eine solche Lösung im deutschen Recht Deutsch, Haftungsrecht I, S. 299 f.

gesehen wurden: Die Entschädigung der Opfer wäre gesichert, die Kinder wären keiner unbilligen Haftung ausgesetzt, und die Berechenbarkeit der Ergebnisse würde das Bedürfnis nach Rechtssicherheit befriedigen. Der schon angesprochene Vorteil der schnellen und kostengünstigen Konfliktlösung ohne langwierige Inanspruchnahme der Gerichte käme dann erst recht zum Tragen[121].

Mit dieser Lösung würde man, auch im internationalen Vergleich, Neuland betreten, das zu betreten sich nach dem Dargelegten lohnt. Bis jetzt gibt es allerdings in Frankreich noch keine Anzeichen dafür, daß der Gesetzgeber eine obligatorische Haftpflichtversicherung der Eltern für von ihren Kindern verursachte Schädigungen einführen will. Die von der Rechtsprechung geschaffene aktuelle Rechtslage ist aber als Dauerzustand ungeeignet, weil sie das Bedürfnis nach einem ausreichenden haftungsrechtlichen Freiraum der noch in der Entwicklung befindlichen Kinder ignoriert.

[121] Vgl. die diesbezügliche Kritik am deutschen Recht bei Kötz, Deliktsrecht, Rn. 332, S. 122.

Zweiter Abschnitt

Die Haftung als gardien einer Sache gemäß Art. 1384 Abs. 1, 2. Alt. C.c.

Neben der Generalklausel der Artt. 1382, 1383 C.c. ist die sehr weitgehende Haftung des gardien einer Sache gemäß Art. 1384 Abs. 1, 2. Alt. C.c. die in der Rechtspraxis bedeutendste Anspruchsgrundlage im französischen Deliktsrecht. Dieser Tatbestand hat keine Parallele im deutschen Recht, das die Gefährdungshaftung nach wie vor nur in verstreuten und nach der Rechtsprechung nicht analogiefähigen Spezialgesetzen regelt.

Die gardien-Haftung ist erst am Ende des letzten Jahrhunderts von der Rechtsprechung als selbständige Anspruchsgrundlage anerkannt worden. Die vielen Arbeitsunfälle als Folge der Industrialisierung waren mit der Verschuldenshaftung nicht mehr befriedigend zu bewältigen, so man daß die ursprünglich nur als programmatische Einleitungsformel zur Ankündigung der besonderen Haftungstatbestände in Artt. 1385, 1386 C.c. (Tierhalter- und Gebäudeeigentümerhaftung) gedachte Formulierung des Art. 1384 Abs. 1, 2. Alt. C.c. zu einem neuen, allgemeinen Tatbestand der Haftung für Sachen umfunktionierte. Zwar trat bald darauf ein Gesetz zur Haftung bei Arbeitsunfällen in Kraft, so daß die gardien-Haftung zunächst ihre praktische Bedeutung verlor. Die technische Entwicklung, insbesondere der Straßenverkehr, schuf jedoch immer neue Schadensquellen, so daß der Anwendungsbereich der gardien-Haftung immer größer wurde. Dabei ist aus der ursprünglichen Haftung für vermutetes Verschulden ein weitgehend objektiver Haftungstatbestand entwickelt worden, der vor allem mit dem berühmten arrêt Jand'heur vom 13.2.1930[1] seine Konturen verliehen bekam. Wegen der allgemeinen gardien-Haftung gibt es in Frankreich wesentlich weniger Spezialgesetze zur Gefährdungshaftung als in Deutschland[2].

---

[1] Cass., ch.réun., 13.2.1930, D. 1939.1.57, rapport le Marc'hadour, concl. Matter, note Ripert = S. 1930.1.121, note Esmein = G.P. 1930.1.393, concl. Matter.

[2] Bedeutsam ist aber neuerdings das Gesetz zur Haftung bei Unfällen im Straßenverkehr vom 5.7.1985 ("loi Badinter"), das insbesondere wegen der unbefriedigenden Situation im Bereich des Mitverschuldens erlassen wurde (siehe dazu noch näher unten S. 183 ff.).

A. Überblick über die Voraussetzungen und den Anwendungsbereich des Art. 1384 Abs. 1, 2. Alt. Code civil

I. Die Schadensverursachung durch eine Sache

Der Anknüpfungspunkt für die gardien-Haftung ist die Schadensverursachung durch eine Sache. Damit ist jeder körperliche Gegenstand gemeint, sofern keine haftungsrechtlichen Sonderregeln bestehen[3]. Der Aggregatzustand ist unerheblich, auch unbewegliche Sachen werden erfaßt. Der Grad der Gefährlichkeit spielt keine Rolle[4]. Daher können auch von Kinderhand bewegtes Spielzeug, von Kindern benutzte Streichhölzer usw. die gardien-Haftung auslösen, so daß diese Anspruchsgrundlage gerade bei Schädigungen durch Kinder einen großen Anwendungsbereich hat. Lediglich in Fällen ohne direkte Beteiligung einer Sache scheidet die gardien-Haftung aus, so etwa bei Prügeleien. In solchen Fällen kommt nur die Haftung für faute gemäß Artt. 1382, 1383 C.c. in Betracht.

Die differenzierte Rechtsprechung zur "rôle actif" bzw. "rôle passif" der Sache bei der Schadensentstehung und die daraus folgende Entlastung des gardien in bestimmten Fällen bei komplizierter Beweislastverteilung[5] sind vorliegend nicht relevant, weil bei Schädigungen durch von Kindern benutzte Sachen diese stets in direkten Kontakt zum verletzten Rechtsgut treten und folglich problemlos als "cause génératrice" der Schädigung anzusehen sind.

II. Die Bestimmung des gardien der Sache

Das maßgebliche Problem der gardien-Haftung bei Schädigungen durch von Kindern bewegte Sachen besteht in der Bestimmung des haftenden gardien. Neben dem Kind selbst kommen dafür die für das Kind verantwortlichen Aufsichtspersonen, insbesondere die Eltern in Betracht. Die diesbezügliche Abgrenzung wird noch eingehend beleuchtet werden[6].

Ausgehend von der Legaldefinition des Tierhalters in Art. 1385 C.c. ("Le propriétaire d'un animal ou celui qui s'en sert, pendant qu'il est à son usage") fordert die Rechtsprechung seit dem arrêt Franck vom 2.12.1941[7] das

---

[3] Artt. 1385, 1386 C.c. regeln die Haftung des Tierhalters und des Gebäudeeigentümers.

[4] Zum Ganzen Viney, Traité, Nrn. 632 ff., S. 755 ff.

[5] Viney, Traité, Nr. 674, S. 782 ff. m.w.N.; Zweigert/Kötz II, § 19 III 2 u. 5, S. 411 f., 416; Ferid/Sonnenberger, 2 O 313-321, S. 499-501.

[6] Siehe unten S. 149 ff.

[7] Cass., ch.réun., 2.12.1941, D.C. 1942.J.25, note Ripert = S. 1941.1.217, note H. Mazeaud = J.C.P. 1942.II.1766, note Mihura.

Vorliegen von "usage, direction et contrôle"[8], d.h. die tatsächliche Verfügungsgewalt über die Sache. Grundsätzlich[9] wird der Eigentümer als gardien vermutet, der jedoch die Übertragung bzw. den anderweitigen Verlust der garde nachweisen kann[10].

Die Differenzierung in die "garde de structure" und die "garde de comportement" spielt hier keine Rolle, weil diese Unterscheidung bisher nur bei Sachen mit gefährlicher Eigendynamik relevant geworden ist[11]. Daran fehlt es typischerweise bei den von Kindern bewegten Gegenständen.

Wenn mehrere Personen gleichzeitig von einer Sache Gebrauch machen, ohne daß feststellbar ist, wer sie gerade im Zeitpunkt der Schädigung bewegt hat, kommt eine gemeinschaftliche Haftung "in solidum" als "cogardiens" in Betracht. Diese Konstellation hat im Rahmen von Kinderspielen eine nicht unerhebliche praktische Relevanz[12].

Einer Klärung harrt noch die Frage, wem die garde zuzuordnen ist, wenn beim gemeinschaftlichen Ballspielen durch einen unglücklichen Schuß, Wurf oder Schlag ein Schaden entsteht. Wenn ein Mitspieler verletzt wird, greift zwar in der Regel der Entlastungsgrund der "acceptation des risques" ein[13]. Es können aber auch Außenstehende verletzt werden, z.B. Zuschauer oder Teilnehmer am Straßenverkehr, wenn der Ball vom Spielfeld auf die Straße geschossen wird. Hier werden praktisch alle denkbaren Lösungen Vertreten: Der Kassationshof hat in einem Fall beiden Teilnehmern an einem Tennisspiel die garde über den Ball zugeordnet[14].

Ein anderes untergerichtliches Urteil hat allen Teilnehmern eines Fußballspiels die garde abgesprochen, weil der jeweilige Ballkontakt keine hin-

---

[8] In manchen Urteilen erscheint in der Definitionstriade der "pouvoir de surveillance" anstelle der "direction" (z.B. Cass.civ.II, 23.11.1972, Bull.civ.II, Nr. 297, S. 245), was aber sachlich keine Änderung bedeutet.

[9] Zur besonderen Situation bei Schädigungen durch Kinder siehe unten S. 149 ff.

[10] Dazu Viney, Traité, Nrn. 676-690, S. 787-799.

[11] Dazu Viney, Traité, Nrn. 696 ff., S. 803 ff. m.w.N.

[12] Cass.civ.II, 7.11.1988, Bull.civ.II, Nr. 214, S. 116 = D. 1988, I.R. 279 (zwei Kindermannschaften kämpften um die Besetzung einer Hütte; dabei kam es zu einer Verletzung durch Bogenschießen); Cass.civ.II, 1.4.1981, Bull.civ.II, Nr. 54 = G.P. 1981.2, Pan. 317 (zwei Kinder hatten mit Hilfe von Streichhölzern und Papier eine Mühle in Brand gesetzt); Cass.civ.II, 24.5.1991, J.C.P. 1991.IV, 278 (zwei 11- und 12jährige Jungen hatten in einem Heuschuppen geraucht und dadurch einen Brandschaden verursacht).

[13] Siehe dazu näher unten S. 158, 165 (dann kommt allenfalls eine Haftung für faute in Betracht).

[14] Cass.civ.II, 20.11.1968, Bull.civ.II, Nr. 277 = D. 1969, Somm. 50, 3.Sp.; obs. Durry, Rev. trim.dr.civ. 1969, 335 (in diesem Fall ging es um die Haftung des einen Spielers gegenüber dem anderen).

reichende Kontrolle erlaube[15]. Ein früheres untergerichtliches Urteil hielt demgegenüber den jeweils ballführenden Spieler für den gardien des Balles[16]. Schließlich gibt es auch den Vorschlag, die jeweils ballführende Mannschaft als gardien[17] anzusehen, um die Haftung auf alle Mitglieder der Mannschaft zu verteilen bzw. sogar den Verein zum Haftungssubjekt zu machen[18].

In einem etwas anders gelagerten Fall hat der Kassationshof eine Basketballspielerin zur alleinigen gardienne des Balles erklärt, den sie beim Wurftraining in Richtung Korb lancierte und der beim Rückprall eine Augenverletzung bei einer Mitspielerin verursachte[19]. In diesem Fall hatten sich die Spielerinnen jeweils nur um den gerade von ihnen benutzten Ball zu kümmern.

III. Die Entlastungsgründe

Der gardien der schadenstiftenden Sache kann sich von der Haftung entlasten, wenn er eine "cause étrangère" nachweist, d.h. ein außerhalb der Sache liegendes, unvorhersehbares Ereignis, das die Schadensentstehung unabwendbar macht. Dafür kommen höhere Gewalt, das Verhalten eines Dritten sowie das Verhalten des Geschädigten in Betracht[20]. In den typischen Fällen der Schädigung durch Kinder ist vor allem das Opferverhalten ein beachtlicher Aspekt, insbesondere bei Kinderspielen. Darauf ist später noch einzugehen[21].

IV. Die mangelnde Ausschöpfung der gardien-Haftung durch die von Kindern Geschädigten

Wenn man alle veröffentlichten Urteile zur persönlichen Haftung von Kindern im Hinblick auf die jeweils geltend gemachten Anspruchsgrundlagen betrachtet, dann fällt auf, daß in vielen Fällen nur Ansprüche gemäß Artt. 1382, 1383 C.c. eingeklagt werden, obwohl der Schaden mittels einer Sache verursacht wurde. Beispielhaft seien die oben bei der Verschuldens-

[15] Caen, 20.5.1969, J.C.P. 1969.II.16040, obs. M.A. = D. 1970, Somm. 23; obs. Durry, Rev. trim.dr.civ. 1970, 175.

[16] Trib.civ.Belfort, 3.10.1956, J.C.P. 1956.II.9591.

[17] Obs. M.A., J.C.P. 1969.II.16040.

[18] Obs. M.A., J.C.P. 1969.II.16040; dagegen Cass.civ.II, 7.10.1987, D. 1987, I.R. 205.

[19] Cass.civ.II, 21.2.1979, J.C.P. 1979.IV.145; obs. Durry, Rev.trim.dr.civ. 1979, 615.

[20] Dazu Ferid/Sonnenberger, 2 O 335 ff., S. 504 ff. m.w.N.

[21] Siehe unten S. 157 ff.

haftung analysierten Urteile des Kassationshofs vom 29.4.1976[22] und vom 6.7.1978[23] sowie das Urteil der Cour d'appel de Bordeaux vom 6.12.1977[24] genannt.

Man muß sich zunächst vergegenwärtigen, daß die Gerichte nicht von Amts wegen die gardien-Haftung anwenden dürfen, wenn nur Ansprüche gemäß Artt. 1382, 1383 C.c. eingeklagt werden[25]. Hier zeigt sich ein wichtiger Unterschied zum deutschen Prozeßrecht: In Frankreich wird der Streitgegenstand auch durch die Angabe der Anspruchsgrundlage(n) bestimmt und begrenzt[26]. In Deutschland hingegen kann ein Kläger nach der überwiegend vertretenen Ansicht nicht einmal durch ausdrückliches Verlangen erreichen, daß das Gericht den Streitstoff nur unter einem bestimmten rechtlichen Gesichtspunkt prüft[27].

Es ist nicht leicht, eine Erklärung dafür zu finden, daß die von Kindern Geschädigten die gardien-Haftung nicht in dem Maße ausschöpfen, wie es ihnen möglich wäre. In der Rechtslehre wird dieser Umstand nur beiläufig angemerkt[28].

Ein Grund liegt in der großen Bedeutung des Adhäsionsverfahrens im französischen Recht. Wenn ein Strafverfahren gegen einen Schädiger eingeleitet wird, erfolgt die zivilrechtliche Klage des Geschädigten fast immer im Wege des Adhäsionsprozesses. Dort können aber nur Ansprüche gemäß Artt. 1382, 1383 C.c. geltend gemacht werden. Die gardien-Haftung ist kein zulässsiger Prozeßgegenstand im Adhäsionsverfahren[29]. Auch gegenüber Kindern unter 13 Jahren kommt es nicht selten zur öffentlichen Klage. Zwar

---

[22] Siehe oben S. 67 f.

[23] Siehe oben S. 72 ff.

[24] Siehe oben S. 70 f.

[25] Siehe für den umgekehrten Fall Cass.civ.II, 27.10.1982, Bull.civ.II, Nr. 135, S. 98 = D. 1984.J.292, note R. Martin = J.C.P. 1984.II.20152, note Jourdain; obs. Normand, Rev.trim.dr. civ. 1983, 378; eingehend zu diesem Problem R. Martin, D. 1987, Chr. 35 sowie Frison-Roche, note D. 1989.J.609.

[26] Daran wird deutlich, daß das französische Prozeßrecht in stärkerem Maße auf materiellrechtliche Gesichtspunkte abstellt als das deutsche Prozeßrecht (weitere Beispiele bei Hübner/Constantinesco, S. 199).

[27] Zöller/Vollkommer, Einleitung, Rn. 84 mit umfangreichen Nachweisen; offenlassend BGH ZIP 1987, 1174.

[28] Warembourg-Auque, S. 340, Nr. 16: "...la plupart des dommages qu'il (l'enfant) cause sont produits par la chose qu'il détient. La victime d'un enfant a donc la faculté de porter son action sur le fondement de l'article 1384, alinéa 1 du code civil, texte que pourtant elle ne songe pas toujours à invoquer."

[29] Es gibt nur eine eng gefaßte Ausnahme in Art. L. 470-1 C.proc.pén. (siehe dazu näher unten S. 181 f.).

dürfen sie gemäß Artt. 66 f. C.pén. i.V.m. Art. 2 der ordonnance vom 2.2. 1945 keiner Kriminalstrafe unterworfen werden; es ist aber möglich, bestimmte Aufsichts- und Erziehungsmaßnahmen anzuordnen. Dementsprechend finden sich unter den in dieser Arbeit zitierten Urteilen zur zivilrechtlichen Haftung nicht selten solche der für die öffentliche Klage gegen Kinder zuständigen Gerichte (z.B. einige Tribunaux pour enfants).

Aber darin kann nicht die alleinige Ursache für die mangelnde Inanspruchnahme der gardien-Haftung gesehen werden. Auch in vielen Urteilen von reinen Zivilgerichten ohne vorheriges Strafverfahren findet man nämlich nur Artt. 1382, 1383 C.c. als geltend gemachte Anspruchsgrundlage, obwohl der Schaden mittels einer Sache verursacht worden war. Dabei ist im Grunde seit dem arrêt Jand'heur vom 13.2.1930 klar, daß die gardien-Haftung und die Haftung für faute kumulativ eingeklagt werden können[30].

Ein anderer Grund für die nicht optimale Ausschöpfung der gardien-Haftung könnte in der Unsicherheit darüber liegen, ob die Richter nun das Kind selbst oder aber seine Aufsichtsperson zum gardien erklären würden. Denn hier besteht die Gefahr, den falschen Anspruchsgegner zu verklagen[31].

Ein anderes Motiv für die Bevorzugung der Artt. 1382, 1383 C.c. als Anspruchsgrundlage könnte darin liegen, daß in den entsprechenden Fällen in der Regel ein objektiv sorgfaltswidriges Verhalten des Kindes vorliegt, so daß nur der Mangel an Einsichtsfähigkeit der Bejahung der faute entgegenstehen könnte, zumal sich der alterstypische Sorgfaltsmaßstab in Frankreich nicht als weiteres Schutzinstrument zugunsten der Kinder durchgesetzt hat[32]. Das Problem der Einsichtsfähigkeit stellt sich aber auch bei der gardien-Haftung, wie noch zu zeigen sein wird, so daß ihre Geltendmachung in diesen Fällen nicht unbedingt erfolgversprechender ist.

B. Die gardien-Haftung der infantes

Bei Schädigungen durch von Kindern bewegte Sachen steht das Problem im Vordergrund, ob die garde dem Kind selbst oder aber der jeweiligen Aufsichtsperson, insbesondere den Eltern, zuzuordnen ist. Bei jüngeren Kindern stellt sich dabei die Frage, ob ihre Einsichts- bzw. Steuerungsunfähigkeit ein Hindernis für die Zuerkennung der garde ist.

Daß es im Gegensatz zur deutschen Gefährdungshaftung überhaupt zur Diskussion um die Einsichtsfähigkeit als Voraussetzung der gardien-Haf-

---

30 Viney, Traité, Nr. 708 ff., S. 809 f.

31 Siehe zu diesen Unsicherheiten näher unten S. 149 ff.

32 Siehe oben S. 87 ff.

tung gekommen ist, liegt maßgeblich an der unterschiedlichen Struktur beider Haftungssysteme. Die Gefährdungshaftung im deutschen Recht ist stets an ein von der betroffenen Sache ausgehendes besonderes Risiko geknüpft. Die Verantwortlichkeit trifft dabei denjenigen, der im allgemeinen für die Sache verantwortlich ist (§ 833 S. 1 BGB: Tierhalter, § 7 Abs. 1 StVG: Kraftfahrzeughalter; §§ 1, 2 HPflG und UmweltHG: Betriebsunternehmer bzw. Anlageninhaber; § 33 LuftVG: Luftfahrzeughalter; § 25 AtomG i.V.m. Pariser Übereinkommen: Inhaber einer Atomanlage). Die Haftung ist also nicht an die konkrete Beherrschbarkeit im Einzelfall gekoppelt. Das aber ist gerade das Kriterium der gardien-Haftung. Zusammen mit der Unabhängigkeit der gardien-Haftung von der Gefährlichkeit der schadenstiftenden Sache führt dies zu einer immensen Einschränkung des haftungsrechtlichen Freiraumes, den gerade die in der Entwicklung befindlichen Kinder nötig haben.

Wegen der oben beschriebene Besonderheit der deutschen Gefährdungshaftungstatbestände kommt es praktisch nie zur Gefährdungshaftung kleiner Kinder. Diese sind noch keine Kraftfahrzeug-, geschweige denn Luftfahrzeughalter, weder Betriebsunternehmer noch Inhaber von Energieanlagen. Auch die Tierhaltereigenschaft wird sich in diesem Alter kaum bejahen lassen[33].

Praktisch relevant wird der Verzicht auf die Zurechnungsfähigkeit als Voraussetzung der Gefährdungshaftung nur bei Personen, die während ihrer abstrakten Dauerverantwortlichkeit für die Sache in einen Zustand der Zurechnungsunfähigkeit geraten, also bei geisteskranken Erwachsenen.

Bei der gardien-Haftung stellt sich dieses Problem nach dem Gesagten wesentlich dringlicher. Insbesondere die von der Rechtsprechung herausgearbeiteten Voraussetzungen der direction und contrôle über die Sache könnten gewisse Mindesterfordernisse in der Person des gardien implizieren[34]. Und wenn man die gardien-Haftung auf ein vermutetes, allerdings unwiderlegbares Verschulden stützt[35], könnte die Einsichtsfähigkeit auf dieser Ebene eine Voraussetzung der gardien-Haftung sein. Wenn man hingegen Art. 1384 Abs. 1, 2. Alt. C.c. jede Grundlage des Verschuldens abspricht, kann man, wie bei der Gefährdungshaftung im deutschen Recht, die

---

[33] Siehe oben S. 17.

[34] Goldman, La détermination du gardien, S. 214 f.; Legeais, D. 1984, Chr. 241; Viney, J.C.P. 1985.I.3189, Nr. 13; Colin/Capitant/Julliot de la Morandière, Nr. 1194, S. 679; concl. Lenoan, D. 1947.J.330.

[35] Für die Herleitung aus der faute, aber gegen die Einsichtsfähigkeit als Voraussetzung ist die Lehre von der faute objective: Mazeaud/Mazeaud, t. II, Nr. 1300, S. 412 ff.; Dejean de la Batie in Aubry/Rau, § 444 bis, Nr. 450; concl. Schmelck, D. 1965.J.191.

Frage der Einsichtsfähigkeit als unerheblich betrachten[36]. Haftungsausschließend wirkt die Einsichtsunfähigkeit wiederum, wenn man in ihr eine "cause étrangère" sieht[37], die anerkanntermaßen ein Entlastungsgrund des gardien ist.

Das französische Recht hat zu dieser Frage eine interessante, stufenweise Entwicklung durchgemacht, vergleichbar mit derjenigen zur Deliktsfähigkeit im Rahmen der faute gemäß Artt. 1382, 1383 C.c.[38].

I. Das discernement als Voraussetzung der gardien-Haftung bis 1964

Wie bei der Haftung für faute beharrte die Rechtsprechung trotz zunehmender Kritik bis in die 60er Jahre hinein auf der Deliktsunfähigkeit der einsichtsunfähigen Personen. Zwar hatte sich in der Rechtsprechung bei der Haftung der Geisteskranken eine einschränkende Tendenz entwickelt, indem man hohe Anforderungen an die erforderliche völlige Einsichtsunfähigkeit zur Zeit der schädigenden Handlung stellte bzw. den Gedanken der actio libera in causa fruchtbar machte[39], der ja in § 827 S. 2 BGB gesetzlich verankert ist. An dem Grundsatz, daß die Einsichtsunfähigkeit die deliktsrechtliche Haftung ausschließt, hielt man aber fest.

1. Der arrêt Escoffier vom 28.4.1947

Der Kassationshof hatte in einem Urteil vom 28.4.1947[40] das erste Mal die Gelegenheit, sich zur gardien-Haftung Einsichtsunfähiger zu äußern. Ein zur Tatzeit Geisteskranker hatte mit einem Revolver einen Mann erschossen. Die Witwe und der Sohn des Opfers verlangten Schadensersatz gemäß Art. 1384 Abs. 1, 2. Alt. C.c.. Da Geisteskranke und infantes zu jener Zeit unbestrittenerweise haftungsrechtlich gleichbehandelt wurden, entschied dieser Rechtsstreit de facto auch über die gardien-Haftung der infantes.

Das Berufungsgericht hatte die Haftung verneint[41]. Art. 1384 Abs. 1, 2. Alt. C.c. beruhe nämlich auf der Verpflichtung des gardien, die Sache in ordnungsgemäßem Zustand zu erhalten, so daß niemand durch sie zu Scha-

---

[36] So Savatier, Traité I, Nr. 205, S. 257, Nr. 359, S. 481.

[37] Lyon, 28.7.1941, zit. in concl. Lenoan, D. 1947.J.329; dem folgend dann auch Lenoan, ebenda, S. 330.

[38] Dazu oben S. 38.

[39] Umfangreiche Rechtsprechungsnachweise bei Mazeaud/Tunc I, Nrn. 470 ff., S. 532 ff.

[40] Arrêt Escoffier, Cass.civ., 28.4.1947, D. 1947.J.330, concl. Lenoan, note Lalou = J.C.P. 1947.II.3601, obs. J.D. = S. 1947.1.115.

[41] Zitiert von Lenoan, concl., D. 1947.J.329.

den kommen könne. Das Urteil folgt insoweit der Theorie von der "faute dans la garde"[42]. Die Haftung für die Verletzung dieser Pflicht erfordere "la volonté d'un être intelligent", so daß der Geisteskranke Schädiger nicht verantwortlich sei. Außerdem erfülle die Geisteskrankheit die Merkmale der cause étrangère bzw. des cas fortuit, die den gardien entlasten.

Der in diesem Verfahren als avocat général auftretende Kassationsrichter Lenoan stützt in seinen conclusions das berufungsgerichtliche Urteil. Als zusätzliches Argument verneint er zwei der drei vom Kassationshof entwikkelten Merkmale der garde. Man müsse dem Geisteskranken zwar den Gebrauch der Sache zusprechen, "direction" und "contrôle" könne er aber nicht ausüben[43]. De lege ferenda sieht Lenoan in einer Billigkeitsregel wie in § 829 BGB die beste Lösung des Problems.

Der Kassationshof lehnt die gardien-Haftung des Geisteskranken ebenfalls ab. Zur Begründung führt das Gericht aus, daß sogar alle drei Begriffsmerkmale der garde wie auch die Zurechnung einer "responsabilité présumée", wie das Gericht die gardien-Haftung seit dem arrêt Jand'heur vom 13.2. 1930 ewas nebulös umschreibt[44], die Einsichtsfähigkeit voraussetzten. Auf das vom Berufungsgericht und vom avocat général Lenoan angeführte Argument, die Geisteskrankheit sei als haftungsausschließende cause étrangère zu werten, geht der Kassationshof nicht ein.

Das Urteil brachte zunächst einmal Klarheit in dieser umstrittenen Frage. Die Akzeptanz war aber nicht uneingeschränkt, wie das Urteil des Tribunal civil de Toulouse zu einem ähnlichen Sachverhalt zeigt. Es bejahte die gardien-Haftung eines Geisteskranken mit der allerdings unzutreffenden Herleitung, dieser Tatbestand sei an den objektiven Begriff des Eigentums an der schadenstiftenden Sache geknüpft und begründe daher eine von subjektiven Erwägungen freie Kausalhaftung[45].

2. Die Bestätigung des arrêt Escoffier im Hinblick auf infantes

Der Kassationshof bekam erst relativ spät die Gelegenheit, sich zur gardien-Haftung noch einsichtsunfähiger Kinder zu äußern. In dem schon oben bei der konkreten Handhabung der Zurechnungsfähigkeit analysierten Ur-

---

[42] Begründet von H. Mazeaud, Rev.trim.dr.civ. 1925, S. 793 ff.

[43] Concl. Lenoan, D. 1947.J.330.

[44] Manchmal bezeichnet der Kassationshof die gardien-Haftung auch entschiedener als "responsabilité de plein droit", d.h. als objektive Kausalhaftung, z.B. Cass.civ., 30.6.1966, Bull. civ.II, Nr. 720, S. 506; 1.3.1967, Bull.civ.II, Nr. 96, S. 68.

[45] Trib.civ.Toulouse, 19.11.1951, J.C.P. 1952.II.5930, obs. Cornu = D. 1951.J.155.

teil vom 8.2.1962[46] lehnte er die gardien-Haftung eines 11jährigen Bogenschützen ab, weil dessen Einsichtsunfähigkeit der Bejahung der für die garde erforderlichen Voraussetzungen (usage, direction, contrôle) entgegenstehe.

Der Kassationshof bestätigte dies in einem Urteil vom 14.3.1963[47], in dem ein 20jähriger[48] zum gardien des von ihm gefahrenen, aber im Eigentum seiner Eltern stehenden Mofas erklärt wurde. Angesichts des Alters dieses Schädigers erscheint die Aussage "un enfant mineur, pourvu qu'il ait un discernement suffisant, peut avoir la garde d'une chose inanimée" eher als ein obiter dictum, das aber einen wertvollen Hinweis auf die unterschiedliche Behandlung der noch einsichtsunfähigen und der bereits einsichtsfähigen Kinder gab.

Damit war die Rechtsprechung Anfang der 60er Jahre in dem Sinne fixiert, daß die Einsichtsunfähigkeit eines Schädigers, gleichgültig ob auf einer Geistesstörung oder auf dem normalen Entwicklungsstand junger Kinder beruhend, sowohl der Haftung für faute gemäß Artt. 1382, 1383 C.c.[49] als auch der gardien-Haftung gemäß Art. 1384 Abs. 1, 2. Alt. C.c. entgegensteht. Es verwundert nicht, daß die Aufbrechung dieses Grundsatzes zuerst bei der strengeren gardien-Haftung erfolgte, wie im folgenden zu zeigen sein wird[50]. Auch hier geschah dies zuerst im Hinblick auf die Geisteskranken.

II. Der arrêt Trichard vom 18.12.1964

Der nächste Meilenstein im Rahmen der angesprochenen Entwicklung war der sog. arrêt Trichard vom 18.12.1964[51]. Ein Autofahrer hatte während der Fahrt einen epileptischen Anfall erlitten, die Kontrolle über sein Fahrzeug verloren und war dadurch mit einem zweirädrigen Wagen kollidiert, dessen Fahrer Körperverletzungen davontrug. Die Cour d'appel de Nîmes gab dem Begehren nach Schadensersatz gemäß Art. 1384 Abs. 1, 2. Alt. C.c. statt, weil der Schädiger Eigentümer des Autos und während der Fahrt

[46] Cass.civ.II, 8.2.1962, Bull.civ.II, Nr. 180, S. 124; siehe oben S. 78 f.

[47] Cass.civ.II, 14.3.1963, D. 1963.J.500 = G.P. 1963.2.117; obs. Tunc, Rev.trim.dr.civ. 1964, S. 117.

[48] Die Volljährigkeit begann damals erst mit der Vollendung des 21. Lebensjahres.

[49] Dazu oben S. 34 ff.

[50] Zur Haftung Geistesgestörter für faute kam es erst durch die Schaffung des am 3.1.1968 in Kraft getretenen Art. 489-2 C.c., siehe oben S. 59 ff.

[51] Cass.civ.II, 18.12.1964, D. 1965.J.191, concl. Schmelck, note Esmein = J.C.P. 1965.II, 14304, obs. Dejean de la Batie = G.P. 1965.1.202; obs. Rodière, Rev.trim.dr.civ. 1965, S. 351.

grundsätzlich fahrtüchtig, mithin gardien der schadenstiftenden Sache gewesen sei[52]. Der plötzliche epileptische Anfall könne ihn nicht entlasten, weil die cause étrangère als einziger Entlastungsgrund der gardien-Haftung nur außerhalb der Person des gardien liegende Umstände umfasse[53]. Die Kassationsbeschwerde rügte, daß der Zustand der Geisteskrankheit einen Entlastungsgrund darstelle[54]. Nur hierauf bezugnehmend bestätigte der Kassationshof das berufungsgerichtliche Urteil wie folgt:

"...l'arrêt relève, à bon droit, qu'une obnubilation passagère des facultés intellectuelles ... n'est pas un évènement susceptible de constituer une cause de dommage extérieure ou étrangère au gardien; ... l'absence épileptique au cours de laquelle s'était produit l'accident n'avait pas pour effet d'exonérer Trichard de la responsabilité qui pesait sur lui en sa qualité de gardien; ..."

Rodière las in diesem Urteil die grundsätzliche Aussage, daß das discernement keine Voraussetzung der gardien-Haftung mehr sei[55]. Dem ist aber von Dejean de la Batie[56] und Legeais[57] mit Recht entgegengehalten worden, daß daß sich diese Tragweite nicht ohne weiteres aus der Entscheidung ergebe. Denn der Kassationshof lehnt ausdrücklich nur den Entlastungsgrund der cause étrangère ab. Wenn man zwischen dem Zeitpunkt der Erlangung der garde und demjenigen der späteren Schädigung differenziert, könnte man den arrêt Trichard durchaus als nur teilweise Modifizierung der hergebrachten Lösung ansehen. Danach wäre für die Erlangung der garde noch immer die Einsichtsfähigkeit erforderlich. Die Neuerung bestünde nur darin, daß die während der Ausübung der einmal erlangten garde eintretende Geistesstörung nicht zum Verlust der garde führt. Dann hätte das Urteil keine Auswirkungen auf die gardien-Haftung der infantes gehabt, weil ihre Einsichtsunfähigkeit nicht plötzlich eintritt, sondern ein normaler Dauerzustand der kindlichen Entwicklung ist. Infantes sind schon bei der Erlangung der garde notwendig einsichtsunfähig.

Drei weitere Urteile des Kassationshofs aus der Zeit unmittelbar nach dem arrêt Trichard bestärken die Zweifel an seiner umfassenden Tragweite.

---

[52] Nîmes, 13.3.1961, J.C.P. 1961.II.12360, note Esmein; insoweit auch zitiert von Schmelck, concl., D. 1965.J.191.

[53] Nîmes, 13.3.1961, J.C.P. 1961.II.12360, note Esmein.

[54] Nur insoweit vom Kassationshof wiedergegeben. Schmelck, concl., D. 1965.J.192, referiert das Rechtsmittel so, als ob auch konkret die Subsumtion unter die Begriffsmerkmale der garde sowie das Übergehen der Einsichtsfähigkeit als Voraussetzung einer "responsabilité présumée" gerügt worden wäre. Dies wäre eine Anknüpfung an die Formulierung des arrêt Escoffier vom 28.4.1947, siehe oben S. 138.

[55] Rodière, obs., Rev.trim.dr.civ. 1965, S. 352.

[56] Obs. J.C.P. 1965.II.14304.

[57] D. 1984, Chr. 238 f., 241.

In allen drei Fällen ging es um dem arrêt Trichard ähnliche Sachverhalte. Jedesmal hatte ein Fahrer eines motorisierten Verkehrsmittels aufgrund eines plötzlichen Verlusts der Fahrtüchtigkeit einen Unfall verursacht. Alle drei Urteile bleiben auf der Linie der Argumentation des arrêt Trichard. Sie drücken sich sogar noch deutlicher im Sinne der oben beschriebenen begrenzten Tragweite aus, indem sie ausdrücklich auf das Weiterbestehen der bereits vorhandenen garde abstellen:

"Attendu que la déficience dans les facultés intellectuelles et le déséquilibre psychique ne constituent pas la cause extérieure ou étrangère au gardien susceptible de l'exonérer de la responsabilité qui pèse sur lui en cette qualité;

Attendu que celui qui exerce sur une chose les pouvoirs d'usage, de direction et de contrôle *conserve* la qualité de gardien même s'il n'est pas en mesure d'exercer correctement lesdits pouvoirs; ..."[58]

"... cette indisposition passagère n'avait pas eu pour effet de lui *enlever la garde* de son véhicule ..., elle ne constituait pas une cause extérieure ou étrangère au gardien, de nature à exonérer celui-ci de la responsabilité de plein droit lui incombant; ..."[59] (Hervorhebungen hinzugefügt)

Der Kassationshof scheint also keine grundsätzliche Abkehr von der Einsichtsfähigkeit als Voraussetzung der garde beabsichtigt zu haben. Die Tragweite der Urteile ist zunächst nur im Hinblick auf die konkret entschiedene Fallkonstellation zu sehen. In der Tat wäre es gerade in diesen Fällen unbillig, den Geschädigten leer ausgehen zu lassen. Es besteht nämlich stets die obligatorische Kraftfahrzeughaftpflichtversicherung, die die Ansprüche abdeckt[60]. In den drei nach dem arrêt Trichard entschiedenen Fällen waren die Versicherungen sogar direkt verklagt worden. Im deutschen Recht ist es unstreitig, daß auch Einsichtsunfähige der durch eine obligatorische Haftpflichtversicherung gedeckten Haftung gemäß § 7 StVG unterliegen.

Die Besonderheit dieser Fallkonstellation liegt darin, daß es wegen der Schadensüberwälzung auf das Kollektiv der Haftpflichtversicherten nicht zu der sonst in der haftungsrechtlichen Diskussion oft angeführten Frage kommt, ob ein "unschuldiger" Einsichtsunfähiger mit seinem Vermögen dem ebenfalls "unschuldigen" Geschädigten haften soll. Es wäre daher voreilig, in

---

[58] Identische Formulierung in Cass.civ.II, 30.6.1966, Bull.civ.II, Nr. 720, S. 506 sowie in Cass.civ.II, 1.3.1967, Bull.civ.II, Nr. 96, S. 68.

[59] Cass.civ.II, 19.12.1966, Bull.civ.II, Nr. 977, S. 683.

[60] Dieser Gesichtspunkt wird nur von einem Kommentator berücksichtigt, und dies eher beiläufig (Esmein, note D. 1965.J.194, li.Sp. oben).

den genannten Urteilen eine allgemeine Aussage zur gardien-Haftung der Einsichtsunfähigen zu sehen.

Nachdem die Rechtsprechung also in den 60er Jahren eine erste Bresche in die allgemeine Freistellung der Einsichtsunfähigen von der gardien-Haftung geschlagen hatte, konnte man gespannt sein, ob eine weitere stufenweise Entwicklung in diesem Sinne ins Werk gesetzt würde. Es ist insbesondere nicht zu verkennen, daß schon damals viele Eltern eine Haftpflichtversicherung zur Deckung der von ihren Kindern angerichteten Schäden abgeschlossen hatten. Die Versicherungsgeber waren bereits in vielen Prozessen direkt als Beklagte beteiligt. Indes lassen sich daraus solange noch keine allgemeinen Folgerungen für die Fortentwicklung des Haftungsrechts ziehen, wie der Versicherungsschutz nicht obligatorisch ist bzw. Versicherte und Nichtversicherte vom Gesetz gleich behandelt werden. Denn eine Haftungserweiterung aus solchen Erwägungen würde die Situation der Nichtversicherten außer Acht lassen. Über die faktisch-psychologische Beeinflussung der Richter im Einzelfall, wenn auf der Beklagtenseite eine Haftpflichtversicherung steht, kann nur spekuliert werden.

Die sich ankündigende schrittweise Entwicklung der Rechtsprechung erfuhr aber eine jähe Unterbrechung durch die Schaffung des nicht nach Fallgruppen und Interessenkonflikten differenzierenden Art. 489-2 C.c., der Geisteskranke allgemein der Haftung unterwarf.

III. Die Schaffung des Art. 489-2 C.c.

Am 3.1.1968 trat der bereits oben analysierte Art. 489-2 C.c. in Kraft, der die allgemeine Schadensersatzhaftung der Geistesgestörten schuf. Während die Auswirkungen dieser Regelung auf die Verschuldenshaftung gemäß Artt. 1382, 1383 C.c. intensiv und kontrovers diskutiert wurden[61], ging man im Bereich der gardien-Haftung - insoweit die durch den arrêt Trichard und die nachfolgenden Urteile geschaffene Rechtslage weiterentwickelnd - wie selbstverständlich davon aus, daß Geistesgestörte nun auch dann der gardien-Haftung ausgesetzt sind, wenn sie die schadenstiftende Sache schon im Zustande der Geistesstörung in Gebrauch genommen haben[62], obwohl ja die Begriffsmerkmale der garde (usage, direction und contrôle) die gleichen geblieben sind[63]. Es ist wohl auch auf die weite Formulierung des Art. 489-2

[61] Siehe oben S. 59 ff.

[62] Cass.civ.II, 2.4.1979, Bull.civ.II, Nr. 111 = D. 1980, I.R. 37, obs. Larroumet; Flour/Aubert, Nr. 766, S. 293; Denis in: J.Cl., Fasc. 150-2, Nr. 60.

[63] Kritisch daher Legeais, D. 1984, Chr. 241; für die Vereinbarkeit mit der Definition der garde aber Mazeaud/Chabas, Leçons, t. II.1, Nr. 522, S. 556.

C.c. zurückzuführen, daß in vielen nach seinem Inkrafttreten erschienen Aussagen das oben als voreilig befundene weite, undifferenzierte Verständnis des arrêt Trichard anzutreffen ist, so als ob er sich nicht von der durch Art. 489-2 C.c. geschaffenen Lösung unterschiede[64].

Es war jedoch genau wie im Rahmen der Haftung für faute gemäß Artt. 1382, 1383 C.c. höchst fraglich, ob Art. 489-2 C.c., dessen Wortlaut ja nur die Geistesgestörten nennt, auch zur gardien-Haftung der infantes führen würde. Die Diskussion um die Auswirkungen des Art. 489-2 C.c. auf die haftungsrechtliche Situation der infantes wurde weitgehend ohne Differenzierung zwischen den Anspruchsgrundlagen der Artt. 1382, 1383 C.c. einerseits und des Art. 1384 Abs.1, 2. Alt. C.c. andererseits geführt, so daß insoweit auf die Analyse dieser Diskussion im Rahmen der Haftung für faute[65] verwiesen werden kann.

Der Kassationshof äußerte sich zu dieser Frage in dem Urteil vom 7.12. 1977, das gleichzeitig im Hinblick auf die Haftung für faute richtungsweisend war[66].

IV. Das Urteil des Kassationshofs vom 7.12.1977

Ein Kind hatte sich zu Hause ein Streichholz beschafft, sich in die Nähe eines Heuschobers begeben und das angezündete Streichholz in die Luft geworfen. Das Berufungsgericht lehnte die persönliche Haftung des Kindes ab, und zwar sowohl die Haftung für faute gemäß Artt. 1382, 1383 C.c.[67] als auch die gardien-Haftung. Dies wurde vom Kassationshof bestätigt. Die Urteilsformulierung provozierte aber Zweifel über die dogmatische Einordnung der Entscheidung. Sie scheint nämlich in ihrer Begründung zwischen den beiden Anspruchsgrundlagen zu trennen:

"Mais attendu ... que la Cour d'appel en déduit, d'une part, que le discernement du mineur n'était pas démontré et, d'autre part, qu'il n'était pas gardien des allumettes; - Attendu qu'en l'état de ces constatations la Cour d'appel a pu estimer que la responsabilité de ce mineur n'était engagée ni sur le fondement de l'article 1382 du Code civil ni sur celui de l'article 1384, alinéa 1er du même code; ..."

---

[64] Larroumet, obs. D. 1978, I.R. 205; Durry, obs. Rev.trim.dr.civ. 1978, S. 654; Wibault, obs. J.C.P. 1980.II.19339 unter II; Jourdain, Imputabilité II, Nrn. 430-431, S. 457-459; ders., obs. J.C.P. 1984.II.20256 unter I.A.

[65] Siehe oben S. 59 ff.

[66] Siehe oben S. 71 f.

[67] Ebenda.

Daraus schlossen manche, daß die gardien-Haftung gerade nicht mangels discernement, sondern aus anderen, im Urteil nicht benannten Gründen abgelehnt worden sei. Durry meinte, das Ergebnis ergebe sich daraus, daß die Mutter gardienne der Streichhölzer geblieben sei, so daß die Entscheidung keinen über die Einzelfallentscheidung hinausgehenden theoretischen Wert habe[68]. Andere stützten das Ergebnis auf das bei kleinen Kindern notwendige Bestehen der elterlichen Aufsicht, die der für die garde erforderlichen selbständigen Verfügungsgewalt des Kindes über die Sache entgegenstehe[69]. Eine dritte Erklärung ging dahin, daß nicht die psychische Kategorie der Einsichtsfähigkeit, sondern die noch nicht hinreichend vorhandenen physischen Kräfte die Zuerkennung der garde verhinderten[70].

Es fällt auf, daß fast alle dieser Stellungnahmen[71] auf dem oben abgelehnten weiten Verständnis des arrêt Trichard beruhen. Die Ablehnung der gardien-Haftung des Kindes mangels discernement sei nämlich mit dem arrêt Trichard nicht zu vereinbaren, der doch schon allgemein die gardien-Haftung Geisteskranker anerkannt habe. Die ersatzweise angebotenen Begründungen beruhen aber zum Teil auf einem Zirkelschluß. Denn die besondere Aufsichtsbedürftigkeit des Kindes und die daraus folgende gardien-Eigenschaft der Mutter wird letztlich gerade wegen der noch nicht hinreichend ausgebildeten Einsichtsfähigkeit des Kindes postuliert. Im Ergebnis ist dem Urteil vom 7.12.1977 daher doch die Überlegung zu entnehmen, daß die gardien-Haftung von Kindern deren Einsichtsfähigkeit voraussetzt.

Ein weiteres Urteil des Kassationshofs vom 4.2.1981[72] bestätigt diese Sichtweise. Ein Kind hatte mit einer Schleuder einen Stein auf ein anderes Kind geschossen. Das Berufungsgericht hatte die gardien-Haftung des Schützen auf seine hinreichende Einsichtsfähigkeit sowie auf die von ihm ausgeübten Fähigkeiten der direction und contrôle über Schleuder und Stein gestützt. Der Kassationshof verwarf die dagegen gerichtete Kassationsbeschwerde.

Das gleiche Ergebnis hatte übrigens schon vor dem Urteil des Kassationshofs vom 7.12.1977 in einem jener Entscheidung ähnlichen Fall die Cour d'appel de Reims erzielt, indem sie die Eltern eines kleinen Kindes zu gardiens der Streichhölzer erklärten, die sie nicht außerhalb der Reichweite des

---

[68] Durry, obs. Rev.trim.dr.civ. 1978, S. 654.

[69] Larroumet, obs. D. 1978, I.R. 205; Warembourg-Auque, S. 343 ff. (346), Nrn. 19 ff. (22).

[70] Jourdain, Imputabilité II, Nrn. 451 f., S. 476 f.

[71] Bis auf Warembourg-Auque, siehe oben in der vorletzten Fußnote.

[72] Cass.civ.II, 4.2.1981, G.P. 1981.2, Pan. 206.

Kindes gelagert hatten[73]. Das Kind hatte sich der Streichhölzer bemächtigt, mit denen ein anderes Kind dann Stroh anzündete.

Nach dem 7.12.1977 erklärten auch zwei Entscheidungen der Cour d'appel de Paris das discernement zur Voraussetzung der gardien-Haftung von Kindern[74]. Entgegengesetzt entschied nur das Tribunal de grande instance de Tours, das einem 8jährigen Mädchen die garde über ein Messer zusprach, mit dem das Mädchen bei einer Pfadfinderveranstaltung eine Gefährtin verletzt hatte[75].

Die Rechtsprechung des Kassationshofs und weitgehend auch der Untergerichte hatte sich also trotz des arrêt Trichard und trotz des neuen Art. 489-2 C.c. gegen die gardien-Haftung noch einsichtsunfähiger Kinder ausgesprochen. In dieser Hinsicht lief die gardien-Haftung mit der Haftung für faute gemäß Artt. 1382, 1383 C.c.[76] parallel. Obwohl nun Klarheit zu herrschen schien, überraschte der Kassationshof mit seinen Grundsatzurteilen vom 9.5.1984, die plötzlich die entgegengesetzten Lösungen schufen.

V. Der arrêt Gabillet vom 9.5.1984

1. Darstellung und Auslegung des Urteils

Neben den bereits oben analysierten Entscheidungen[77] fällte die Assemblée plénière des Kassationshofs am 9.5.1984 auch ein Urteil zur gardien-Haftung eines kleinen Kindes[78]. Der 2 1/2-jährige[79] Eric Gabillet hatte mit seinem Spielkameraden eine Wippe gebaut. Bei deren Benutzung brach jedoch das Brett durch, und Eric fiel herunter. Im Fallen stach er seinem Freund mit einem Stock ein Auge aus. Bereits das Berufungsgericht kam zur gardien-Haftung des kleinen Eric: "... le jeune Gabillet en avait, alors, en toute liberté, l'usage, la direction et le contrôle d'ailleurs élémentaires"[80].

---

[73] Reims, 3.7.1975, J.C.P. 1976.IV.158, re.Sp.

[74] Paris, 7e ch., 10.12.1982, Juris Data (eine auf Computer gespeicherte juristische Datenbank), Nr. 28416 und 14.12.1982, Juris Data, Nr. 28419, zitiert von Denis, in: J.Cl., Fasc. 150-2, Nr. 65.

[75] Trib.gr.inst. Tours, 13.11.1980, J.C.P. 1981.IV.370.

[76] Dazu oben S. 71 ff.

[77] Siehe oben S. 101 ff.

[78] Arrêt Gabillet, Bull.civ. 1984, Ass.plén., Nr. 1 = D. 1984.J.529 (3. Urteil), concl. Cabannes (S. 525 ff.), note Chabas = J.C.P. 1984.II.20255, 1. Fall, note Dejean de la Batie; obs. Huet, Rev.trim.dr.civ. 1984, S. 508; dazu auch Legeais, D. 1984, Chr. 237.

[79] Altersangabe nach Legeais, D. 1984, Chr. 237; in der veröffentlichten Fassung des Urteils ist von 3 Jahren die Rede.

[80] Agen, 12.5.1980, insoweit zitiert bei Legeais, D. 1984, Chr. 241, Fn. 26.

Die Eltern rügten mit ihrer Kassationsbeschwerde in Anlehnung an einen Teil der Begründung des arrêt Escoffier vom 28.4.1947, daß die Zurechnung einer "responsabilité présumée" die Einsichtsfähigkeit voraussetze. Sie stellten nicht darauf ab, daß einem noch einsichtsunfähigen Kind noch nicht direction und contrôle über eine Sache zugesprochen werden könne.

Der Kassationshof wiederholt nur kurz und bündig die Subsumtion des Berufungsgerichts unter die Begriffsmerkmale der garde und fügt hinzu, daß das Berufungsgericht trotz des sehr jungen Alters des Kindes nicht gehalten gewesen sei, dessen Einsichtsfähigkeit nachzuprüfen:

"Mais attendu qu'en retenant que le jeune Eric avait l'usage, la direction et le contrôle du bâton, la Cour d'appel qui n'avait pas, malgré le très jeune âge de ce mineur, à rechercher si celui-ci avait un discernement, a légalement justifié sa décision; ..."

Für die Auslegung dieses Urteils stellt sich wegen der fast identischen Formulierungen das gleiche Problem wie in den Entscheidungen vom selben Tag zur faute im Rahmen der Artt. 1382, 1383 C.c.: Ist das Kriterium der Einsichtsfähigkeit aufgegeben worden, oder handelt es sich möglicherweise nur um einen Hinweis auf die Beweispflichtigkeit der Prozeßparteien unter Ausschluß der richterlichen Prüfung von Amts wegen? Legeais nimmt gerade den arrêt Gabillet zum Anlaß, auf die zweitgenannte Interpretationsmöglichkeit hinzuweisen[81]. Es ist indes bereits eingehend dargelegt worden, daß sich dieses Verständnis der Urteile vom 9.5.1984 nicht halten läßt[82].

Eine gewisse Vorsicht bei der Auslegung des arrêt Gabillet ist dennoch angebracht. Es steht zwar jetzt fest, daß die Einsichtsfähigkeit keine notwendige Voraussetzung der gardien-Haftung mehr ist. Trotzdem ist damit noch nicht gesagt, daß bei Schädigungen durch von infantes bewegte Sachen diese automatisch gardiens sind. Die Intensität der Aufsichtsführung durch die Eltern kann hier durchaus noch eine Rolle spielen. Je intensiver ein Kind beaufsichtigt und im Hinblick auf sein Verhalten angeleitet wird, desto eher kommt die direkte gardien-Haftung der Eltern bzw. anderer Aufsichtspersonen in Betracht. Im Fall Gabillet war das Kind offenbar unbeaufsichtigt, denn das Berufungsgericht hatte die Subsumtion unter die Begriffsmerkmale der garde damit begründet, daß das Kind in voller Freiheit usage, direction und contrôle über den schadenstiftenden Stock gehabt habe[83].

Im übrigen ist zu berücksichtigen, daß die Rechtsprechung selbst bei bereits einsichtsfähigen Kindern auch heute noch manchmal zur direkten

---

[81] Legeais, D. 1984, Chr. 240.

[82] Siehe oben S. 109 ff.

[83] Agen, 12.5.1980, insoweit zitiert bei Legeais, D. 1984, Chr. 241, Fn. 26.

Haftung der Aufsichtsperson kommt, und zwar immer dann, wenn den Aufsichtspersonen das Herbeiführen der Gefahrenlage eher zuzurechnen ist als den Kindern, auch wenn diese Erwägung nicht offen ausgesprochen wird[84]. Es bleibt abzuwarten, ob sich solche Differenzierungen auch bei Schädigungen durch infantes herausbilden werden.

2. Die Elternhaftung als vorgelagerter Schutzwall?

Der persönlichen gardien-Haftung der infantes wird dadurch etwas an Schärfe genommen, daß die Elternhaftung gemäß Art. 1384 Abs. 4 C.c.[85] seit einem Urteil des Kassationshofs vom 10.2.1966[86] auch an die persönliche gardien-Haftung ihres Kindes angeknüpft wird. Die Geschädigten nehmen daher in der Regel nur die Eltern des Schädigers in Anspruch. Das kann indes auch anders sein. Gerade im Fall Gabillet etwa lagen offenbar die weiteren Voraussetzungen der Elternhaftung nicht vor, und möglicherweise hat sich der Kläger nur deshalb auf die persönliche gardien-Haftung des Kindes berufen. Denn ausweislich der Schilderung des Prozeßverlaufs im arrêt Gabillet waren die Eltern Gabillet in erster Instanz ausschließlich auf der Grundlage des Art. 1384 Abs. 4 C.c. verklagt worden, und die Kläger sind offenbar erst in zweiter Instanz auf die persönliche gardien-Haftung des Kindes übergegangen[87]. Man sollte also die praktische Relevanz des arrêt Gabillet nicht unterschätzen.

3. Ausblick

Resümierend bleibt festzuhalten, daß der arrêt Gabillet die Einsichtsfähigkeit als Voraussetzung der persönlichen gardien-Haftung von Kindern abgeschafft hat. Es ist aber zu berücksichtigen, daß der Kassationshof dieses Urteil im Zusammenhang mit den anderen Entscheidungen vom selben Tag als Appell an den Gesetzgeber zur Schaffung einer obligatorischen Haftpflichtversicherung der Eltern für die von ihren Kindern angerichteten Schäden gemeint haben könnte, so daß er seine extrem strenge Rechtsprechung möglicherweise nur als Zwischenstadium auf dem Weg zu der von ihm tatsächlich favorisierten Lösung ansieht, die er mangels Gesetzgebungs-

---

[84] Siehe dazu näher unten S. 153 ff.

[85] Dazu bereits oben S. 91 ff., 122 ff.

[86] Cass.civ.II, 10.2.1966, D. 1966.J.335, concl. Schmelck = J.C.P. 1968.II.15506, note Plancqueel; siehe dazu noch unten S. 152 f. (Fn. 108).

[87] Obs. Dejean de la Batie, J.C.P. 1984.II.20255, Fn. 1.

kompetenz für die Versicherungslösung nicht allein verwirklichen kann[88]. Wie schon im Rahmen der Haftung für faute gemäß Artt. 1382, 1383 C.c. stellt sich auch hier die Frage, ob an Stelle der Ergänzung nicht eine generelle Ersetzung der haftungsrechtlichen durch eine rein versicherungsrechtliche Lösung angebracht wäre[89]. Denn die strenge gardien-Haftung der infantes erweckt auch dogmatisch starke Bedenken, wenn man an der traditionellen Definition der garde (usage, vor allem aber direction und contrôle) festhält, wie es der Kassationshof im arrêt Gabillet tut[90].

Solange der Gesetzgeber keine Pflichtversicherung einführt, ist ferner zu beachten, daß sich bei der gardien-Haftung im Gegensatz zur Haftung für faute nicht der alterstypischen Sorgfaltsmaßstab als alternatives Schutzinstrument zur Erhaltung eines gewissen haftungsrechtlichen Freiraums anbietet. Denn bei der gardien-Haftung kommt es weder auf ein sorgfaltswidriges Verhalten des gardien an, noch kann er sich durch den Nachweis ordnungsgemäßen Verhaltens entlasten. Nach dem arrêt Gabillet bleibt gemäß dem oben Gesagten lediglich die Möglichkeit, aus einer besonders intensiven Aufsicht über das Kind zur Zeit der Schädigung die direkte gardien-Haftung der Aufsichtsperson abzuleiten.

Man wird auch aufmerksam die Reaktion der Untergerichte auf den arrêt Gabillet verfolgen müssen. Ihr Widerstand hat schon andere Grundsatzentscheidungen des Kassationshofs in Frage gestellt und damit bei deren Überwindung mitgewirkt[91]. Allerdings muß man den Urteilen der Assemblée plénière vom 9.5.1984 besonders hohes Gewicht beimessen, weil es sich hier um das höchste Gremium des Kassationshofs handelt, während die angesprochenen früheren Entscheidungen stets Sonderwege der zweiten Zivilkammer und teilweise sogar innerhalb des Kassationshofs umstritten waren. Immerhin hat die Cour d'appel de Lyon in einem obiter dictum angedeutet, daß sie das discernement weiterhin für eine Voraussetzung der gardien-Haftung hält[92].

---

88 Siehe oben S. 112 f.

89 So Viney, J.C.P. 1985.I.3189, insbes. Nrn. 16 ff., 22 ff.; Weill/Terré, Nr. 631 a.E., S. 643.

90 Legeais, D. 1984, Chr. 237 ff., 241; Viney, J.C.P. 1985, I.3189, Nr. 13: Goldman, S. 214 f.

91 Siehe unten S. 167 ff. zur Lehre vom anspruchsmindernden "fait non fautif de la victime" sowie zum arrêt Desmares.

92 Lyon, 16.11.1989, D. 1990.J.207, note Vialard (Das Urteil wird dadurch allerdings in sich widersprüchlich, weil das Gericht zwei 11- und 12jährige Jungen zu cogardiens der von ihnen benutzten Streichhölzer erklärte, das discernement aber nur im Hinblick auf einen Jungen ausdrücklich bejahte: "Attendu que ... les deux mineurs ... avaient collectivement l'usage, la direction et le contrôle des allumettes ...; que leur responsabilité se trouve engagée alors qu'au surplus il peut être relevé que Frédéric Roux avait un discernement suffisant; ...").

C. Die gardien-Haftung der bereits einsichtsfähigen Kinder

Im Vergleich zur Situation der infantes leuchtet es eher ein, den bereits einsichtsfähigen Kindern die garde über die von ihnen benutzten Sachen zuzuordnen. Denn ihr höherer Entwicklungsstand läßt sich mit der Zuerkennung von direction und contrôle über die schadenstiftende Sache besser vereinbaren.

Daher verwundert es auf den ersten Blick etwas, daß die Rechtsprechung bis in die 60er Jahre hinein auch bei Minderjährigen der oberen Altersstufen geneigt war, den Vater als gardien haften zu lassen, wie im folgenden zu zeigen sein wird.

I. Das Rekurrieren auf die direkte gardien-Haftung des Vaters

In einem Urteil vom 15.6.1948[93] hob der Kassationshof die Entscheidung eines Berufungsgerichts[94] auf, das einen 17jährigen zum gardien des ihm gehörenden und von ihm selbst gefahrenen Mofas erklärt hatte. Der Kassationshof forderte eine konkrete Subsumtion unter die Begriffsmerkmale der garde und gab dem nach der Aufhebung und Rückverweisung zuständigen Gericht Prüfungsmaßstäbe mit auf den Weg, die erkennen ließen, daß es dem Kassationshof recht wäre, wenn der Vater zum gardien erklärt würde.

Wegen der Unterordnung des Sohnes unter die Aufsichts- und Erziehungspflicht des Vaters und "éventuellement" wegen des dem Vater bis zur Vollendung des 18. Lebensjahres des Sohnes zustehenden gesetzlichen Nutzungsrechts an dessen Sachen spiele es nämlich keine Rolle, daß der Junge Eigentümer der schadenstiftenden und von ihm benutzten Sache war. Damit war die Vermutung, daß der Eigentümer einer Sache ihr gardien ist, überspielt. Der Kassationshof forderte von vornherein eine konkrete Prüfung, wer zum Zeitpunkt der Schädigung direction und contrôle über die schadenstiftende Sache hatte.

Nach dem traditionellen Verständnis dieser Begriffe im Sinne der tatsächlichen Verfügungsgewalt im eigenen Interesse müßte man indes im Normalfall dennoch zu dem Ergebnis kommen, daß der Fahrer des Mofas dessen gardien war, also vorliegend der Sohn. Eine andere Beurteilung könnte sich nur dann ergeben, wenn er im Auftrag und im Interesse seines Vaters gefahren war[95]. Diese praktischen Ergebnisse hätte man aber auch

[93] D. 1948.J.485, note Ripert = J.C.P. 1949.II.4659, note Savatier.

[94] Besançon, 15.7.1940, D. 1941.J.75, note Ripert = J.C.P. 1941.II.1698, note Rodière = S. 1940.2.35, note H. Mazeaud; obs. H. u. L. Mazeaud, Rev.trim.dr.civ. 1941, S. 272.

[95] Savatier, obs. J.C.P. 1949.II.4659 unter II.b. und c.

erreichen können, wenn man die Vermutung, daß der Eigentümer einer Sache ihr gardien ist, nicht außer Kraft gesetzt hätte. Der Unterschied läge nur in der Beweislast: Während nach der hergebrachten Vermutung der Eigentümer die Übertragung der garde an jemand anders beweisen muß, obliegt es nach dem vorliegenden Urteil des Kassationshofs nunmehr dem Gericht, die konkreten Umstände des Einzelfalls zu würdigen.

Es ist aber sehr zweifelhaft, ob der Kassationshof einen derartigen dogmatischen Aufwand betrieben hat, um im Ergebnis kaum voneinander abweichende Ergebnisse zu erzielen. Der Urteilsaufbau deutet vielmehr darauf hin, daß in der Regel der Vater gardien der von seinem Kind benutzten Sachen sein soll[96]. Indem der Kassationshof sich jedoch auf die Erforderlichkeit der konkreten Prüfung im Einzelfall zurückzieht, ohne den Tatrichtern die dafür benötigten Prüfungsmaßstäbe anzugeben, läßt er sein konkretes Vorstellungsbild von der Lösung derartiger Fälle im Dunkeln. Einen allgemeinen Leitsatz des Inhalts, daß stets der Vater gardien der von seinem Kind benutzten Sachen ist, hat er jedenfalls in der vorliegenden Entscheidung nicht aufgestellt. Er kommt offenbar nicht umhin, die mit steigendem Alter zunehmende Unabhängigkeit und Selbständigkeit des Kindes beim Gebrauch gerade seiner eigenen Sachen in gewissem Maße anzuerkennen.

Das Urteil veranlaßte einige Untergerichte, den Vater zum gardien der von seinem Kind benutzten Sachen zu erklären[97]. Das Tribunal civil de Metz knüpfte dabei an die vom Kassationshof gewählte Methode an, die Vermutung zu überspielen, daß das Kind als Eigentümer der schadenstiftenden Sache deren gardien ist. Das Gericht faßte kurzerhand die dem Kind gehörenden Gegenstände unter die zur "communauté familiale" zählenden Objekte, für die der Vater der vermutete gardien sei[98]. Bemerkenswert ist, daß dem Vater andererseits im Rahmen der Elternhaftung gemäß Art. 1384 Abs. 4 C.c. der Entlastungsbeweis nach Abs. 7 dieser Norm zugestanden wurde, weil er seiner gut erzogenen und normal entwickelten 14jährigen Tochter das Fahrradfahren habe erlauben dürfen. Hier wurde also die vom Gesetz-

---

[96] Esmein, note D. 1948.J.486.

[97] Nancy, 5.10.1955, J.C.P. 1956.IV.4: Obwohl sein Kind allein mit einem Ball gespielt hatte, der auf die Straße geraten war und einen Verkehrsunfall verursachte, sei der Vater gardien des ihm gehörenden Balles geblieben, weil er "surveillance et contrôle" über den Ball behalten habe. Vgl. auch Grenoble, 14.1.1954, D. 1954.J.445: Die Vormünder eines 13jährigen seien gardiens des Fahrrades gewesen, mit dem der Junge einen Zusammenstoß mit einem anderen Fahrrad verursacht hatte. Begründung: "... la puissance paternelle exercée par eux sur ce dernier, plaçait de plein droit sous leur direction la bicyclette qu'ils lui avaient confiés; ... ils exerçaient au moment de l'accident tous les pouvoirs de direction et de contrôle qui caractérisent le gardien; ..."

[98] Trib.civ. Metz, 13.4.1956, J.C.P. 1956.IV.172.

geber eigentlich für solche Fälle vorgesehene Regelung durch die extensive Anwendung der gardien-Haftung überspielt.

Zu dieser Lösung neigte auch die Cour d'appel de Chambéry in ihrem Urteil vom 27.4.1953[99]. Ein 11jähriger hatte im Beisein eines Freundes mit einem Hammer auf eine Metallstange geschlagen. Dabei war ein kleiner Metallsplitter in das Auge des Freundes gelangt. Die allein eingeklagte Haftung des Vaters gemäß Art. 1384 Abs. 4 C.c. wurde abgelehnt, weil ihm der Entlastungsbeweis nach Abs. 7 dieser Norm gelungen sei. Die Handlung des Kindes sei seinem Alter angemessen und nicht zu unterbinden gewesen. Obwohl die direkte gardien-Haftung des Vaters nicht Prozeßgegenstand war, wies das Gericht in einem obiter dictum auf diese Möglichkeit hin.

Der Grund für die hier zu Tage tretenden Friktionen liegt in dem schwierigen Verhältnis der richterrechtlich entwickelten, die ursprüngliche Gesetzeskonzeption sprengenden gardien-Haftung zur Elternhaftung gemäß Art. 1384 Abs. 4 C.c.. Nach dem damals vorherrschenden Verständnis konnte diese Norm nämlich nicht an die gardien-Haftung des Kindes angeknüpft werden, weil man damit unzulässigerweise verschiedene Anspruchsgrundlagen kumuliere[100] und die Vermutung des Aufsichts- und Erziehungsverschuldens zulasten der Eltern nur im Falle eines vorwerfbaren, zumindest rechtswidrigen Verhaltens des Kindes sinnvoll sei[101]. Da man dem Geschädigten aber gern einen solventeren Schuldner als das Kind verschaffen wollte[102], suchte man nach anderen Wegen, um zur direkten Haftung des Vaters zu kommen. Das herkömmliche Verständnis der garde erlaubte hier aber keine großen Sprünge, wie das soeben dargestellte Urteil des Kassationshofs vom 15.6.1948 belegt.

Um aus dieser Sackgasse herauszukommen, ging der Kassationshof schließlich doch dazu über, die Elternhaftung gemäß Art. 1384 Abs. 4 C.c. auch an die gardien-Haftung des Kindes anzuknüpfen, nachdem er zuvor bereits zögerlich deren Bejahung erleichtert hatte[103]. Dies ist im folgenden aufzuzeigen.

---

[99] D. 1953.J.652.

[100] Dieses Argument überzeugt nicht, siehe Aden, S. 119.

[101] Esmein in Aubry/Rau VI, 6. Aufl., § 447, S. 555; ders. in Planiol/Ripert VI, Nr. 632, S. 891; Lalou, Nr. 986 bis, S. 595 f.; Hagopian, G.P. 1941.1, Doctr., S. 9; so auch das berufungsgerichtliche Urteil vor dem soeben analysierten Urteil des Kassationshofs: Besançon, 15.7.1940, D. 1941.J.75, note Ripert = J.C.P. 1941.II.1698, note Rodière = S. 1940.2.35, note H. Mazeaud; obs. H. u. L. Mazeaud, Rev.trim.dr.civ. 1941, S. 272.

[102] So unverblümt Schmelck, concl., D. 1966.J.334.

[103] Siehe sogleich unter II.

II. Die gardien-Haftung der Kinder

Den ersten Schritt hin zur erleichterten Anerkennung der gardien-Haftung bereits einsichtsfähiger Minderjähriger machte der Kassationshof mit einem Urteil vom 14.3.1963[104]. Ein 20jähriger[105] verursachte mit einem seinen Eltern gehörenden Mofa einen Verkehrsunfall. Der Kläger nahm seine Eltern direkt als gardiens des Mofas in Anspruch. Das Berufungsgericht wies die Klage ab, weil der Sohn das Mofa zur freien Verfügung hatte, so daß man den Eltern zur Zeit der Schädigung nicht direction und contrôle über das Fahrzeug zusprechen könne. Die Kassationsbeschwerde rügte, die Argumentation des Kassationsurteils vom 15.6.1948 aufgreifend, daß die Gebrauchsüberlassung einer Sache an eine Person, für die man gesetzlich verantwortlich ist, in der Regel nicht zur Übertragung der garde führen könne.

Der Kassationshof nahm diesen Fall zum Anlaß, die Erwägungen im Urteil vom 15.6.1948 aufzugeben. Das Bestehen der elterlichen Aufsichts- und Erziehungspflicht stehe der Ausübung von direction und contrôle über eine Sache durch das Kind nicht entgegen, sofern es bereits einsichtsfähig sei. Aus diesen Erwägungen bestätigte der Kassationshof das berufungsgerichtliche Urteil.

In diesem Sinne entschied auch die Cour d'appel de Douai am 25.3.1964[106], die den Vätern zweier 14 1/2- und 13 1/2-jähriger Jungen die garde über das von den Jungen benutzte Luftgewehr absprach.

Ein weiteres Urteil des Kassationshofs vom 21.1. 1965[107] war aber wieder wesentlich zurückhaltender: Ein 18jähriger Fahrer eines seinem Vater gehörenden Motorrollers war mit einem Mofa kollidiert. Das Berufungsgericht lehnte die eingeklagte gardien-Haftung des Jungen ab, weil der Vater wegen seines Eigentums an dem Fahrzeug als gardien vermutet werde und eine Übertragung der garde nicht bewiesen worden sei. Der Kassationshof bestätigte dieses Urteil. Der Sachverhalt lag allerdings etwas anders als im Urteil vom 13.3.1963, weil dort feststand, daß der Sohn das Mofa zur freien Verfügung hatte.

Der endgültige Durchbruch bei der Anerkennung der gardien-Haftung bereits einsichtsfähiger Kinder wurde erst möglich, als der Kassationshof es schließlich auch zuließ, die Elternhaftung gemäß Art. 1384 Abs. 4 C.c. daran

[104] Cass.civ.II, 14.3.1963, D. 1963.J.500 = G.P. 1963.2.117; obs. Tunc, Rev.trim.dr.civ. 1966, S. 117.

[105] Die Volljährigkeit begann damals erst mit der Vollendung des 21. Lebensjahres.

[106] J.C.P. 1965.II.14174.

[107] Cass.civ.II, 21.1.1965, Bull.civ.II, Nr. 61, S. 43.

anzuknüpfen, und zwar wiederum im Falle eines diesmal 15jährigen Mofafahrers[108]. Denn nun hatte der Geschädigte auch bei der Bejahung der gardien-Haftung des Kindes in der Regel einen weiteren, solventeren Anspruchsgegner.

Seitdem hat die Rechtsprechung keine Schwierigkeiten mehr, bereits einsichtsfähigen Kindern die garde über die von ihnen benutzten Sachen zuzuordnen. Das ist neben dem oben schon mehrfach angetroffenen Standardsachverhalt des Mofafahrens[109] entschieden worden für Fahrradfahrer[110], für den Gebrauch von Knallkörpern[111], Raketen[112] und Streichhölzern[113], für die Benutzung eines Luftgewehrs durch einen 14 1/2-jährigen[114]; für das Spielen mit Pfeil und Bogen[115] sowie mit einem Ball[116]; für die Verwendung von Skiern[117], den Gebrauch einer Schleuder[118], eines Messers[119], ja sogar für das bloße Wegtreten einer auf dem Boden liegenden, von einem anderen weggeworfenen Flasche[120].

Es gibt indes immer noch Urteile, in denen Aufsichtspersonen zu gardiens der von Kindern benutzten Sachen erklärt wurden. Hier sind zunächst diejenigen Fälle zu nennen, in denen die Kinder zur Zeit der Schädigung intensiv beaufsichtigt wurden. Der Kassationshof hat so in einem Fall entschieden, in dem ein Kind während einer Fahrradtour, die seine Ferienko-

[108] Arrêt Gesbaud, Cass.civ.II, 10.2.1966, D. 1966.J.335, concl. Schmelck (S. 332 ff.) = J.C.P. 1968.II.15506, note Plancqueel; zur Infragestellung des Rechtsgrundes der Elternhaftung (vermutetes Aufsichts- und Erziehungsverschulden) durch diese Entscheidung siehe oben S. 125.

[109] Cass.civ.II, 15.1.1975, Bull.civ.II, Nr. 12, S. 10.

[110] Chambéry, 12.11.1985, D. 1986.J.201, note Chabas (ein 8jähriges Mädchen); Bordeaux, 8.3.1977, G.P. Table 1977-79, 2, Responsabilité civile, S. 583, Nr. 656 (ein 10jähriger Junge); ohne Altersangabe auch Cass.civ.II, 6.4.1987, Bull.civ.II, S. 50.

[111] Cass.civ.II, 5.3.1970, Bull.civ.II, Nr. 84, S. 66.

[112] Cass.civ.II, 17.10.1990, J.C.P. 1990.IV.403 (ein 13jähriger).

[113] Cass.civ.II, 23.2.1977, Bull.civ.II, Nr. 41, S. 31 = D. 1977, I.R. 325, obs. Larroumet; 1.4. 1981, Bull.civ.II, Nr. 54 = G.P. 1981.2, Pan. 317 (7jährige Kinder); Lyon, 16.11.1989, D. 1990.J, 207, note Vialard (zwei 11- und 12jährige Jungen).

[114] Trib.gr.inst. St.Etienne, 15.5.1974, G.P. 1976.1, Somm. 109.

[115] Cass.civ.II, 7.11.1988, Bull.civ. II, Nr. 214, S. 116.

[116] Cass.civ.II, 7.7.1967, Bull.civ.II, Nr. 252 (hier war der Vater sogar Eigentümer des Balles; das Gericht nahm aber einen transfert der garde an).

[117] Cass.civ.II, 19.11.1980, G.P. 1981.1, Pan. 95.

[118] Cass.civ.II, 4.2.1981, G.P. 1981.2, Pan. 206.

[119] Trib.gr.inst. Tours, 13.11.1980, J.C.P. 1980.IV.370 (es handelte sich um ein 8jähriges Mädchen, wobei das Gericht abweichend von der damals herrschenden Rechtsprechung sogar ausdrücklich auf das Erfordernis des discernement verzichtete).

[120] Cass.civ.II, 10.2.1982, J.C.P. 1983.II.20069, note Coeret.

lonie organisiert und überwacht hatte, mit dem ihm zur Verfügung gestellten Fahrrad hingefallen und dadurch zu Schaden gekommen war[121]. Ein berufungsgerichtliches Urteil sah in dem Reitlehrer den gardien eines Pferdes, das mit der 12jährigen Reitschülerin auf dem Rücken beim gemeinsamen Ritt plötzlich ausgerissen war, so daß das Mädchen herabfiel und sich verletzte[122].

Das gleiche Ergebnis findet sich in einer Entscheidung, die die Mutter eines beim Indianerspiel von einem spitzen Pfeil im Auge getroffenen Kindes zur gardienne von Pfeil und Bogen erklärte, mit denen ein Spielkamerad des Opfers geschossen hatte. Die Kinder spielten im Garten der Mutter. Diese befand sich allerdings zur Zeit der Schädigung im Haus. Dennoch erkannte der Kassationshof ihr die garde zu, denn die Sachen standen im Eigentum der Mutter, und sie hatte den Kindern ausdrücklich verboten, mit spitzen, ungeschützten Pfeilen zu schießen. Daher habe sie das "commandement intellectuel" des Spiels und die Aufsicht behalten, auch wenn der Schütze der "détenteur matériel" von Pfeil und Bogen gewesen sei[123]. Nach dieser Begründung wäre die Mutter offenbar nicht gardienne gewesen, wenn sie überhaupt keine Ermahnungen zum vorsichtigen Ungang mit Pfeil und Bogen gegeben hätte, weil sie dann nicht mehr das "commandement intellectuel" innegehabt hätte. Der Aufsichtsperson gereicht es also haftungsrechtlich zum Nachteil, daß sie besondere Vorsichtsmaßnahmen getroffen hat. Das befremdet. Die maßgebliche Erwägung des Gerichts dürfte indes darin gelegen haben, daß die Mutter des verletzten Kindes die schadenstiftende Sache selbst in den Verkehr gebracht hat.

Die Cour d'appel de Caen[124] erklärte Großeltern zu gardiens einer Bombe aus dem Zweiten Weltkrieg, die sich mit ihrem Wissen in ihrem Keller befand und mit der ihr 8jähriger Enkel zur Zeit der Schädigung spielte. Durch das Hantieren mit der Bombe explodierte diese, so daß der 10jährige Bruder unterhalb des Knies schwer verletzt wurde. Die Großeltern hatten das Spielen im Keller erlaubt.

Hier zeigt sich, daß die gardien-Haftung flexibel gehandhabt wird, um der jeweiligen Interessenlage im Einzelfall gerecht zu werden. Es liegt die Vermutung nahe, daß die zitierten Entscheidungen von der Erwägung geprägt waren, den Aufsichtspersonen sei das Herbeiführen der Gefahrenlage eher zuzurechnen als den Kindern, obwohl sie die unmittelbare Sachherrschaft vor dem schädigenden Ereignis an die Kinder abgegeben bzw. diese sich der

121 Cass.civ.II, 5.5.1978, Bull.civ.II, Nr. 121, S. 98 = J.C.P. 1979.II.19066.

122 Versailles, 9.9.1988, D. 1988, I.R. 266.

123 Cass.civ.II, 23.11.1978, Bull.civ.II, Nr. 251, S. 192.

124 Urteil vom 4.2.1988, D. 1989.J.295, note Prieur.

Sache bemächtigt hatten. Damit werden in diesen Fällen die alterstypischen Reifemängel Minderjähriger berücksichtigt.

Die Herbeiführung der Gefahrenlage geht aber über die traditionellen Kriterien der garde hinaus, die nur auf die schadenstiftende Sache selbst und nur auf den Augenblick des schädigenden Ereignisses bezogen sind. Damit kommt trotz der formalen Anwendung des traditionellen Systems der gardien-Haftung letztlich ein anderer Gesichtspunkt zum Tragen. Solange man allerdings in diesem Bereich an den traditionellen Kriterien der garde festhält, wäre es dogmatisch überzeugender, das Abstellen auf die Herbeiführung der Gefahrenlage offenzulegen und auf die Verschuldenshaftung der Artt. 1382, 1383 C.c. zu stützen. Daß aber auch die gardien-Haftung selbst flexibel genug ist, die Herbeiführung der Gefahrenlage als haftungsauslösenden Faktor offen anzuerkennen, zeigt sich bei der Differenzierung in die garde de la structure und die garde du comportement, die für Sachen mit gefährlicher Eigendynamik entwickelt wurde[125]. Dort ist es allerdings auch vom Begrifflichen her zu einer Neuorientierung der gardien-Haftung gekommen. Es bleibt abzuwarten, ob das französische Recht auch bei den von Kindern verursachten Schädigungen zur Offenlegung und dogmatischen Berücksichtigung der tatsächlich ausschlaggebenden Erwägungen übergehen wird.

Die von vielen gewünschte Schaffung einer obligatorischen Familienhaftpflichtversicherung könnte indes auf die dargelegten Differenzierungsansätze bremsend wirken, weil eine solche Versicherung sowohl die Haftung der Kinder als auch diejenige der Eltern abdecken würde, so daß es im Ergebnis letztlich unerheblich wäre, an wessen Haftung sie anknüpft. Da die meisten Familien schon heutzutage freiwillig versichert sind und den Richtern das Bestehen einer solchen Versicherung in den zu entscheidenden Fällen in der Regel nicht verborgen bleibt, ist es durchaus möglich, daß die angesprochene Nivellierung in abgeschwächter Form auch ohne die Schaffung einer Pflichtversicherung stattfinden wird. Für die nicht versicherten Kinder könnten die oben aufgezeigten Schutzerwägungen aber wirksam bleiben.

III. Zusammenfassung

Auch die gardien-Haftung von Kindern hat im Laufe der Zeit grundlegende Umwälzungen erfahren. Bei der Aufgabe der Einsichtsfähigkeit als Haftungsvoraussetztung ist eine Parallele zur Entwicklung der Haftung für faute gemäß Artt. 1382, 1383 C.c. festzustellen.

---

[125] Siehe dazu z.B. Viney, Traité, Nrn. 696 ff., S. 803 ff. m.w.N.

Im Gegensatz zur Haftung für faute entgingen früher sogar die bereits einsichtsfähigen Kinder weitgehend der gardien-Haftung, die man lieber auf den Vater als solventeren Schuldner anwenden wollte. Das lag an dem schwierigen Verhältnis zwischen diesem Haftungstatbestand und der Elternhaftung gemäß Art. 1384 Abs. 4 C.c.. Seitdem letztere auch an die persönliche gardien-Haftung der Kinder angeknüpft werden kann, wird den bereits einsichtsfähigen Kindern in der Regel auch die garde über die von ihnen benutzten Sachen zugeordnet.

Nur wenn sich ein Kind zur Zeit der Schädigung effektiv unter der Aufsicht und Kontrolle einer anderen Person befindet bzw. wenn das Herbeiführen der Gefahrenlage der Aufsichtsperson eher zuzurechnen ist als dem Kind, kommt die direkte gardien-Haftung der Aufsichtsperson in Betracht.

Zweites Kapitel

Das Mitverschulden geschädigter Kinder

Genau wie die Deliktsfähigkeit der Minderjährigen ist auch das Mitverschulden in Frankreich nicht kodifiziert worden. Allerdings gibt es neuerdings für den in der Praxis so wichtigen Bereich der Unfälle im Straßenverkehr eine Regelung im Gesetz vom 5.7.1985, auf die noch zurückzukommen ist[1]. Rechtsprechung und Lehre haben das Mitverschulden aber seit jeher auch ohne einen direkten Bezugspunkt im Gesetz stets als Instrument der Anspruchskürzung bzw. -Ausschließung angewendet. Im großen und ganzen haben sich hier Strukturen herausgebildet, die der Situation im deutschen Recht durchaus ähnlich sind.

Der Kassationshof, insbesondere seine zweite Zivilkammer, hat allerdings im Rahmen von Ansprüchen aus der gardien-Haftung gemäß Art. 1384 Abs. 1, 2. Alt. C.c. seit den 60er Jahren besondere Regeln entwickelt, die mehrfach wieder radikal geändert und in der Lehre intensiv diskutiert wurden. Gerade hiervon waren geschädigte Kinder besonders betroffen, so daß diese Entwicklung noch eingehend beleuchtet werden wird[2]. Eine darüber hinausgehende Erörterung der allgemeinen Strukturen des Mitverschuldens im französischen Deliktsrecht würde aber den Rahmen dieser Untersuchung sprengen, so daß insoweit auf die hierzu erschienene Spezialliteratur verwiesen werden muß[3]. In der vorliegenden Arbeit werden nur diejenigen Probleme vertieft, die mit den Besonderheiten des Mitverschuldens von Kindern zusammenhängen.

---

[1] Siehe unten S. 185 f.

[2] Siehe unten S. 167 ff.

[3] Lapoyade-Deschamps, thèse; Keller; Neumann-Schniedewind.

Erster Abschnitt

Das Mitverschulden im Rahmen von Ansprüchen gemäß Artt. 1382, 1383 C.c.

Es ist allgemein anerkannt, daß das Mitverschulden des Geschädigten anspruchsmindernd oder sogar -ausschließend wirkt[1]. Die "faute de la victime" unterliegt den gleichen Maßstäben wie die faute des Schädigers, wobei durchaus die Eigenart des Mitverschuldens als Verschulden gegen sich selbst erkannt wird[2].

Nicht selten taucht in Entscheidungen zu Schädigungen im Rahmen von Kinderspielen der Begriff der acceptation des risques auf[3]. Im deutschen Recht findet er seine Parallele im Handeln auf eigene Gefahr[4]. Wie dort kann diese Denkfigur nicht von vornherein mit dem Mitverschulden gleichgesetzt werden. Sie kann vielmehr auch aus anderen dogmatischen Erwägungen zum vollständigen Anspruchsausschluß führen, bevor die Prüfungsstufe des Mitverschuldens erreicht wird. Im französischen Recht ist das allerdings bisher nur anerkannt bei der gardien-Haftung, insbesondere bei Verletzungen im Rahmen von Sportwettkämpfen[5]. Bei Ansprüchen aus der Haftung für faute gemäß Artt. 1382, 1383 C.c. ist die acceptation des risques hingegen kein selbständiger Haftungsausschließungsgrund[6]. Ihr kommt vielmehr nur dann anspruchsmindernde Wirkung zu, wenn sie die Voraussetzungen des Mitverschuldens erfüllt, z.B. bei der Teilnahme an einem gefährlichen Spiel[7].

---

[1] Zur zeitweilig von der Strafkammer des Kassationshofs vertretenen Einschränkung, das Mitverschulden wirke bei Straftaten nur im Falle der Beteiligung des Opfers an der Straftat anspruchsmindernd: Viney, Traité, Nr. 427, S. 504 f. m.w.N.

[2] Lapoyade-Deschamps, thèse, 1. Teil, 1. Titel mit umfangreichen Rechtsprechungsnachweisen.

[3] Paris, 9.2.1942, G.P. 1942.1.226; Paris, 26.2.1986, D. 1986, Somm. 466, obs. Mouly; Trib. corr. Seine, 6.3. 1951, G.P. 1951.1.325; Cass.civ.II, 30.5.1956, Bull.civ.II, Nr. 306, S. 190 = J.C.P. 1956.II.9445, obs. Rodière = D. 1956.J.680; obs. H. u. L. Mazeaud, Rev.trim.dr.civ. 1957, S. 113; Cass.civ.II, 1.12.1965, J.C.P. 1966.II.14567 (dazu Tunc, J.C.P. 1966.I.1983).

[4] Staudinger/Medicus, § 254 Rn. 131 ff. m.w.N.

[5] Siehe dazu noch unten S. 165.

[6] So ausdrücklich Cass.civ.II, 1.12.1965, J.C.P. 1966.II.14567 (dazu Tunc, J.C.P. 1966.I.1983).

[7] Cass.civ.II, 12.7.1971, Bull.civ.II, Nr. 221, S. 179; 16.10.1968, Bull.civ.II, Nr. 246, S. 172.

A. Das discernement des Geschädigten als Voraussetzung anrechenbaren Mitverschuldens

I. Zunächst: kein Mitverschulden ohne discernement

Aus der oben festgestellten Parallelität der faute des Schädigers und derjenigen des Geschädigten folgt, daß hinsichtlich der Entwicklung in Rechtsprechung und Lehre zum Mitverschulden von Kindern grundsätzlich auf die Darstellungen zur Entwicklung der faute von Kindern als Schädiger[8] verwiesen werden kann. Auch das Mitverschulden erforderte also bis zum 9.5.1984 das discernement des Geschädigten. Bei der Analyse der konkreten Anwendung der Zurechnungsfähigkeit sind die Urteile zum Mitverschulden bereits berücksichtigt worden[9].

Es gibt lediglich eine aus der Reihe fallende Entscheidung der Cour d'appel de Paris vom 12.2.1965[10], die den Anspruch eines 3jährigen Jungen ohne jede Äußerung zur Zurechnungsfähigkeit um die Hälfte kürzte, weil er auf einer schneebedeckten Straße gespielt und diese trotz der Hupsignale des herannahenden Autos nicht verlassen hatte[11].

Im übrigen aber ist das discernement stets als Voraussetzung des Mitverschuldens angesehen worden[12].

II. Keine Änderung durch Art. 489-2 C.c.

Die Schaffung des Art. 489-2 C.c. zur Haftung Geisteskranker führte auch im Bereich des Mitverschuldens zu der umstrittenen Frage, ob die faute nunmehr allgemein ihres subjektiven Elements entkleidet sei. Dabei kam zu den schon oben analysierten Argumenten eines hinzu, das für die Gegner der Ausweitung spricht: Der Wortlaut der Norm nennt nur die Haftung des Schädigers. Die Gegner einer Anwendung der Regelung auf das Mitverschulden machten geltend, daß dies auch der allgemeinen Entwicklung und

---

[8] Siehe oben S. 34 ff.

[9] Siehe oben S. 75 ff.

[10] 20e ch.corr., J.C.P. 1965.II.14457, obs. Bloch = D. 1966, Somm. 15.

[11] Erstaunlicherweise hält dies auch Bloch in seiner im Anschluß an das Urteil abgedruckten Anmerkung für selbstverständlich richtig; kritisch dagegen Warembourg-Auque, Rev.trim. dr.civ. 1982, S. 354, Nr. 34, Fn. 163.

[12] Cass.civ.II, 11.12.1974, G.P. 1975.1, Somm. 68; 30.5.1956, Bull.civ.II, Nr. 306, S. 190 = J.C.P. 1956.II.9445, obs. Rodière = D. 1956.J.680; obs. H. u. L. Mazeaud, Rev.trim.dr.civ. 1957, S. 113; Cass.civ.II, 8.4.1957, Bull.civ.II, Nr. 201 = J.C.P. 1957.IV.77, re.Sp.; Paris, 9.2.1942, G.P. 1942.1.226; Trib.p.enf. Meaux, 28.5.1948, G.P. 1948.2.177; Trib.corr. de la Seine, 6.3.1951, G.P. 1951.1.325; Trib.gr.inst. Avesnes-sur-Helpe, 8.7.1976, J.C.P. 1977.II.18556, obs. Savatier.

Zielsetzung des modernen Haftungsrechts entspreche. Denn die Objektivierung des Haftungsrechts verfolgt ja das Ziel verbesserten Opferschutzes, und dieses Ziel würde durch die leichtere Anrechnung des Mitverschuldens konterkariert werden[13].

Dennoch gab es Kommentatoren, die sich für die Aufgabe des subjektiven Elements der faute auch im Bereich des Mitverschuldens aussprachen. Sie stellten auf die Parallelität des haftungsbegründenden Verschuldens des Schädigers und des haftungsreduzierenden Verschuldens des Geschädigten ab. Wenn man einen Schaden schuldhaft (mit)verursache, sei man dafür verantwortlich, gleichgültig ob der Schaden bei einem anderen oder bei einem selbst eintrete[14].

Die Rechtsprechung wurde erst relativ spät mit dieser Streitfrage konfrontiert. Dabei mußte sie direkt über das Mitverschulden von Kindern entscheiden, ohne zuvor über die Anwendung des Art. 489-2 C.c. auf das Mitverschulden der vom Wortlaut der Norm direkt erfaßten Geisteskranken befunden zu haben. Da sie aber zu jener Zeit bereits die Anwendung des Art. 489-2 C.c. auf infantes als Schädiger abgelehnt hatte[15], konnte man nur eine entsprechende Entscheidung zum Mitverschulden erwarten. So geschah es auch. Nachdem ein Berufungsgericht den Anspruch eines Kindes, das auf die Straße gelaufen und dort von einem Auto angefahren worden war, wegen Mitverschuldens gekürzt hatte, hob der Kassationshof dieses Urteil auf, weil das discernement nicht geprüft worden sei[16].

III. Keine Änderung durch den arrêt Desmares

Auch der berühmte arrêt Desmares vom 21.7.1982 brachte keine Änderung der Rechtslage. Denn dieses Urteil bezog sich ausdrücklich nur auf die gardien-Haftung nach Art. 1384 Abs. 1, 2. Alt. C.c., so daß es nur dort zur Abschaffung der anspruchsmindernden Wirkung des Mitverschuldens kam[17]. Der Kassationshof bestätigte das mit einer Entscheidung vom selben Tag, in der er einen Anspruch gemäß Artt. 1382, 1383 C.c. wegen Mitverschuldens reduzierte[18] sowie mit einem Urteil vom 8.12.1982[19]. Die aus dieser Diffe-

---

[13] Jourdain, Imputabilité II, Nrn. 507 f., S. 534-536; Savatier, obs. J.C.P. 1977.II.18556 unter III.a.

[14] Bonjean, S. 119; Puill, D. 1980, Chr. 159, Nr. 6; Larroumet, obs. D. 1978, I.R. 323, li.Sp.

[15] Siehe oben S. 71 ff.

[16] Cass.civ.II, 11.6.1980, Bull.civ.II, Nr. 140, S. 97 = J.C.P. 1980.IV.323 = D. 1981, I.R. 323

[17] Siehe unten S. 176 ff.

[18] Arrêt Guillaume, Cass.civ.II, 21.7.1982, G.P. 1982.2, Somm. 217, note Chabas.

[19] Cass.civ.II, J.C.P. 1983.IV.67.

renzierung nach Anspruchsgrundlagen resultierenden Inkohärenzen im französischen Haftungsrecht sind später noch zu beleuchten[20].

IV. Die Abschaffung des discernement als Voraussetzung des Mitverschuldens durch die arrêts Derguini und Lemaire vom 9.5.1984

Wie bereits gezeigt, nahm die Assemblée plénière des Kassationshofs gerade zwei Mitverschuldensfälle zum Anlaß, das Konzept der rein objektiven faute in Geltung zu bringen[21]. Das schon bei der Diskussion um Art. 489-2 C.c. eingebrachte Argument, die Objektivierung des Mitverschuldens widerspreche der allgemeinen Tendenz des Haftungsrechts zu möglichst umfassendem Opferschutz, ist auch gegen die Urteile vom 9.5.1984 vorgetragen worden[22]. Dieser Topos findet sich auch in den conclusions des Premier avocat général Cabannes vor den Urteilen vom 9.5.1984, der sich letztlich aber doch für eine einheitliche Beurteilung ausspricht. Ihm ist der Kassationshof bekanntlich in allen zur Entscheidung stehenden Fällen gefolgt.

Die Argumentation von Cabannes überzeugt indes nicht. Seiner Meinung nach unterscheide sich das Mitverschulden nicht essentiell von der Haftung als Schädiger, und zwar weder im Hinblick auf die abstrakte Verantwortlichkeit noch in Bezug auf die Elternhaftung noch hinsichtlich des Eingreifens von Haftpflichtversicherungen[23]. Die Elternhaftung greift aber gerade nur bei Schädigungen Dritter ein, und Haftpflichtversicherungen decken in der Regel nur die Verantwortlichkeit des Schädigers.

Gerade das letztgenannte Ungleichgewicht in versicherungsrechtlicher Hinsicht hat schon seit längerem zu Forderungen in der Lehre geführt, nur noch grobes Mitverschulden anspruchsmindernd wirken zu lassen; zumindest dort, wo die Haftung des Schädigers durch eine obligatorische Haftpflichtversicherung gedeckt ist[24]. Denn während der zu ersetzende Schaden definitiv auf das Kollektiv der Versicherten verlagert ist, wirkt sich die Mitverschuldensanrechnung unmittelbar auf die Lage des Geschädigten aus, sofern zu seinen Gunsten für den eingetretenen Schaden keine Unfallversicherung besteht.

---

[20] Siehe unten S. 180 ff.

[21] Siehe oben S. 103 ff.

[22] Lapoyade-Deschamps, D. 1988, Chr. 303; Viney, J.C.P. 1985.I.3189, Nr. 18; Jourdain, obs. J.C.P. 1984.II.20256 unter II.; Chabas, note D. 1984.J.533 unter II.b.; Huet, obs. Rev.trim. dr.civ. 1984, S. 513 f.

[23] Cabannes, concl., D. 1984.J.527, li.Sp.

[24] Lapoyade-Deschamps, thèse, S. 625-629; Viney, Traité, Nr. 426, S. 503.

Das Problem des versicherungsrechtlichen Ungleichgewichts ist vor allem im Rahmen der gardien-Haftung gemäß Art. 1384 Abs. 1, 2. Alt. C.c. relevant geworden und wird daher dort vertieft erörtert[25]. Hingewiesen sei aber an dieser Stelle darauf, daß nach den Urteilen vom 9.5.1984 auch Forderungen laut wurden, das Mitverschulden der Kinder in eine Pflichtversicherung der Eltern einzubeziehen[26] bzw. es freiwillig mitzuversichern[27].

B. Auch beim Mitverschulden keine Berücksichtigung des alterstypischen Sorgfaltsmaßstabs

Die rein objektive Bewertung des Mitverschuldens durch die Urteile vom 9.5.1984 wird dadurch verschärft, daß der alterstypische Sorgfaltsmaßstab wie bei der faute des Schädigers[28] nicht als weiteres Schutzinstrument zugunsten der Kinder eingesetzt worden ist. Gerade die arrêts Derguini und Lemaire vom 9.5.1984 zeigen dies mit aller Deutlichkeit[29].

Auch vorher ist der alterstypische Sorgfaltsmaßstab nicht angewendet worden. Als Beispiel sei hier nur an den Fall erinnert, in dem sich zwei 12-jährige Jungen gegenseitig mit Hilfe von Gummibändern mit Metallstücken beschossen. Ein Schuß traf ins Auge, obwohl nur die Beine als Ziele ausgemacht waren. Das Gericht bejahte die faute des Schädigers ohne Zögern und diejenige des Geschädigten nach kurzer Erörterung seiner Einsichtsfähigkeit. Weitere Entlastungsmöglichkeiten, insbesondere die Anwendung des alterstypischen Sorgfaltsmaßstabs, wurden nicht in Erwägung gezogen[30]. Wenn man sich demgegenüber die vielen deutschen Urteile zur Haftung im Rahmen von Kinderspielen ansieht, die stets den alterstypischen Sorgfaltsmaßstab nach der Einsichtsfähigkeit prüfen[31], wird der Unterschied zwischen beiden Rechtsordnungen deutlich.

Es bleibt abzuwarten, ob die Rechtspraxis in Frankreich als Reaktion auf die Objektivierung auch des Mitverschuldens vom 9.5.1984 auf den alterstypischen Sorgfaltsmaßstab zurückgreifen wird, um zukünftig allzu harte Entscheidungen zu vermeiden. Wenn sich der Gesetzgeber dazu entschließen sollte, in den Schutzbereich der von vielen geforderten obligatorischen

---

[25] Siehe unten S. 164 ff.

[26] Viney, J.C.P. 1985.I.3189, Nr. 23 mit der Beschränkung auf Körperschäden.

[27] Chabas, note D. 1984.J.534.

[28] Siehe oben S. 87 ff.

[29] Siehe schon oben S. 103 ff.

[30] Trib.corr. de la Seine, G.P. 1951.1.325.

[31] Siehe oben S. 8 f.

Haftpflichtversicherung der Eltern auch die von ihren Kindern erlittenen Schäden einzubeziehen, wäre der alterstypische Sorgfaltsmaßstab als Schutzinstrument indes auch beim Mitverschulden weniger dringlich, weil der Schaden dann von der Gemeinschaft der Versicherten aufgefangen würde.

Zweiter Abschnitt

Mitverschulden im Rahmen von Ansprüchen aus der gardien-Haftung gemäß Art. 1384 Abs. 1, 2. Alt. C.c.

Da Art. 1384 Abs. 1, 2. Alt. C.c. unabhängig von der konkreten Gefährlichkeit der schadenstiftenden Sache eine sehr strenge Haftung des gardien dieser Sache statuiert[1], spielen die Haftungseinschränkungs- und -ausschließungsgründe als Korrelat eine wichtige Rolle[2]. Das Mitverschulden des Geschädigten ist dabei ein wirksames Instrument zur Entlastung des Schädigers geworden. Die im Vergleich zur Haftung für faute gemäß Artt. 1382, 1383 C.c. wesentlich strengere Haftung des Schädigers hat im Rahmen des Mitverschuldens teilweise zu einer erleichterten Berücksichtigung des Verhaltens des Geschädigten als anspruchsmindernden Faktor geführt.

Das empfanden aber viele immer dann unbefriedigend, wenn die Haftung des Schädigers durch eine Haftpflichtversicherung gedeckt war, vor allem bei Schädigungen durch Kraftfahrzeuge. Denn dann wirkt sich die erleichterte Anrechnung des Mitverschuldens unmittelbar zum Nachteil des oft nicht versicherten Opfers aus, während die Überwälzung des zu ersetzenden Schadens auf die Gemeinschaft der Versicherten dazu führt, daß der Schädiger selbst keinen unmittelbaren Vorteil daraus zieht[3], obwohl die erleichterte Anrechnung des Mitverschuldens doch ihn persönlich entlasten soll.

Da das Gesetz indes insoweit keine Differenzierung zwischen der versicherten und der nicht versicherten Haftung vorsieht, hat die Rechtsprechung stets allgemeine, beide Bereiche umfassende Lösungen geschaffen. Dabei hat sie zunächst lange Zeit eine Tendenz zur erleichterten Anrechnung des Mitverschuldens gezeigt und ist so den nicht versicherten Schädigern entgegengekommen. Die oben angesprochene Kritik für den Bereich der versicherten Haftung hat 1982 zu dem inzwischen berühmten arrêt Desmares geführt, der die Rechtslage geradezu umkehrte. Dies war wiederum im Hinblick auf die Situation der nicht versicherten Schädiger unbefriedigend. Erst als der Gesetzgeber 1985 ein schon seit langem gefordertes Spezialgesetz zur Haftung bei Straßenverkehrsunfällen geschaffen hatte, waren diffe-

---

[1] Siehe oben S. 130 ff.

[2] Dazu bereits im Überblick oben S. 133.

[3] Höchstens in geringem Maße bei der Bemessung der Versicherungsprämie.

renzierte Lösungen möglich, so daß wenig später auch der arrêt Desmares aufgegeben wurde.

Diese Entwicklung hatte in all ihren Stadien unmittelbare Auswirkungen auf die Situation geschädigter Kinder, so daß sie unter diesem Blickwinkel eingehend beleuchtet werden soll.

Zum angesprochenen Problemkreis dominieren von der Anzahl der Urteile her ganz eindeutig die Fälle, in denen Kinder im Straßenverkehr von einem Kraftfahrzeug angefahren wurden. Verletzungen im Rahmen von Kinderspielen kommen hier schon deshalb fast gar nicht vor, weil die Haftung des Schädigers in solchen Fällen in der Regel nur auf der Grundlage der Haftung für faute gemäß Artt. 1382, 1383 C.c. eingeklagt wird[4].

Aus diesem Grunde ist die anspruchsmindernde bzw. -ausschließende Wirkung der "acceptation des risques" beim Mitverschulden von Kindern bisher kaum relevant geworden. Soweit ersichtlich ist sie bisher nur in einem Fall diskutiert und bejaht worden, als es um die Haftung für eine Verletzung beim Fußballspielen von 11- bis 12jährigen Kindern ging. Der Torwart hatte den Ball beim Abschlag unglücklich in das Gesicht eines Gegenspielers geschossen. Die Cour d'appel de Caen bejahte die haftungsausschließende Wirkung der acceptation des risques, die die Teilnahme an einem Fußballspiel mit sich bringe. Dies gelte auch für rein private, nicht offizielle Spiele[5].

Zur Charakterisierung des Mitverschuldens verwendeten die Gerichte in allen übrigen Fällen die Begriffe "faute" bzw. "imprudence de la victime", bis die zweite Zivilkammer des Kassationshofs ab 1963 auch das "fait non fautif de la victime" anspruchsmindernd anrechnete[6]. Die wechselhafte Entwicklung der französischen Rechtsprechung soll im folgenden analysiert werden.

A. Bis 1963 nur Anrechnung der faute des Geschädigten bei gleichzeitiger Überdehnung dieses Begriffs im Hinblick auf das Mitverschulden von Kindern

Das Mitverschulden war von Anfang an ein Entlastungsgrund des haftenden gardien. Dabei wurde es aber zunächst nur berücksichtigt, wenn es die Voraussetzungen der force majeure (höhere Gewalt) erfüllte und führte dann stets zum vollständigen Anspruchsausschluß[7]. Es galt also das Alles-

---

[4] Siehe dazu schon oben S. 133 ff.

[5] Caen, 20.5.1969, J.C.P. 1969.II.16040, obs. M.A. = D. 1970, Somm. 23. Die Haftung wurde zusätzlich mangels garde des Schützen über den Ball abgelehnt (siehe dazu oben S. 132 f.).

[6] Siehe dazu noch näher unten S. 167 ff.

[7] Cass.Req., 12.1.1927, D. 1927.1.145, note Savatier; Cass.civ., 7.12.1931, G.P. 1932.1.363.

oder-nichts-Prinzip. Diese Doktrin hielt sich aber nicht lange[8]. Ab 1934 wurde das Mitverschulden auch als lediglich anspruchsmindernder Entlastungsgrund anerkannt[9]. Wie der BGH[10] überließ der Kassationshof den Tatrichtern die unüberprüfbare Freiheit bei der konkreten Festlegung der anzurechnenden Mitverschuldensquote. Lediglich die Existenz des Mitverschuldens und seine Kausalbeziehung zum Schadenseintritt wurden und werden auch heute noch kontrolliert[11].

Auf den ersten Blick scheint es so, als ob das Mitverschulden im Rahmen von Ansprüchen gemäß Art. 1384 Abs. 1, 2. Alt. C.c. zu jener Zeit nach den gleichen Maßstäben beurteilt wurde wie bei Ansprüchen nach Artt. 1382, 1383 C.c.. Wenn man sich die Urteile zum Mitverschulden von Kindern genau ansieht, fällt indes ein großer Unterschied auf. Während bei der letztgenannten Haftung für faute stets das discernement als Voraussetzung des anrechenbaren Mitverschuldens betont wurde[12], hat die Rechtsprechung dies bei der gardien-Haftung nie verlangt[13]. Das Mitverschulden wurde hier ohne Diskussion des discernement oder des alterstypischen Sorgfaltsmaßstabs rein objektiv beurteilt.

Einige Kommentatoren meinten, diese unterschiedliche Anwendung der faute damit erklären zu können, daß die Gerichte in Wirklichkeit nur die Voraussetzungen der anspruchsausschließenden force majeure geprüft hätten. Die insoweit überflüssige Verwendung des Begriffs der faute sei nur eine terminologische Unschärfe[14]. In der Tat gab es in jener Zeit viele Urteile, die die faute de la victime im Zusammenhang mit der force majeure erwähnten und zu einem vollständigen Anspruchsausschluß gelangten[15].

---

[8] Zum Wiederaufgreifen durch den arrêt Desmares am 21.7.1982 siehe unten S. 176 ff.

[9] Cass.Req., 13.4.1934, D. 1934.1.41, rapport Gazeaud, note Savatier = S. 1934, S. 313, note H. Mazeaud; Cass.civ., 1.12.1936, G.P. 1937.1.157.

[10] BGHZ 3, 46 (52); 20, 290 (292 f.) = NJW 1956, 1653; BGHZ 51, 275 (279) = NJW 1969, 653; BGH LM Nr. 7 zu § 254 BGB (Cb) = NJW 1983, 622 (623).

[11] Seit Cass.civ., 17.11.1936, S. 1937.1.53 (weitere Nachweise bei Lapoyade-Deschamps, thèse, S. 75).

[12] Siehe dazu oben S. 159 ff.

[13] Ausnahmen: Trib.civ. Cosne, 13.1.1931, G.P. 1931.1.483 (hier wurde das Mitverschulden zugleich aus Gründen des alterstypischen Sorgfaltsmaßstabs verneint, siehe schon oben S. 89); Poitiers, 17.12.1934, G.P. 1935.1.334, wobei aber nicht ganz klar ist, ob Art. 1384 Abs. 1, 2. Alt. oder Artt. 1382, 1383 C.c die Anspruchsgrundlage abgeben.

[14] Savatier, Traité I, Nr. 189, 393; Lalou, Nr. 326 bis; Planiol/Ripert/Esmein, Nr. 569; Demogue, obs. Rev.trim.dr.civ. 1930, S. 192.

[15] Urteile des Kassationshofs: Cass.Req., 16.4.1929, G.P. 1929.2.23; 14.2.1940, S. 1940.1.28; Cass.civ.sect.soc., 23.3.1960, D. 1960.J.402; berufungsgerichtliche Urteile: Lyon, 17.10. 1935, G.P. 1935.2.915; Montpellier, 23.12.1935, G.P. 1936.1.466; 21.10.1937, G.P. 1937.2.851; erstinstanzliche Urteile: Trib.civ. Loudeac, 20.2.1931, G.P. 1931.1.767; Trib.civ. Rochefort-sur-Mer,

Es ist jedoch nicht zu übersehen, daß es auch Entscheidungen gab, die dem Mitverschulden von Kleinkindern eine lediglich anspruchsmindernde Wirkung beimaßen, ohne auf force majeure abzustellen[16]. Das Mitverschulden spielte also durchaus eine selbständige Rolle als Entlastungsgrund des gardien. Um dennoch Widersprüche bei der aufgezeigten, nach der jeweils eingeklagten Anspruchsgrundlage variierenden Anwendung des Mitverschuldens zu vermeiden, versuchte man dennoch in der Lehre, auch diese Rechtsprechung mit einer lediglich unscharfen, überflüssigen Terminologie zu erklären. In Wahrheit sei es den Gerichten nur darum gegangen, die Kausalität zwischen dem Verhalten des Geschädigten und dem Schadenseintritt zu charakterisieren. Die weitgehend objektive Haftung des gardien sei zu seiner Entlastung durch eine entsprechend objektive Bewertung des Geschädigtenverhaltens wieder eingeschränkt worden[17].

Bei der Bewertung dieser Entwicklung ist zu beachten, daß die obligatorische Haftpflichtversicherung für Kraftfahrzeuge erst 1958 eingeführt wurde. Die erleichterte Anrechnung anspruchsmindernden Mitverschuldens des Geschädigten führte also bis dahin in vielen Fällen tatsächlich zu einer wirksamen Entlastung des gardien. Dieses Argument verlor indes für Schädigungen durch Kraftfahrzeuge ab 1958 an Aussagekraft, weil die Haftung nun de facto nicht mehr den gardien, sondern die Gemeinschaft der Versicherten traf und die Pflichtversicherung gerade den Opferschutz verbessern sollte. Dennoch beeinflußte diese Sachlage die Rechtsprechung zunächst nicht. Es kam lediglich zu einer terminologischen Klarstellung durch die zweite Zivilkammer des Kassationshofs, die nachfolgend analysiert wird.

B. Die Lehre vom anspruchsmindernden "fait non fautif" des Geschädigten ab 1963

Die oben aufgezeigte unterschiedliche, nach der eingeklagten Anspruchsgrundlage variierende Anwendung der faute des Geschädigten fand ein Ende, als die für Ansprüche aus Deliktsrecht zuständige zweite Zivilkammer des Kassationshofs ihre Terminologie änderte. Dies geschah erstmals eindeutig in einem Urteil vom 17.12.1963[18]. Ein auf der Straße liegender Mann

---

23.10.1934, G.P. 1934.2.932; Trib.civ. de la Seine, 20.11.1934, G.P. 1935.1.79; Cour de Nancy, 22.12.1949, D. 1950, Somm. 52, mi.Sp.

[16] Cass.civ.II, 14.11.1956, D. 1957, Somm. 75; Riom, 16.1.1962, D. 1962.J.140; Trib.comm. de la Seine, 10.12.1940, G.P. 1941.1.117; Trib.civ. de la Seine, 23.10.1942, G.P. 1942.2.266; Trib.civ. Mayenne, 14.1.1954, G.P. 1954.1.28.

[17] Warembourg-Auque, S. 354, Nr. 34.

[18] D. 1964.J.569, note Tunc = J.C.P. 1965.II.14075, obs. Dejean de la Batie. Angedeutet wurde diese Lösung bereits obiter dictum in Cass.civ.II, 3.5.1963, Bull.civ.II, Nr. 343, S. 255

war nachts von einem Auto überfahren worden. Das Berufungsgericht hatte eine Anspruchsminderung abgelehnt, weil keine faute des Geschädigten nachgewiesen worden sei. Der Kassationshof hob das Urteil auf, weil das Verhalten des Geschädigten auch ohne diese Qualifizierung anspruchsmindernd oder, unter den Voraussetzungen der force majeure, anspruchsausschließend wirke, wenn es nur in einer Kausalbeziehung zum Schadenseintritt stehe. Das Gericht blieb in der Folgezeit bei dieser Rechtsprechung, obwohl es dabei immer wieder den Widerstand der Untergerichte brechen mußte. Gerade das vom Auto angefahrene, noch einsichtsunfähige Kind war dabei eine wichtige Fallgruppe[19].

Die neue Terminologie führte zu der Frage, ob es ein besonderes Kriterium für die Bejahung des "fait non fautif de la victime" gibt. Denn objektiv schadenskausal ist das Verhalten des Geschädigten immer schon dadurch, daß er an dem Schadensfall überhaupt beteiligt ist, und sei es nur als rein passives Opfer[20]. Die zweite Zivilkammer des Kassationshofs hat ihre Lösung nie näher präzisiert[21].

I. Die Suche nach dem Kriterium des anspruchsmindernden "fait non fautif" des Geschädigten

1. Das anormale Verhalten des Geschädigten

In der Lehre glaubten einige, die Antwort in dem Begriff des "fait anormal de la victime" finden zu können[22]. In der Tat konnte man in vielen Urteilen ein anormales Verhalten des Geschädigten feststellen, das sogar, abgesehen von der Frage des discernement bei Kindern, rein objektiv als faute gewertet werden könnte[23]. Die Loslösung vom Begriff der faute hatte auch

---

(256) (ein 4jähriger war plötzlich auf die Straße gelaufen und von einem Auto erfaßt worden); 9.5.1963, S. 1963.1.313, note Plancqueel = G.P. 1963.2.223 = D. 1963, Somm. 113; obs. Tunc, Rev.trim.dr.civ. 1963, S. 325, Nr. 39. Im letztgenannten Urteil wirkte das Verhalten eines Dritten anspruchsmindernd, was seit den Grundsatzurteilen Cass.civ.II, 21.5.1970, Bull.civ.II, Nrn. 76-78, 80 nicht mehr möglich ist. Der gardien und der Dritte haften dem Geschädigten heute vielmehr in solidum jeweils aufs Ganze und sind untereinander auf Rückgriffsansprüche verwiesen.

[19] Z.B. in Cass.civ.II, 9.6.1971, G.P. 1971.2.114; 21.3.1974, G.P. 1974.1.129; 12.2.1975, G.P. 1975.1.66 (Nr. 4587) (umfangreiche Nachweise auch bei Warembourg-Auque, S. 355, Fn. 168).

[20] Starck, Obligations I, Nr. 857; Viney, Traité, Nr. 432, S. 510.

[21] Sehr kritisch dazu Tunc, D. 1976, Chr. 13 ff.

[22] Tunc, note D. 1964.J.569; Boré, J.C.P. 1971.I.2369, Nr. 38; Brousseau, obs. J.C.P. 1974.II, 17897; Puill, D. 1980, Chr. 161 f., 164, Nrn. 14 f., 20; Montanier, note J.C.P. 1981.II.19562.

[23] Cass.civ.II, 20.11.1969, Bull.civ.II, Nr. 317, S. 234; 3.11.1971, Bull.civ.II, Nr. 297, S. 216; 21.3.1974, G.P. 1974.1.129, re.Sp. (5094); Lyon, 29.9.1967, D. 1969.J.124, note Tunc; Cass.civ.II,

bei Erwachsenen dort eine wichtige Bedeutung, wo der Beweis einer faute trotz eines ungewöhnlichen Erscheinungsbildes nicht möglich war[24] bzw. wo ein Strafverfahren zum Freispruch des Geschädigten geführt hatte und die Rechtskraftwirkung des Strafurteils der Bejahung der faute im Zivilprozeß entgegenstand[25].

Dennoch darf bezweifelt werden, ob das anormale Verhalten des Geschädigten wirklich das Kriterium für die Schadensminderung sein sollte. In der Lehre[26] wird gegen diese Ansicht folgendes Urteil zitiert: Der Fahrer eines Lastkraftwagens hatte beim Rückwärtsfahren in einem Hof ein 2jähriges Kind verletzt, das sich in diesem Moment in die Nähe oder sogar unter das Fahrzeug begeben hatte. Das Berufungsgericht hatte den Fahrer zum vollen Schadensersatz verpflichtet und dabei betont, daß das Verhalten des Kindes für ihn nicht unvorhersehbar gewesen sei, weil in diesem Hof erkennbar ständig Kinder spielten. Der Kassationshof hob das Urteil auf, weil die Kausalbeziehung zwischen dem Verhalten des Kindes und dem Schadenseintritt feststehe und somit angesichts der Vorhersehbarkeit für den Fahrer zwar kein vollständiger Anspruchsausschluß, wohl aber eine Schadensteilung angezeigt sei. Nur noch der Umfang der Anspruchsminderung müsse festgestellt werden[27].

Es ist angemerkt worden, daß man angesichts des Charakters des Hofs als ständige Spielfläche für Kinder von einem normalen Verhalten des Kindes sprechen müsse. Das Kind sei letztlich dafür bestraft worden, daß es zu klein war, um vom Fahrer wahrgenommen werden zu können: "L'enfant fut ainsi responsable du fait ... d'être un infans!"[28] Dieser Bewertung des Ge-

---

29.10.1965, Bull.civ.II, Nr. 817, S. 579; 18.4.1969, Bull.civ.II, Nr. 109, S. 81; 17.10.1973, Bull.civ. II, Nr. 262, S. 216; 6.3.1975, Bull.civ.II, Nr. 77, S. 65; 5.5.1976, Bull.civ.II, Nr. 143, S. 114; Cass. civ.II, 17.10.1973, Bull.civ.II, Nr. 202, S. 216; 1.10.1975, Bull.civ.II, Nr. 36, S. 190 = D. 1976, J. 46 = G.P. 1975.2, Somm. 206; Aix-en-Provence, 14.4.1977, D. 1978, I.R. 404, re.Sp., obs. Larroumet.

[24] So schon beim ersten Urteil zur neuen Lösung, wo nicht nachgewiesen werden konnte, wie der auf der Straße liegende Mann dorthin gelangt war: Cass.civ.II, 17.12.1963, D. 1964.J., 569, note Tunc = J.C.P. 1965.II.14065, obs. Dejean de la Batie; ebenso bei einem Kind, das aus ungeklärten Gründen plötzlich auf die Straße gelangt war: Cass.civ.II, 1.10.1975, Bull.civ. II, Nr. 36, S. 190 = D. 1976.J.46 = G.P. 1975.2, Somm. 206.

[25] Cass.civ.II, 20.5.1978, Bull.civ.II, Nr. 132, S. 106; 7.6.1968, Bull.civ.II, Nr. 163, S. 116 (Candella gg. Fonds de garantie). Hier zeigt sich einmal mehr die Verfehltheit dieser Rechtskraftwirkung, die seit der gegenläufigen Entwicklung der subjektiven faute im Strafrecht und der weitgehend objektiven faute im Zivilrecht manifest geworden ist (dazu auch Le Tourneau, J.C.P. 1971.I.2401, Nr. 22 m.w.N.; Aden, S. 119 ff.).

[26] Starck, J.C.P. 1970.I.2339, Nr. 82 f.; Warembourg-Auque, S. 356, Nr. 36.

[27] Cass.civ.II, 15.6.1966, Bull.civ.II, Nr. 684, S. 483.

[28] Warembourg-Auque, S. 356, Nr. 36.

schädigtenverhaltens als normal liegt unverkennbar ein alterstypischer Verhaltensmaßstab zugrunde. Da dieser indes im Deliktsrecht kaum angewendet wird[29], könnte man mit der in Frankreich insoweit herrschenden Meinung einwenden, das Verhalten des Kindes sei jedenfalls objektiv, d.h. gemessen am "bon père de famille", anormal gewesen.

Eindeutig abgelehnt wurde das anormale Verhalten des Geschädigten als Kriterium des fait non fautif sogar vom Kassationshof selbst in einem Fall, in dem ein 7jähriger Junge beim Überqueren der Straße von einem Auto angefahren worden war. Das Berufungsgericht hatte eine Anspruchsreduzierung abgelehnt, weil der Junge die Straße regulär betreten habe. Obwohl der Kassationshof diese Qualifizierung des Geschädigtenverhaltens nicht beanstandete, kassierte er das Urteil, weil die anspruchsmindernd wirkende bloße Mitursächlichkeit des Geschädigtenverhaltens für den Schadenseintritt nicht geprüft worden sei[30].

Der Kassationshof hat aber auch schon im entgegengesetzten Sinne entschieden. So hob er ein Urteil auf, das den Anspruch eines auf der Straße von einem LKW angefahrenen Mädchens wegen dessen anormalen Verhaltens gekürzt hatte. Das Mädchen hatte sich von der Hand seines Vaters losgerissen und einen Fußgängerüberweg betreten, als sich das Fahrzeug gerade näherte. Der Kassationshof sah es nicht als erwiesen an, daß das Mädchen die Straße irregulär betreten hatte und hielt die Anspruchsreduzierung deshalb für rechtsfehlerhaft[31].

Die vorgenannte Entscheidung zeigen, daß der Kassationshof nicht einheitlich auf das anormale Verhalten des Geschädigten abgestellt hat. Eine ausdrückliche Präzisierung seiner Position ist nie erfolgt.

2. *Das aktive und autonome Verhalten des Geschädigten*

Ein anderer Erklärungsversuch in der Lehre sieht in dem "fait non fautif de la victime" den Ausschluß des rein passiven Verhaltens, d.h. des bloßen Unterlassens. Anspruchsmindernd sei danach nur ein schadenskausales "comportement actif et autonome" des Geschädigten[32].

---

[29] Siehe oben S. 87 ff., 162 f.

[30] Cass.civ.II, 29.1.1970, D. 1970.J.305. Der Versuch von Puill, D. 1980, Chr. 163 f., Nr. 19, das Urteil mit der These von der Anormalität in Einklang zu bringen, überzeugt nicht. Im Sinne des zitierten Urteils auch Cass.civ.II, 1.10. 1975, D. 1976.J.46.

[31] Cass.civ.II, 17.2.1977, G.P. 1977.1.159, re.Sp. (Lattard c. Torres); ähnlich auch Cass.civ.II, 16.5.1974, D. 1975.J.780, note Ivainer.

[32] Bonjean, S. 151.

Damit käme die schwierige Abgrenzung zwischen positivem Tun und Unterlassen ins Spiel. Schon der erste Fall, anhand dessen der Kassationshof seine Lehre vom "fait non fautif de la victime" proklamiert hat[33], verdeutlicht dies. Ein Mann war überfahren worden, weil er aus ungeklärten Gründen auf der Straße lag. Im Zeitpunkt der Schädigung lag folglich kein positives Tun vor. Natürlich muß der Mann irgendwie in diese Position gekommen sein, und es ist nicht auszuschließen, daß dies durch eine aktive Handlung seinerseits geschehen war. Aber bewiesen werden konnte das nicht. Auch die Erklärung aus der Abgrenzung zwischen positivem Tun und Unterlassen überzeugt somit nicht[34].

3. Die Differenzierung nach dem Verhalten des gardien

Schließlich versuchten einige, die Rechtsprechung der zweiten Zivilkammer des Kassationshofs mit reinen Kausalitätsüberlegungen zu begründen. Dem streng objektiv und damit ohne Rücksicht auf sein Fehlverhalten haftenden gardien solle danach ein vergleichbar objektiv zu handhabender Entlastungsgrund zur Verfügung gestellt werden. Dabei wurde danach differenziert, ob der gardien selbst vorwerfbar gehandelt hatte oder nicht. Aus Gründen der Parallelität komme im ersten Fall keine Entlastung durch ein fait non fautif des Geschädigten in Betracht[35].

Gegen diese Erklärung der Rechtsprechung läßt sich wiederum ein Urteil anführen, das schon beim Kriterium des anormalen Geschädigtenverhaltens analysiert worden ist[36]. Der Autofahrer, der den 7jährigen, die Straße regulär überquerenden Jungen angefahren hatte, muß sich ein Fehlverhalten nachsagen lassen, denn das Urteil spricht ausdrücklich von der Vorhersehbarkeit und Vermeidbarkeit des Unfalls. Überhaupt läßt sich dieser Gedanke eigentlich auf alle Fälle übertragen, in denen es wegen der Vorhersehbarkeit und Vermeidbarkeit mangels force majeure nicht zum vollständigen Anspruchsausschluß kommt[37]. Dennoch nahm der Kassationshof gerade in solchen Fällen ein anspruchsminderndes fait non fautif des Geschädigten an. Auch die Differenzierung nach dem Verhalten des gardien überzeugt folglich nicht. Eine eindeutige Aussage hat der Kassationshof nur in dem

---

[33] Cass.civ.II, 17.12.1963, D. 1964.J.569, note Tunc = J.C.P. 1965.II.14075, obs. Dejean de la Batie. Siehe dazu schon oben S. 167 f.

[34] Aus anderen Gründen kommt Puill, D. 1980, Chr. 162 f., Nr. 17 zum gleichen Ergebnis.

[35] So eindeutig Warembourg-Auque, S. 356 f., Nrn. 36 f. mit Rechtsprechungsnachweisen in Fußnote 178; wohl auch in diesem Sinne Durry, obs. Rev.trim.dr.civ. 1972, S. 406, Nr. 11.

[36] Siehe oben S. 170.

[37] Starck, obs. J.C.P. 1973.II.17450 unter II. vor a.

Sinne gemacht, daß das Verhalten des Geschädigten dann nicht anrechenbar sei, wenn der gardien es selbst schuldhaft ermöglicht habe[38].

4. Die bloße Kausalbeziehung zum Schaden

Die vorstehenden Ausführungen haben gezeigt, daß keines der in der Lehre vorgeschlagenen Kriterien geeignet ist, die Rechtsprechung der zweiten Zivilkammer des Kassationshofs zu erklären. Aber auch das weitestmögliche Verständnis der Formulierung vom "fait non fautif de la victime qui a concouru à la production du dommage", wonach ohne Rücksicht auf eine besondere Qualifizierung des Verhaltens des gardien die bloße Mitverursachung des Schadens durch den Geschädigten ausreichen würde, um zu einer Anspruchsminderung zu gelangen[39], läßt sich anhand einiger Urteile widerlegen.

Neben der Entscheidung, die auf das irreguläre Betreten der Straße durch ein überfahrenes Kind abstellte[40], und einigen Fällen, in denen der gardien delbst vorwerfbar gehandelt hatte[41], sind hier vor allem folgende Urteile zu nennen: Ein Kind war in einem fahrenden Lieferwagen zu Fall gekommen, als es versuchte, eine Tür zu schließen, die sich aus ungeklärten Gründen geöffnet hatte. Ein anspruchsminderndes fait non fautif des Kindes wurde hier abgelehnt, weil es sich um eine instinktive Reaktion gehandelt habe, die selbst ein Erwachsener aufgrund von Überraschung und Angst gezeigt hätte, und weil sie auf das "Verhalten" der schadenstiftenden Sache zurückzuführen sei. Den letzteren Gesichtspunkt könnte man verallgemeinern. Da der Kassationshof auch beim schuldhaften Ermöglichen des Geschädigtenverhaltens durch den gardien eine Anspruchsminderung ablehnt[42], könnte man sagen, daß die Anspruchsminderung immer dann unterbleibt, wenn das Verhalten des Geschädigten durch ein der Sphäre des gardien zuzuordnendes Ereignis zumindest mitverursacht wurde.

All diese Einschränkungen sind aber nur Negativabgrenzungen. Eine positive Bestimmung des anspruchsmindernden fait non fautif de la victime ist nie gelungen. Die Vielschichtigkeit der Rechtsprechung, die auch Unvereinbarkeiten und Widersprüche hervorgebracht hat, ließ das nicht zu.

---

[38] Cass.civ.II, 19.10.1967, Nr. 293, S. 205: Der gardien einer landwirtschaftlichen Maschine hätte es verhindern können und müssen, daß sich ein Kind der ungeschützten und gefährlichen Maschine nähert.

[39] So Lapoyade-Deschamps, thèse, S. 616.

[40] Siehe oben S. 170.

[41] Siehe oben S. 171 f.

[42] Cass.civ.II, 19.10.1967, Bull.civ.II, Nr. 293, S. 205.

II. Die Ablehnung dieser Rechtsprechung durch die übrigen Gerichte, insbesondere durch die erste Zivilkammer des Kassationshofs

Neben der schon angesprochenen Resistenz vieler Untergerichte gegenüber der Lehre vom anspruchsmindernden fait non fautif des Geschädigten ist besonders bemerkenswert, daß selbst zwischen den verschiedenen Zivilkammern des Kassationshofs ein Dissens über diese Frage bestand.

Zwar ließ sich das entgegen anderslautender Aussagen in der Lehre nicht für die Strafkammer[43] und auch nicht für die dritte Zivilkammer[44] belegen. Offen trat hingegen die abweichende Meinung der ersten Zivilkammer zu Tage. Zwar geschah dies in Urteilen zur Vertragshaftung[45], so daß man geneigt sein könnte, darin einen Sachgrund für die Abweichung von der zweiten Zivilkammer zu sehen.

Dagegen wird aber geltend gemacht, daß es sich jeweils um eine vertragliche Erfolgshaftung für "obligations de résultat" ("obligation déterminée de sécurité" im 1. Fall) handelte, die in ihrer Strenge der deliktsrechtlichen gardien-Haftung gleichkomme und daher im Hinblick auf die anspruchsmindernde Anrechnung des Geschädigtenverhaltens keine Ungleichbehandlung rechtfertige[46].

Unabhängig von dieser Bewertung wurde die grundsätzliche Meinungsverschiedenheit zwischen beiden Kammern in dem Bericht des Kassationshofs an den Justizminister für das Gerichtsjahr 1972-1973 betont. Die Autoren (der Premier Président des Gerichts sowie der Procureur général und

---

[43] Die von Viney, Traité, Nr. 431, S. 509, Fn. 150 ausgesprochene Vermutung, auch die Strafkammer folge der zweiten Zivilkammer nicht, läßt sich nicht belegen, denn im zitierten Urteil vom 13.12.1978, D. 1979, I.R. 270 ging es um einen Anspruch gemäß Artt. 1382, 1383 C.c., und in diesem Rahmen nahm auch die zweite Zivilkammer keine Anspruchsminderung durch ein fait non fautif des Geschädigten an. Die zitierte Entscheidung war das erste Kassationsurteil im Fall Derguini, der schließlich zu einem der Grundsatzurteile am 9.5.1984 führte (siehe oben S. 103 ff.).

[44] Die Urteile vom 1.7.1971, D. 1971.J.672; obs. Durry, Rev.trim.dr.civ.1972, S. 405, Nr. 11 und vom 16.3.1977, J.C.P. 1977.IV.130 verlangten für die Anspruchsminderung im Rahmen von Ansprüchen aus der Haftung des Gebäudeeigentümers gemäß Art. 1386 C.c. eine faute des Geschädigten und hielten ein fait non fautif nicht für ausreichend. Für *diese* Anspruchsgrundlage entschied die 2. Zivilkammer dann aber am 1.4.1974, D. 1974, I.R. 163 ebenso, ohne indes die Lehre vom fait non fautif bei Ansprüchen nach Artt. 1384 Abs. 1, 2. Alt. und 1385 C.c. aufzugeben. Das Urteil Cass.civ.III, 16.3.1977, J.C.P. 1977.IV, 130 betraf einen vertraglichen Anspruch, der aber nicht zu der sogleich zu erörternden Erfolgshaftung zu rechnen ist.

[45] Cass.civ.I, 31.5.1973, D. 1973.J.149, note Schmelck = J.C.P. 1973.II.17450, 1. Fall, obs. Starck; obs. Durry, Rev.trim.dr.civ. 1973, S. 576; 16.7.1980, J.C.P. 1980.IV, 372 (Dame Tinti).

[46] Schmelck, note D. 1973.J.149; Starck, obs. J.C.P. 1973.II.17450; Chabas, D. 1973, Chr., S. 207.

der Premier avocat général als dem Kassationshof zugeordnete Vertreter des öffentlichen Interesses) sahen die einzige Chance für eine Harmonisierung der Rechtsprechung in der Anrufung der Assemblée plénière oder einer Chambre mixte[47]. Dazu ist es jedoch nie gekommen.

III. Die Aufnahme in der Lehre

Die Lehre vom anspruchsmindernden fait non fautif des Geschädigten fand ein geteiltes Echo in der Lehre. Verteidigt wurde sie unter dem Topos, daß den Richtern damit ein Mittel an die Hand gegeben werde, um ein Gegengewicht zur äußerst strengen Haftung des gardien in die Waagschale werfen zu können[48].

Es gab jedoch auch vehemente Kritik auf zwei Ebenen. Zunächst wandten sich einige Autoren gegen die Meßbarkeit verschiedener Verursachungsanteile bei einer Schädigung[49]. Diese Kritik muß in einem weiteren Zusammenhang gesehen werden. Denn der Kassationshof hatte in den 50er und 60er Jahren entschieden, daß eine force majeure und auch die Mitverursachung des Schadens durch einen Dritten u.U. nur teilweise entlasten, wenn auch dem Schädiger noch ein Mitverursachungsanteil zugeschrieben werden kann. So berechtigt die Kritik an der Rechtsprechung in den beiden letztgenannten Bereichen auch war, so kann man sie doch nicht ohne weiteres auf das Verhalten des Geschädigten übertragen. Es ist vielmehr durchaus möglich, die Bewertung der Verursachungsanteile ähnlich wie bei der Adäquanztheorie nach der Wahrscheinlichkeit zu bestimmen: Vorwiegend verursacht hat einen Schaden derjenige, der dessen Eintritt in einem höheren Maße wahrscheinlich gemacht hat als andere Mitverursacher[50].

Von größerer Bedeutung war diejenige Kritik an der Anrechenbarkeit des fait non fautif des Geschädigten, die an die oft ungleichgewichtige Versicherungssituation beim Schädiger und beim Geschädigtem anknüpfte. Die Verkehrsunfälle als in der Praxis häufigste Anwendungsfälle der gardien-Haftung waren nämlich stets durch eine obligatorische Haftpflichtversicherung gedeckt. Daher wurde der gardien in Wirklichkeit entlastet; die Schadenstragung oblag der großen Gemeinschaft der Haftpflichtversicherten. Für den gardien selbst brachte die erleichterte Reduzierung des Ersatzan-

---

[47] J.C.P. 1974.I.2653, Nr. 89.

[48] Durry, obs. Rev.trim.dr.civ. 1969, S. 340; 1972, S. 406, Nr. 11; 1973, S. 577; 1974, S. 424 f.; Bonjean, S. 263 ff.; Boré, J.C.P. 1971.I.2369, Nr. 37; Brousseau, obs. J.C.P. 1974.II.17897, Nr. 9.

[49] Starck, J.C.P. 1970.I.2339; Chabas, D. 1973, Chr. 207 ff.; vgl. demgegenüber Boré, J.C.P. 1971.I.2369.

[50] Staudinger/Medicus, § 254 Rn. 92 m.w.N.

spruchs folglich keine unmittelbaren Folgen. Dies konnte sich allenfalls auf die Höhe der zu zahlenden Versicherungsprämie auswirken. Für den Geschädigten hingegen brachte die neue Rechtsprechung eine unmittelbar spürbare Verschlechterung seiner Situation. Dies empfand man als widersprüchlich, weil die Leitlinie der Entwicklung des Haftungsrecht seit Jahrzehnten eindeutig den Opferschutz in den Vordergrund stellte. Zudem sah man auch in Frankreich den Funktionswandel der Haftpflichtversicherung, vor allem dort, wo sie obligatorisch ist. Es geht hier nicht mehr vorrangig um die Entlastung des Schädigers, sondern um die Gewährleistung umfassenden Opferschutzes als soziale Aufgabe[51].

Als unhaltbar empfand man schließlich die langjährige Zeitspanne, die oft wegen der unklaren Rechtslage im Hinblick auf das Mitverschulden zwischen dem schädigenden Ereignis und der tatsächlichen Entschädigung verstrich[52]. Insbesondere die direkt verklagten Haftpflichtversicherungen nutzten jede Gelegenheit, um für eine Reduzierung der Ansprüche wegen eines fait non fautif des Geschädigten gegebenenfalls bis zum Kassationshof zu gehen. Daraus erklärt sich die unendliche Vielzahl von Urteilen des Kassationshofs zu diesem Problem, ohne daß sich aber jemals eine einheitliche Linie in dieser Rechtsprechung herausgebildet hat, wie bereits gezeigt wurde. Die Unfallgeschädigten hatten daher nicht selten einige Jahre zu warten, bis sie tatsächlich in den Genuß der Ersatzleistung kamen, die zudem oft wegen des mysteriösen "fait non fautif de la victime" gekürzt wurde. In diesem Zusammenhang sind auch die hohen sozialen Kosten zu beachten, die die enorm häufige Beschäftigung der Rechtspflege mit diesem Problem verursachte[53].

Diese Argumente führten zu einer radikalen Ablehnung der Lehre vom anspruchsmindernden fait non fautif des Geschädigten. Es wurde vielmehr im Gegenteil die Erschwerung der Mitverschuldensanrechnung gefordert, indem nur noch grobes Mitverschulden ausreichen sollte[54].

Es ist jedoch nicht zu verkennen, daß der weite Anwendungsbereich der gardien-Haftung auch viele Fälle erfaßt, die nicht durch eine Haftpflichtversicherung abgedeckt sind. Insbesondere bei Verletzungen durch an sich ungefährliche Gegenstände, die ja ebenfalls unter Art. 1384 Abs. 1, 2. Alt. C.c. fallen, kann man die Argumentation eher nachvollziehen, daß die an-

[51] Tunc, note D. 1964.J.570 unter II.; Viney, Traité, Nr. 433, S. 512.

[52] Tunc, note D. 1965.J.663; ders., note D. 1969.J.127; ders., D. 1976, Chr. 16; Viney, J.C.P. 1984.I.3155, Nr. 21.

[53] Tunc, note D. 1969.J.127.

[54] Lapoyade-Deschamps, thèse, S. 625 ff.; Tunc, D. 1975, Chr. 89, Nr. 17; Viney, Traité, Nr. 433, S. 513.

spruchsmindernde Anrechnung des fait non fautif de la victime ein sinnvolles Gegengewicht zur strengen Haftung des gardien sei. Nicht zuletzt wegen der Unterschiede zwischen den von der gardien-Haftung erfaßten Sachverhalten war es seit jeher ein Anliegen vor allem von Tunc, ein Spezialgesetz zur Haftung bei Unfällen im Straßenverkehr zu schaffen[55].

Ein solches Gesetz ließ jedoch noch lange auf sich warten. Die Generalklausel des Art. 1384 Abs. 1, 2. Alt. C.c. erlaubte keine nach Sachverhalten differenzierte Abstufung der Anforderungen an das anspruchsmindernde Verhalten des Geschädigten[56], so daß man entweder einen Mittelweg[57] finden oder aber sich für eine Lösung entscheiden mußte, die nur einen Teilbereich befriedigend regelt. Nachdem sich die Lehre vom anspruchsmindernden fait non fautif des Geschädigten im Bereich der Unfälle im Straßenverkehr wegen des geschilderten versicherungsrechtlichen Ungleichgewichts als ungerecht erwiesen hatte, schuf der Kassationshof mit dem arrêt Desmares vom 21.7.1982 eine Lösung, die nun umgekehrt nur diesen Bereich befriedigend abdeckte.

C. Der arrêt Desmares vom 21.7.1982

I. Darstellung des Urteils

Ein banaler Unfall im Straßenverkehr führte schließlich zu einem Urteil der zweiten Zivilkammer des Kassationshofs[58], mit dem sie ihre eigene Lösung im Bereich des Mitverschuldens radikal umkehrte. Selten hat ein Urteil in Frankreich so viel Aufmerksamkeit erregt, und zwar nicht nur unter Juristen, sondern auch in der allgemeinen Presse[59]. Allein die der Entscheidung

---

[55] Tunc, La sécurité routière; ders., Pour une loi sur les accidents de la circulation.

[56] Vgl. aber die gewagten Vorschläge bei Viney, J.C.P. 1984.I.3155, Nrn. 36-38, wonach der Kassationshof im Hinblick auf das Mitverschulden nach dem Vorliegen einer obligatorischen Haftpflichtversicherung bzw. nach der Art des eingetretenen Schadens differenzieren könne.

[57] So Tunc, D. 1975, Chr. 89, Nr. 17, der sich insoweit dafür aussprach, nur noch grobes Mitverschulden anspruchsmindernd wirken zu lassen. Als eine mögliche Alternative sah dies auch Viney, J.C.P. 1984.I.3155, Nr. 35.

[58] Cass.civ.II, 21.7.1982, D. 1982.J.449 (Korrekturen S. 487), concl. Charbonnier, note Larroumet = J.C.P. 1982.II.19861, note Chabas = G.P. 1982.2.391, concl. Charbonnier; obs. Durry, Rev.trim.dr.civ. 1982, S. 606.

[59] Nach Viney, D. 1982.J.201.

beigemessenen Attribute ("Provokation"[60], "Elektroschock"[61], "arrêt révolutionnaire"[62]) belegen die Wirkung des Urteils.

Ein Ehepaar war 1977 beim Überqueren einer Straße auf dem Fußgängerüberweg oder in seiner unmittelbaren Nähe von dem Auto des Monsieur Desmares angefahren und verletzt worden. Die Geschädigten verlangten von Desmares und seinem Versicherer Schadensersatz gemäß Art. 1384 Abs. 1, 2. Alt. C.c.. Allein der Prozeßverlauf in den unteren Instanzen belegt einmnal mehr die Rechtsunsicherheit, die in Frankreich in solchen Fällen herrschte. In der ersten Instanz wurde die Klage abgewiesen, weil das Verhalten der Geschädigten als faute gewertet wurde und zudem für den Fahrer unvorhersehbar und unwiderstehlich gewesen sei, so daß die Voraussetzungen der force majeure vorlägen. Das Berufungsgericht entschied im genau entgegengesetzten Sinn und gab der Klage in vollem Umfang statt. Die Kassationsbeschwerde der Beklagten rügte unter anderem, daß nicht geprüft worden sei, ob das Ehepaar eine anspruchsmindernde oder gar -ausschließende faute begangen habe, indem es entgegen Art. R. 219 Code de la route ohne vorherige Prüfung der Gefahrlosigkeit die Straße betreten habe, zumal dem Fahrer die Sicht auf die Fußgänger durch ein anderes Fahrzeug versperrt gewesen sei.

Der Kassationshof erklärte in einer grundsätzlichen Formulierung, daß nur das Vorliegen einer force majeure zur Entlastung des gardien führe, das Verhalten des Geschädigten mithin nur noch in dieser Hinsicht als Anspruchsausschließungsgrund relevant sei. Eine Teilentlastung komme hingegen nicht mehr in Betracht:

"Mais attendu que seul un évènement constituant un cas de force majeure exonère le gardien de la chose, instrument du dommage, de la responsabilité par lui encourue par application de l'article 1384, alinéa 1, du Code civil; que, dès lors, le comportement de la victime, s'il n'a pas été pour le gardien imprévisible et irrésisitible, ne peut l'en exonérer, même partiellement; ..."

Das Gericht lehnte im zu entscheidenden Fall das Vorliegen einer force majeure ab und erklärte infolgedessen die Prüfung einer anspruchsmindernden faute der Geschädigten für überflüssig.

Mit diesem Urteil schuf die zweite Zivilkammer des Kassationshofs das "Alles-oder-nichts-Prinzip" im Bereich der gardien-Haftung.

---

[60] Aubert, D. 1983, Chr. 1.

[61] Lambert-Faivre, D. 1982, Chr. 102.

[62] Larroumet, note D. 1982.J.455; Durry, obs. Rev.trim.dr.civ. 1982, S. 606.

II. Die Folgen des Urteils

1. Wirksamer Schutz der Opfer von Unfällen im Straßenverkehr

Als positiv wertete man allenthalben, daß die Unsicherheiten beseitigt wurden, die durch die Lehre vom anspruchsmindernden fait non fautif des Geschädigten geschaffen worden waren, und daß die Unfallopfer der haftpflichtversicherten Kraftfahrzeuge nun haftungsrechtlich wirksam geschützt wurden. Insbesondere hielt man die Präventionsfunktion des Geschädigtenmitverschuldens in diesen Fällen für irrelevant, weil allein die drohenden Unfallverletzungen präventiv wirkten[63] und im übrigen das Straf- bzw. Ordnungswidrigkeitenrecht zur Prävention und Repression berufen sei[64]. Einschränkend wurde vorgeschlagen, ähnlich der Rechtslage bei Arbeitsunfällen eine Anspruchsreduzierung bei besonders grobem bzw. zumindest bei vorsätzlichem Mitverschulden ("faute inexcusable", "faute intentionnelle") vorzusehen bzw. nach der Art des eingetretenen Schadens zu differenzieren[65].

Bemerkenswert ist schließlich, daß es in der Rechtspraxis nicht zu der von manchen befürchteten schnelleren Bejahung der force majeure als Haftungsausschließungsgrund kam[66].

2. Die unbillige Verschlechterung der Situation der nicht haftpflichtversicherten gardiens

Ein großes Problem bestand darin, daß sich die Lösung des arrêt Desmares nicht auf die obligatorisch versicherten Haftpflichtfälle beschränken ließ, sondern wegen der generalklauselartigen Weite des Art. 1384 Abs. 1, 2. Alt. C.c. und wegen der Allgemeinheit der Formulierung im Urteil Desmares auch auf alle übrigen von der gardien-Haftung erfaßten Fälle erstreckte[67]. Da die gardien-Haftung Schädigungen durch alle, auch an sich ungefährliche Sachen erfaßt, für die größtenteils keine obligatorische und oft auch keine freiwillige Haftpflichtversicherung eingreift, erschien der Ausschluß

---

[63] Durry, obs. Rev.trim.dr.civ. 1982, S. 607; Aubert, D. 1983, Chr. 3.

[64] Viney, D. 1982, Chr. 204 f.; Lambert-Faivre, D. 1982, Chr. 208; dies., D. 1983, Chr. 102.

[65] Viney, J.C.P. 1984.I.3155, Nrn. 29 f., 35, 38

[66] Nachweise bei Viney, J.C.P. 1984.I.3155, Nr. 10, Fn. 18 f.

[67] So dann auch die Rechtsprechung: Cass.civ.II, 10.3.1983, Bull.civ.II, Nr. 76, S. 51 (Schädigung durch eine Elektrosäge); 20.4.1983, Bull.civ.II, Nr. 99, S. 67 (Schädigung einer Ölleitung durch ein Fördergefäß); 15.2.1984, J.C.P. 1984.IV.130 (Stoß mit einem Sofa beim Tragen desselben). Anwendung auf die Haftung des Tierhalters gemäß Art. 1385 C.c.: Cass.civ.II, 18.1. 1984, J.C.P. 1984.IV, 96.

der Anspruchsminderung wegen Mitverschuldens des Geschädigten insoweit als zu starke Belastung des haftenden gardien[68].

Der arrêt Desmares hat also den Spieß umgedreht: Gewährte die Lehre vom anspruchsmindernden fait non fautif des Geschädigten vorher den nicht versicherten Schädigern einen sinnvollen Schutz, während die im Straßenverkehr von Kraftfahrzeugen verletzten Opfer über Gebühr belastet wurden, so waren nunmehr letztere sinnvollerweise besser geschützt, während die Situation der Erstgenannten in unbilliger Weise verschlechtert wurde.

Die unbilligen Auswirkungen auf die nicht versicherten Haftpflichtigen erkannte auch der das öffentliche Interesse vertretende avocat général Charbonnier in seinen conclusions, in denen er die zweite Zivilkammer des Kassationshofs zur Lösung des arrêt Desmares aufforderte. Er schlug den Gerichten vor, in solchen Fällen die zu leistende Entschädigung nach Billigkeitsgesichtspunkten zu mindern[69]. Diese Differenzierung wurde jedoch einhellig abgelehnt, weil sie zu willkürlicher Rechtsanwendung führe und den haftungsrechtlichen Grundsatz der Totalreparation mißachte[70]. Hier macht sich der grundsätzliche Widerstand der französischen Rechtstradition gegen Billigkeitsregeln bemerkbar, der ja schon im Zusammenhang mit der Haftung einsichtsunfähiger Personen beleuchtet wurde[71]. Zwar war der vorherige Rechtszustand unter dem Einfluß der Lehre vom anspruchsmindernden fait non fautif des Geschädigten ähnlich unklar. Es macht indes wenig Sinn, eine Unklarheit durch eine andere zu ersetzen.

Vor allem aber läuft der Vorschlag von Charbonnier darauf hinaus, bei der Rechtsfolge eine Differenzierung zwischen obligatorisch versicherter und nicht versicherter Haftung vorzunehmen, die wegen der allgemeinen Formulierung des Art. 1384 Abs. 1, 2. Alt. C.c. abzulehnen ist. Die Regelung ist gerade im Hinblick auf die Rechtsfolge einheitlich gehalten und daher diesbezüglich nicht differenzierbar.

Der Kassationshof folgte später auch nicht einem anderen Vorschlag von Charbonnier, demzufolge der Anwendungsbereich der gardien-Haftung und damit des arrêt Desmares auf von Natur aus gefährliche Sachen beschränkt

---

[68] Viney, D. 1982, Chr. 206; dies., J.C.P. 1984.I.3155, Nrn. 27 f.; Aubert, D. 1983, Chr. 5; Larroumet, note D. 1982.J.453, 455; Durry, obs. Rev.trim.dr.civ. 1982, S. 608 f.; Bigot, J.C.P. 1982.I.3090 unter III.B.; Wiederkehr, S. 118.

[69] Charbonnier, concl., D. 1982.J.451, re.Sp. unten = G.P. 1982.2.394, re.Sp. unter 2.

[70] Chabas, obs. J.C.P. 1982.II.19861 unter II. (a.E.) und III.; Aubert, D. 1983, Chr. 5; Viney, J.C.P. 1984.I.28; Weill/Terré, Nr. 737, S. 752.

[71] Siehe oben S. 61, Fn. 172.

werden sollte[72]. Eine befriedigende Lösung konnte daher nur der Gesetzgeber schaffen[73].

3. Inkohärenzen im Verhältnis zu anderen haftungsrechtlichen Anspruchsgrundlagen

a) Das Verhältnis der gardien-Haftung zur Haftung für faute gemäß Artt. 1382, 1383 C.c.

Ein großes Problem nach dem arrêt Desmares waren auch die Auswirkungen, die er auf die Mitverschuldensproblematik im Rahmen anderer haftungsrechtlicher Anspruchsgrundlagen hatte. In einer Entscheidung vom selben Tag machte die zweite Zivilkammer des Kassationshofs deutlich, daß sie an der traditionellen Rechtsprechung zu Artt. 1382, 1383 C.c. festhielt, wonach die faute des Geschädigten zu einer Anspruchsreduzierung führt[74]. Daraus ergaben sich zwangsläufig Abgrenzungsprobleme, denn viele Schadensfälle erfüllen sowohl den Tatbestand der gardien-Haftung als auch die Voraussetzungen der Haftung für faute. Welcher Regelung war der Vorzug zu geben? Der avocat général Charbonnier plädierte dafür, im Konkurrenzfall die dem Geschädigten günstigere gardien-Haftung anzuwenden. Er sprach sich zwar auch für eine Beseitigung dieses Spannungsverhältnisses im Deliktsrecht aus, sah jedoch für den Kassationshof im Fall Desmares angesichts der Beschränkung des Prozeßgegenstandes auf die gardien-Haftung zu Recht keine Gelegenheit dafür. Er erhoffte sich von der neuen Rechtsprechung immerhin eine Ermunterung des Gesetzgebers, diesbezüglich tätig zu werden[75]. Das geschah indes nicht.

Die zweite Zivilkammer des Kassationshofs setzte in der Folgezeit den Vorrang der gardien-Haftung durch. Sie entschied dies bei Klagen, die sowohl auf Art. 1382 als auch auf Art. 1384 Abs. 1, 2. Alt. C.c. gestützt waren[76]. Die Anspruchsreduzierung wegen Mitverschuldens im Rahmen der gardien-Haftung wurde sogar in Anwendung des Art. 12 Abs. 3 Nouveau Code de

[72] Cass.civ.II, 15.11.1984 (3 Urteile), D. 1985.J.20, concl. Charbonnier = G.P. 1985.1.267, note F.C., 297, note Chabas.

[73] Durry, obs. Rev.trim.dr.civ. 1982, S. 609; Aubert, D. 1983, Chr. 5 f.

[74] "Arrêt Guillaume", G.P. 1982.2, Somm. 317, note Chabas; so auch später am 8.12.1982, J.C.P. 1983.IV.67.

[75] D. 1982.J.451, re.Sp.

[76] Urteile vom 3.2.1983, Bull.civ.II, Nr. 31, S. 22 = J.C.P. 1984.II.20270, note Chabas; 30.11. 1983, G.P. 1984.1, pan.jur. 110, obs. F.C.; 25.1.1984, D. 1984.J.242, note Larroumet.

procédure civile von Amts wegen ausgeschlossen, selbst wenn die Kassationsbeschwerde dies gar nicht gefordert hatte[77].

Das fürte zwar zu einer gewissen Milderung des Spannungsverhältnisses, konnte es aber nicht völlig beseitigen. Insbesondere in Fällen, in denen nur Artt. 1382, 1383 C.c. als Anspruchsgrundlage berücksichtigt werden konnten, half der Vorrang der gardien-Haftung nicht. Der wichtigste Bereich ist diesbezüglich das Adhäsionsverfahren vor den Strafgerichten, das in Frankreich wesentlich mehr Bedeutung hat als in Deutschland. In diesem Verfahren können nur die auf eine faute des Schädigers gestützten Ansprüche Prozeßgegenstand sein.

Diese Beschränkung war früher kein Risiko für den Kläger, denn wenn im Strafverfahren eine faute des Schädigers festgestellt worden war, galt die diesbezügliche Rechtskraftwirkung auch für die zivilrechtliche faute. Außerdem ist das Adhäsionsverfahren schneller und kostengünstiger als eine selbständige Klage vor einem Zivilgericht[78]. Nach dem arrêt Desmares war die Situation des Adhäsionsklägers im Hinblick auf das Mitverschulden des Geschädigten indes wesentlich schlechter als bei einer Klage aus der gardien-Haftung, so daß das Adhäsionsverfahren in vielen Fällen praktisch nicht mehr empfohlen werden konnte. Besonders hart traf dies diejenigen Adhäsionskläger, deren Schadensersatzbegehren bereits vor dem unvorhersehbaren arrêt Desmares rechtshängig geworden waren. Unter dem Einfluß der neuen Rechtsprechung verschlechterte sich ihre Rechtsposition. Der arrêt Derguini vom 9.5.1984 ist das klassische Beispiel[79]. Diese Auswirkungen hätte man allerdings durch eine Rücknahme der Adhäsionsklage und eine anschließende neue Klage vor einem Zivilgericht auf der Grundlage der gardien-Haftung[80] in Grenzen halten können.

Zwar erlaubt der neue Art. L. 470-1 des Code de procédure pénale vom 8.7.1983 in gewissen Fällen auch im Adhäsionsverfahren die Anwendung aller Anspruchsgrundlagen des Code civil. Der Tatbestand hat jedoch sehr enge Voraussetzungen und greift daher nicht oft ein. Betroffen sind nämlich nur Verfahren wegen fahrlässiger Tötung oder fahrlässiger Körperverletzung vor einem Tribunal correctionnel bzw. einem Tribunal de police, das vom Staatsanwalt bzw. vom Untersuchungsrichter angerufen wurde und den

[77] Urteile vom 5.1.1983, Bull.civ.II, Nr. 5, S. 4 = G.P. 1983.1.81, note Chabas; 12.1.1983, Bull.civ.II, Nr. 7, S. 5 = D. 1983.J.211, note Larroumet = G.P. 1983.1.81, note Chabas.

[78] Wiederkehr, S. 122.

[79] Siehe oben S. 104.

[80] Zu dieser Möglichkeit Ferid/Sonnenberger, 2 O 56, S. 455.

Schädiger freigesprochen hat. Daher spielt die neue Vorschrift keine große Rolle[81].

Aber auch unabhängig von der Problematik des Adhäsionsverfahrens wurde es als Wertungswiderspruch betrachtet, daß der Schädiger, dessen Verschulden gemäß Artt. 1382, 1383 C.c. bewiesen ist, im Hinblick auf die anspruchsreduzierende Wirkung des Mitverschuldens des Geschädigten besser dasteht als der verschuldensunabhängig und weitgehend objektiv haftende gardien[82]. Dem kann allerdings entgegengehalten werden, daß gerade von Sachen oft eine größere Gefahr für andere ausgeht als von Menschen ohne Hilfsmittel, jedenfalls hinsichtlich der Rechtsgüter des Lebens, der Gesundheit und der körperlichen Unversehrtheit. Die Opferperspektive, die ja auch sonst die Entwicklung des französischen Deliktsrechts geprägt hat, könnte daher durchaus als Argument für die aufgezeigte Disparität der verschiedenen Anspruchsgrundlagen eingebracht werden[83]. Besonders kraß erscheint der oben angesprochene Wertungswiderspruch indes, wenn man die Situation eines obligatorisch haftpflichtversicherten Schädigers, der nach Artt. 1382, 1383 C.c. haftet, mit der Situation eines nicht versicherten gardien vergleicht[84].

Das verdeutlicht jedoch nur noch einmal den entscheidenden Gesichtspunkt, daß nämlich der wahre Grund für die Lösung des arrêt Desmares in der obligatorischen Haftpflichtversicherung des Schädigers und nicht in dem Unterschied zwischen den Anspruchsgrundlagen der Artt. 1382, 1383 C.c. einerseits und Art. 1384 Abs. 1, 2. Alt. C.c. andererseits liegt[85].

b) Das Verhältnis der gardien-Haftung zur objektiven Vertragshaftung

Nach dem arrêt Desmares war auch ein Widerspruch zwischen der gardien-Haftung und der objektiven Vertragshaftung für die Verletzung von "obligations de résultat" bzw. "obligations de sécurité" festzustellen. Die für diese Fälle zuständige erste Zivilkammer des Kassationshofs lehnte nämlich die Übernahme der Lösung des arrêt Desmares ab[86]. Angesichts des spezifisch französischen Grundsatzes des non-cumul von Vertrags- und Deliktsrecht hängt es oft von sehr subtilen Erwägungen zum Bestehen eines Ver-

---

[81] Viney, J.C.P. 1984.I.3155, Nr. 19; Lapoyade-Deschamps, D. 1988, Chr. 301, li.Sp. vor B.

[82] Viney, J.C.P. 1984.I.3155, Nr. 18.

[83] So im Ergebnis auch Lambert-Faivre, D. 1983, Chr. 104.

[84] Aubert, D. 1983, Chr. 5, li.Sp.

[85] A.A. Lambert-Faivre, D. 1983, Chr. 104.

[86] Urteile vom 11.1.1983, J.C.P. 1983.IV.95 und vom 2.3.1983, Bull.civ.I, Nr. 85, S. 75.

trages bzw. entsprechender vertraglicher Pflichten ab, ob ein Anspruch nach Vertragsrecht oder nach der gardien-Haftung begründet ist[87]. Auch in diesem Bereich ist es also zu einer unerträglichen Inkohärenz des Haftungsrechts gekommen.

4. Die mehrheitliche Weigerung der unterinstanzlichen Gerichte, dem arrêt Desmares zu folgen

Die Effektivität des arrêt Desmares wurde in der Rechtspraxis dadurch in Frage gestellt, daß die Mehrheit der Gerichte in den unteren Instanzen den Wechsel in der Rechtsprechung der zweiten Zivilkammer des Kassationshofs nicht mitmachten[88]. Insgesamt wirkte sich die Rechtspraxis daher erstaunlicherweise dahingehend aus, daß die Haftpflichtversicherungen, denen nach dem arrêt Desmares eine Prämienerhöhung um 3 % zugestanden worden war, weitaus bessere Geschäftsergebnisse erzielten als vorher[89].

Dies alles zeigt, daß der arrêt Desmares von Anfang an auf wackeligen Beinen stand. Vor seiner Aufgabe bedurfte es aber noch eines gesetzgeberischen Eingriffs, der im folgenden dargestellt wird.

D. Das Gesetz über die Haftung bei Unfällen im Straßenverkehr vom 5.7.1985

Am 5.7.1985 war es endlich so weit: Nach etwa 20 Jahren der Vorarbeit, die besonders von Tunc immer wieder vorangetrieben wurde, trat in Frankreich ein Spezialgesetz über die Haftung bei Unfällen im Straßenverkehr in Kraft, das nach dem dafür maßgeblich verantwortlichen Justizminister Robert Badinter gern "loi Badinter" genannt wird. Sein Hauptanliegen, die Verbesserung des Schutzes der Unfallopfer in haftungsrechtlicher Hinsicht und die Beschleunigung der Entschädigungsverfahrens in verfahrens- und

---

87 Wiederkehr, S. 125 f.

88 *Pro arrêt Desmares:* Versailles, 4.11.1982, G.P. 1983.1, Somm. 209; 29.9.1983, G.P. 1983.2, 587; Aix, 10.1.1985, G.P. 1985.2.530; Toulouse, 6.5.1985, G.P. 1985.2.532; Lyon, 21.6.1985, aufgehoben von Cass.civ.II, 6.4.1987, Bull.civ.II, S. 50 (1. Fall). *Contra:* Versailles, 3.6.1983, aufgehoben von Cass.civ.II, 15.11.1984, G.P. 1985.1.267, note Chabas; Aix, 20.6.1983, bestätigt von Cass.civ.II, 6.4.1987, Bull.civ.II, S. 50 (3.Fall); Orléans, 12.6.1984, G.P. 1984.2, Somm. 297; Paris, 8.12.1982, G.P. 1982.2.640; 5.1.1983, D. 1983.J.183, note Larroumet und öfter; Amiens, 22.11.1982, G.P. 1983.1, Somm. 43; Bordeaux, 18.11.1982, G.P. 1982.2, Somm. 393; Dijon, 20.6. 1984, G.P. 1984.2.466; Douai, 26.11.1982, G.P. 1982.2, Somm. 395; Montpellier, 6.3.1984, G.P. 1984.2.465; Reims, 25.11.1982, G.P. 1983.1, Somm. 43, Riom, 28.10. und 9.12.1982, 27.1.1983, G.P. 1984.1, Somm. 58.

89 Chabas, Le droit des accidents de la circulation, Nr. 49.

versicherungstechnischer Hinsicht[90], kommt bereits im offiziellen Namen des Gesetz zum Ausdruck: "Loi ... tendant à l'amélioration de la situation des victimes d'accidents de la circulation et à l'accélération des procédures d'indemnisation".

I. Der Anwendungsbereich

Das Gesetz erfaßt nach seinem Art. 1 alle Unfälle, an denen Kraftfahrzeuge oder deren Anhänger beteiligt sind. Ausgenommen sind Eisen- und Straßenbahnen, die auf eigenen Schienen fahren.

Nachdem man anfangs mehrheitlich der Auffassung war, daß das Gesetz in haftungsrechtlicher Hinsicht lediglich unselbständige Ergänzungen der traditionellen Anspruchsgrundlagen, insbesondere der gardien-Haftung und der Artt. 1382, 1383 C.c., für den Bereich des Mitverschuldens bzw. der force majeure geschaffen hat[91], wurde dem Gesetz schließlich der Charakter einer selbständigen Anspruchsgrundlage zuerkannt[92]. Insbesondere die Regelung in Art. 2 des Gesetzes, wonach den Unfallopfern die force majeure nicht mehr als Entlastungsgrund entgegengehalten werden kann, rieb sich nämlich mit den Kausalitätserfordernissen des traditionellen Haftungsrechts[93]. Anspruchsgegner sind gemäß Art. 2 des Gesetzes der Fahrer bzw. der gardien des Kraftfahrzeugs.

Damit kommt nunmehr dem Begriff der Beteiligung eines Kraftfahrzeugs am Unfall gemäß Art. 1 des Gesetzes eine zentrale haftungsbegründende Funktion zu. Dieser Begriff stammt aus Art. 1 Abs. 2 der Haager Konvention vom 4.5.1971 über das auf Straßenverkehrsunfälle anwendbare Recht und ist dort wegen des Charakters dieser Regelung als kollisionsrechtliche Norm bewußt weit gehalten worden, um möglichst alle verschiedenen materiell-rechtlichen Regelungen zu diesem Bereich zu erfassen[94]. Es ist daher kein Wunder, daß er nun als haftungsbegründendes Tatbestandsmerkmal im neuen französischen Sachrecht große Auslegungsprobleme aufwirft[95]. Insoweit kann man mit Fug und Recht bezweifeln, ob das Ziel schnellerer Entschädigung in dem beabsichtigten Umfang erreicht wird. Dem Gesetzgeber

[90] Dazu von Bar, VersR 1986, S. 622 f.

[91] Chabas, Le droit des accidents de la circulation, 1. Aufl., Nr. 165; ders., note J.C.P. 1985, II.20253.

[92] Cass.civ.II, 4.5.1987, Bull.civ.II, Nr. 87; 28.1. und 4.2.1987, D. 1987.J.187, note Groutel.

[93] Wiederkehr, S. 130.

[94] von Bar, VersR 1986, S. 624.

[95] Dazu etwa Groutel, D. 1990, Chr. 263.

ist allerdings zuzugestehen, daß das Beteiligt-Sein des Kraftfahrzeugs in den klassischen Situationen des Verkehrsunfalls unproblematisch ist.

II. Die neue Regelung der Entlastungsgründe

Die entscheidenden Neuerungen des Gesetzes bestehen in einer originellen Regelung der Entlastungsgründe des haftenden gardien. Entsprechend der langjährigen Forderung von Tunc nimmt Art. 2 des Gesetzes der force majeure die haftungsausschließende Wirkung, die sie bisher im traditionellen Haftungsrecht hatte. Damit geht das Gesetz wesentlich weiter als das deutsche Straßenverkehrsgesetz, dessen § 7 Abs. 2 den Ausschlußgrund des unabwendbaren Ereignisses beinhaltet.

Neu ist ferner bei der Regelung des Mitverschuldens die Differenzierung nach Opfern und nach der Art des eingetretenen Schadens. Für den geschädigten Fahrer eines Kraftfahrzeugs gilt gemäß Art. 4 des Gesetzes die allgemeine Regel, daß sein Mitverschulden anspruchsmindernd bzw. -ausschließend wirkt. Das gleiche gilt gemäß Art. 5 des Gesetzes bei allen anderen Geschädigten für Sachschäden. Eine Ausnahme bestimmt Satz 2 der Regelung für medizinisch verordnete Geräte, etwa Prothesen oder Rollstühle. Hier greift die Regelung für Personenschäden ein.

Art. 3 regelt die Wirkung des Mitverschuldens bei Personenschäden, wobei der geschädigte Fahrer eines Kraftfahrzeugs wegen der diesbezüglichen Sonderregelung in Art. 4 ausgenommen ist. Nach Abs. 1 wird das anrechenbare Mitverschulden grundsätzlich auf das unentschuldbare Fehlverhalten ("faute inexcusable") beschränkt und weiterhin verlangt, daß es die ausschließliche Ursache des Unfalls sein muß[96].

Sehr originell ist sodann die Schaffung eines "superprivilegierten" Opferkreises in Abs. 2. Danach kann Kindern und Jugendlichen unter 16 Jahren, alten Leuten über 70 Jahren sowie allen zur Zeit des Unfalls zu mindestens 80 % behinderten Geschädigten kein Entlastungsgrund mehr entgegengehalten werden. Ausnahmsweise ist der Anspruch gemäß Abs. 3 ausgeschlossen, wenn eine solche Person den Schaden willentlich gesucht hat, etwa in

[96] Siehe zur Anwendung in der Praxis etwa Cass.civ.II, 20.7.1987 (10 Urteile), Bull.civ.II, Nr. 160; aber auch Cass.civ.II, 7.6.1989, D. 1989.J.559, note Aubert: faute inexcusable eines über 16jährigen, geistig leicht behinderten Minderjährigen, weil keine Behinderung von mindestens 80 % vorlag, wie es für die "Superprivilegierung" in Art. 3 Abs. 2 nötig gewesen wäre (dazu sogleich).

Selbstmordabsicht[97]. Das Erfordernis der Willentlichkeit verhindert jedoch die Anwendung dieses Ausschlußgrundes auf infantes[98].

Zu beachten bleibt, daß das Gesetz die persönliche Haftung dieses Personenkreises gegenüber Dritten nicht tangiert[99].

III. Folgerungen für das Schicksal des arrêt Desmares

Mit dem neuen Gesetz war dem arrêt Desmares der Hauptanwendungsbereich entzogen worden. Übrig blieben für ihn die Schädigungen durch andere Sachen als Kraftfahrzeuge, die größtenteils nicht obligatorisch haftpflichtversichert sind und für die die Lösung des arrêt Desmares unbefriedigend war[100]. Man durfte daher gespannt sein, ob die zweite Zivilkammer des Kassationshofs trotzdem an ihrem "revolutionären" arrêt Desmares festhalten würde. Die Antwort ließ nicht lange auf sich warten.

E. Die Aufgabe des arrêt Desmares am 6.4.1987

Am 6.4.1987 hatte die zweite Zivilkammer des Kassationshofs in vier Urteilen über die Weitergeltung des arrêt Desmares zu entscheiden, wobei in zwei Fällen das Mitverschulden Minderjähriger in Rede stand.

Alle vier Fälle betrafen die gardien-Haftung in Sachverhalten, die nicht der loi Badinter unterfielen und in denen ganz allgemein keine obligatorische Haftpflichtversicherung bestand[101]. Das Gericht reagierte entsprechend der veränderten Lage nach der Schaffung der loi Badinter: Es verabschiedete sich vom arrêt Desmares, indem es allen Urteilen den Leitsatz zugrunde legte:

---

[97] Cass.civ.II, 24.2.1988, Bull.civ.II, Nr. 49 (nicht hingegen bei einem Demonstranten, der vorsätzlich den Verkehr blockiert und von einem Auto angefahren wird: Cass.civ.II, 17.2.1988, Bull.civ.II, Nr. 44).

[98] Rouen, 17.4.1986, G.P. 1986.2, Somm. 381; Chabas, Le droit des accidents de la circulation, Nr. 185, S. 164.

[99] Chambéry, 12.11.1985, D. 1986.J.201, note Chabas (ein 8jähriges, fahrradfahrendes Mädchen war mit einem Auto zusammengestoßen).

[100] Siehe oben S. 178 ff.

[101] Freilich waren in zwei Fällen Versicherungsgesellschaften mitverklagt; die entsprechenden Versicherungsverhältnisse waren aber auf freiwilliger Basis zustandegekommen.

"Attendu que le gardien de la chose instrument du dommage est partiellement exonéré de sa responsabilité s'il prouve que la faute de la victime a contribué au dommage".[102]

Es ist bezeichnend für die von Anfang an festzustellende mangelnde Befolgung des arrêt Desmares durch die Berufungsgerichte[103], daß drei der vier angegriffenen berufungsgerichtlichen Urteile dem arrêt Desmares nicht gefolgt waren und eine Anspruchsreduzierung wegen Mitverschuldens vorgenommen hatten. Genau dagegen hatten sich die Kassationsbeschwerden gewandt.

Es fragt sich, ob der Kassationshof mit den Urteilen vom 6.4.1987 wieder zu dem Rechtszustand zurückgekehrt ist, der vor dem arrêt Desmares geherrscht hat. Wie bereits gezeigt war die damalige Rechtslage unbefriedigend, und zwar nicht nur wegen der mangelnden Differenzierung zwischen der obligatorisch versicherten und der sonstigen gardien-Haftung, sondern auch wegen der großen Rechtsunsicherheit, die mit der Verwendung des verschwommenen Begriffs des "fait non fautif de la victime" einherging. Dieser letztgenannte Gesichtspunkt wäre wieder aktuell, wenn es sich um eine bloße Rückbesinnung auf die alte Rechtsprechung handelte.

Zwar war diese Frage in den vier zur Entscheidung stehenden Fällen nicht streitentscheidend, weil alle vier berufungsgerichtlichen Urteile bindend eine schadensmitursächliche faute der Geschädigten festgestellt hatten. Dennoch deutet der in allen vier Urteilen identische und jeweils von der konkreten Fallbetrachtung abgehobene Leitsatz der Anspruchsreduzierung bei einer vom Schädiger zu beweisenden schadensmitursächlichen faute des Geschädigten darauf hin, daß es sich hier um eine grundsätzliche dogmatische Stellungnahme gegen die Anrechenbarkeit auch des fait non fautif de la victime handelt[104].

---

[102] Cass.civ.II, 6.4.1987, D. 1988.J.32, note Mouly = J.C.P. 1987.II.20828, obs. Chabas (Mettetal c. Mme. Waeterinckx et M.G.A.: Ein Mädchen hatte infolge einer Explosion Verbrennungen erlitten, weil eine Frau auf ihrem Grundstück abgemähtes Gras mit Brennalkohol übergossen und angezündet hatte.); Bull.civ. 1987.II, Nr. 86, S. 50, 1. Urteil (Fall Bardèche: Ein Mann hatte sich trotz mehrmaliger Aufforderung nicht vom Schadensort entfernt und war demzufolge von einem herabfallenden Ast verletzt worden, den ein anderer Mann mit einer Kettenbaumsäge abgetrennt hatte.); 2. Urteil (Chauvet c. Lutgen: Eine Frau war von einem fahrradfahrenden Mädchen angefahren und verletzt worden.); 3. Urteil (Belzedghoune c. société Boirie: Ein Minderjähriger hatte sich auf eine Baustelle begeben; seine linke Hand geriet in das Getriebe der von ihm in Gang gesetzten elektrischen Maschine und wurde zermalmt); obs. Huet, Rev.trim.dr.civ. 1987, S. 767 ff.

[103] Siehe oben S. 183.

[104] Chabas, obs. J.C.P. 1987.II.20828 unter III.1.a; zurückhaltend Mouly, note D. 1988.J.34 f. unter III.B.

Folglich führen die Urteile nicht zur Rückkehr der Rechtslage vor dem arrêt Desmares, sondern zur Rückkehr der Rechtslage, die vor dem 17.12. 1963 bestand, als die zweite Zivilkammer des Kassationshofs erstmals die Lehre vom anspruchsmindernden fait non fautif des Geschädigten proklamierte. Die vor 1963 herrschende Überdehnung des Begriffs der faute zu Lasten der infantes[105] fällt dabei weg, weil die Grundsatzurteile der Assemblée plénière des Kassationshofs vom 9.5.1984[106] nunmehr allgemein auf das discernement als Voraussetzung der faute verzichtet haben.

Eine Erleichterung für die Rechtspraxis besteht darin, daß die beiden wichtigsten Haftungstatbestände des Deliktsrechts, Artt. 1382, 1383 einerseits und Art. 1384 Abs. 1, 2. Alt. C.c. andererseits, im Bereich des Mitverschuldens nunmehr den gleichen Regeln folgen. Damit ist die unter der Geltung des arrêt Desmares akut gewordene Frage nach dem Vorrang einer Norm bei kumulativer Erfüllung beider Tatbestände[107] obsolet geworden. Auch die Grundlage für den von manchen beklagten Wertungswiderspruch, daß derjenige Schädiger, dessen Verschulden bewiesen ist, im Gegensatz zum weitgehend objektiv haftenden gardien eine Anspruchsminderung wegen Mitverschuldens erwirken kann[108], besteht seit dem 6.4.1987 nicht mehr.

F. Gesamtwürdigung

Das Mitverschulden im Rahmen der gardien-Haftung hat wie wohl kaum ein anderes Rechtsproblem in den vergangenen Jahrzehnten enorme Wandlungen durchgemacht. Da Kinder insbesondere im Straßenverkehr oft geschädigt werden und dieser Bereich bis vor kurzem noch von Art. 1384 Abs. 1, 2. Alt. C.c. geregelt wurde, waren sie in besonderem Maße von der Sprunghaftigkeit der Rechtsprechung betroffen.

Nach dem Inkrafttreten des Spezialgesetzes zur Haftung bei Unfällen im Straßenverkehr und der darauf folgenden Aufgabe des arrêt Desmares scheinen sich die Wogen geglättet zu haben. Die aktuelle Rechtslage führt zum Gleichlauf der Lösungen im Deliktsrecht, insbesondere bei den beiden wichtigsten Anspruchsgrundlagen, Artt. 1382, 1383 C.c. einerseits sowie Art. 1384 Abs. 1, 2. Alt. C.c. andererseits.

Diese Kohärenz könnte freilich wieder in Frage gestellt werden, wenn es zukünftig weitere Anwendungsbereiche der obligatorischen Haftpflichversi-

[105] Siehe oben S. 165 ff.

[106] Siehe oben S. 100 ff.

[107] Siehe oben S. 180 ff.

[108] Siehe oben S. 182.

cherung geben sollte, für die nicht wie in der loi Badinter eine Spezialregelung des Mitverschuldens bestünde. Denn wie gezeigt kann das Nebeneinander von solchen Haftungsfällen und der nicht obligatorisch versicherten Haftung im Rahmen ein und derselben Anspruchsgrundlage im Bereich des Mitverschuldens zu schweren Spannungen führen. Der Gesetzgeber sollte daher bei der Schaffung neuer obligatorischer Haftpflichtversicherungen stets die diesbezüglichen Auswirkungen bedenken. In Deutschland ist ein solches Nachdenken angesichts des Funktionswandels jedenfalls der obligatorischen Haftpflichtversicherung (Sicherung der Opferentschädigung statt Entlastung des Schädigers) jedenfalls für die schon seit langem bestehende Gefährdungshaftung nach dem StVG angebracht[109].

---

[109] So Deutsch, ZRP 1983, S. 137 ff.; vgl. auch die Empfehlungen des Arbeitskreises II beim Deutschen Verkehrsgerichtstag 1991 (oben S. 22, Fn. 8).

Dritter Abschnitt

Anrechnung des Mitverschuldens der Eltern?

Auch zu dieser Frage gibt es im französische Recht im Gegensatz zu § 254 Abs. 2 S. 2 BGB keine gesetzliche Regelung. Bei der Lösung des Problems muß man sich also nicht mit den tiefgreifenden dogmatischen Streitfragen auseinandersetzen, die sich bei der Auslegung der deutschen Regelung aus dem Verweis auf die "entsprechende Anwendung" des § 278 BGB ergeben haben[1]. Das Fehlen einer gesetzlichen Regelung führt aber auch dazu, daß das Sachproblem in Frankreich nur sehr selten erörtert wird.

Die einzige dogmatische Schwierigkeit wird darin gesehen, ob die Anrechnung des elterlichen Aufsichtsverschuldens auf das Mitverschulden des Kindes nicht dem Grundsatz widerspricht, daß mehrere Schädiger dem Geschädigten jeweils aufs Ganze "in solidum" haften und untereinander auf Regreßansprüche verwiesen sind[2]. Die Eltern wären insoweit aus der Sphäre des geschädigten Kindes herausgelöst und würden diesem gegenüber theoretisch wie der Drittschädiger haften. Auch wenn diese Elternhaftung in der Praxis kaum relevant ist, hat die Konstruktion doch den großen Vorteil für das Kind, daß es auf jeden Fall voll entschädigt wird und das Insolvenzrisiko der Eltern auf den Drittschädiger bzw. seine Haftpflichtversicherung verlagert wird[3].

Für die direkte Anrechnung des elterlichen Aufsichtsverschuldens auf das Mitverschulden des Kindes wird die familiäre Zusammengehörigkeit ("la solidarité familiale") vorgebracht, die der Gleichbehandlung des Aufsichtsverschuldens mit dem Verschulden sonstiger Dritter entgegenstehe[4].

Die Rechtsprechung hat zu diesem Problem einmal mehr nur thesenhafte Antworten zu bieten, die nur den Rückschluß auf die vorgenannten Argu-

---

[1] Siehe oben S. 23 f.

[2] Savatier, D. 1964, Chr. 158; Vray, G.P. 1964.2, Doctr. 101; Warembourg-Auque, S. 349, Nr. 27; Starck, J.C.P. 1970.I.2339, Nr. 46 f.; Tunc, obs. Rev.trim.dr.civ. 1964, S. 322.

[3] Vray, G.P. 1964.2, Doctr. 101; Starck, J.C.P. 1970.I.2339, Nr. 46 f. (aber mit beachtlichen praktischen Einwänden in Fn. 19); dies anerkennend, letztlich aber doch für die direkte Anrechnung des Aufsichtsverschuldens Esmein, note D. 1964.J.22; auf das Insolvenzrisiko stellt neuerdings auch für das deutsche Recht J. Hager, NJW 1989, 1640 ff. ab.

[4] Savatier, D. 1964, Chr. 158; Esmein, note D. 1964.J.22; Tunc, obs. Rev.trim.dr.civ. 1964, S. 322.

mente erlauben. Erst in den 60er Jahren wurden die Gerichte häufiger mit diesem Problem konfrontiert, wobei sich eine nach Anspruchsgrundlagen differenzierte Entwicklung feststellen läßt.

A. Keine Anrechnung im Rahmen von Ansprüchen gemäß Artt. 1382, 1383 C.c.

Hier hält die Rechtsprechung seit den 60er Jahren eine einheitliche Linie: Das Aufsichtsverschulden der Eltern ist nicht auf das Mitverschulden ihrer geschädigten Kinder anzurechnen[5].

B. Anrechnung im Rahmen von Ansprüchen gemäß Art. 1384 Abs. 1, 2. Alt. C.c.?

Bei der gardien-Haftung läßt sich in den 60er Jahren zunächst noch die entgegengesetzte Lösung nachweisen: Es kam zur Reduzierung von Ansprüchen geschädigter Kinder wegen des schadensmitursächlichen Aufsichtsverschuldens der Eltern[6]. Der Unterschied zu den Ansprüchen nach Artt. 1382, 1383 C.c. ist darin begründet, daß die zweite Zivilkammer des Kassationshofs zu jener Zeit im Rahmen der gardien-Haftung, aber auch nur dort, das Verhalten eines Dritten generell als möglichen Entlastungsgrund betrachtete[7]. Obwohl sich Ende der 60er Jahre bereits die Aufgabe dieser Rechtsprechung andeutete[8], erklärte das Gericht noch in einem Urteil vom 20.11. 1969[9], daß ein "fait, même non fautif" der Eltern zur Anspruchsminderung führen könne.

---

[5] Cass.crim., 10.10.1963, D. 1964.J.20 mit kritischer Anmerkung von Esmein; Cass.civ.II, 12.6.1975, G.P. 1976.1.104, note Plancqueel = J.C.P. 1976.II.18444, note Larroumet; dort auch das Urteil vom 27.11.1975.

[6] Cass.civ.II, 30.11.1967, Bull.civ.II, Nr. 357, S. 255 (ein 3jähriges, in einem Getreidefeld verstecktes Kind war von einer Mähmaschine verletzt worden); Urteil vom selben Tag, ebenda Nr. 358 (ein 2jähriges Kind war auf einem Bauernhof von einer landwirtschaftlichen Maschine umgefahren worden, während seine Mutter es nur aus dem Fenster heraus beaufsichtigte).

[7] Cass.civ.II, 15.1.1960, Bull.civ.II, Nr. 46 = D. 1961, J.681, note Radouant; 9.3.1962, Bull. civ.II, Nr. 295 = J.C.P. 1962.II.12728, note Esmein; 24.4.1964, Bull.civ.II, Nr. 328, S. 247; 3.2. 1965, Bull.civ.II, Nr. 113, S. 82; 28.10.1968, Bull.civ.II, Nr. 264.

[8] Zu diesem Prozeß Starck, J.C.P. 1970.I.2339, Nrn. 49 ff. einerseits und Boré, J.C.P. 1971.I.2369, Nrn. 22 ff., jeweils mit weiteren Nachweisen.

[9] Bull.civ.II, Nr. 317, S. 234 (ein 4jähriges Kind hatte sich von seinen Eltern losgerissen und war auf die Straße gelaufen, wo es von einem Auto angefahren wurde).

Erst vier Grundsatzurteile der zweiten Zivilkammer vom 4.3.1970[10] veränderten die Lage. Sie bedeuteten die endgültige Aufgabe der alten Rechtsprechung, weil der verklagte gardien stets zu vollem Schadensersatz verpflichtet und im Hinblick auf das Verhalten eines Dritten auf Rückgriffsansprüche gegen diesen verwiesen wurde. Daraufhin kehrte das Gericht auch seine Rechtsprechung zur anspruchsmindernden Wirkung des elterlichen Aufsichtsverschuldens um. Nachdem ein Berufungsgericht im Sinne der alten Lösung entschieden und den Anspruch eines von einem Auto angefahrenen Kleinkindes gegen den Fahrer wegen des elterlichen Aufsichtsverschuldens um die Hälfte gekürzt hatte, hob der Kassationshof dieses Urteil auf, weil nur das persönliche Mitverschulden des Opfers dieses Ergebnis rechtfertigen könne[11]. Seitdem gibt es eine einheitliche Lösung des Problems sowohl im Rahmen von Ansprüchen aus Artt. 1382, 1383 C.c. als auch im Rahmen der gardien-Haftung gemäß Art. 1384 Abs. 1, 2. Alt. C.c.[12].

C. Anrechnung im Rahmen von Ansprüchen nach Art. 1384 Abs. 4 C.c.?

Nach dem zuvor Dargelegten ist es erstaunlich, daß der Kassationshof noch heute anders entscheidet, wenn Ansprüche aus der Elternhaftung eingeklagt werden. Das sind Fälle, in denen Kinder sich untereinander schädigen. Hier hat das Gericht anfangs sogar erwogen, auf das als Mitverschulden anzurechnende Aufsichtsverschulden der Eltern die Verschuldensvermutung des Art. 1384 Abs. 4 C.c. spiegelbildlich anzuwenden[13].

Das war zwar insoweit weniger schwerwiegend als es auf den ersten Blick aussieht, weil man damals für die Anwendung des Art. 1384 Abs. 4 C.c. noch die faute des Kindes bzw. zumindest dessen rechtswidriges Verhalten forderte[14]. Jedenfalls bei infantes hätte es aber zu einer echten Verschlechterung der Situation des geschädigten Kindes kommen können, weil bei diesen

[10] Cass.civ.II, 4.3.1970, Bull.civ.II, Nrn. 76-78, 80; seither ständige Rechtsprechung (Cass. civ.II, 21.5.1970, Bull.civ.II, Nr. 172 = J.C.P. 1971.II. 16584; 23.4.1971, Bull.civ.II, Nr. 158 = J.C.P. 1972.II.17086, note Boré; 10.3.1977, D. 1977, I.R. 328, obs. Larroumet; 15.6.1977, Bull. civ.II, Nr. 153 = J.C.P. 1978.II.18780, note Baudoin).

[11] Cass.civ.II, 9.6.1971, G.P. 1971.2, Somm. 114; so auch Cass.civ.II, 15.6.1977, Bull.civ.II, Nr. 153, S. 108 = D. 1977, I.R. 438, obs. Larroumet = J.C.P. 1978.II.18780, note Baudoin.

[12] Siehe auch Cass.civ.II, 5.2.1986, Bull.civ.II, Nr. 11 = J.C.P. 1986.IV.100 = G.P. 1986.1, Pan. 93. Dieses Urteil erging allerdings, als der arrêt Desmares noch galt, und dieser sprach auch dem eigenen Mitverschulden des Geschädigten die anspruchsmindernde Wirkung ab (siehe oben S. 176 f.).

[13] Cass.civ.II, 19.7.1960, Bull.civ.II, Nr. 496, S. 343; Paris, 18.5.1961, J.C.P. 1961.IV.141 (in diesen Fällen mangels faute des Kindes abgelehnt).

[14] Siehe oben S. 95 f.

mangels discernement kein eigenes anrechenbares Mitverschulden, wohl aber ein objektiv rechtswidriges Verhalten möglich war. Zudem ist es nicht auszuschließen, daß auch das vermutete Aufsichtsverschulden der Eltern den Anspruch des Kindes zusätzlich zu dessen persönlicher Mitverschuldensquote um einen weiteren Anteil reduziert hätte. Aus diesen Gründen stößt dieser dogmatische Ansatz auf starke Bedenken, zumal die Elternhaftung gemäß Art. 1384 Abs. 4 C.c. sowohl nach dem Wortlaut als auch nach dem Sinn und Zweck der Norm dem Schutz der von Kindern Geschädigten dient und nicht die Situation geschädigter Kinder verschlechtern soll[15].

Dementsprechend lehnt es der Kassationshof seit 1968 ab, Art. 1384 Abs. 4 C.c. spiegelbildlich auf das Mitverschulden geschädigter Kinder anzuwenden[16]. Im gleichen Atemzug deutet das Gericht aber an, daß eine vom Schädiger bewiesene faute auf das Mitverschulden des Kindes angerechnet werden könnte[17].

Die Gründe für diesen Unterschied im Vergleich zu den Ansprüchen nach Artt. 1382, 1383 und 1384 Abs. 1, 2. Alt. C.c. sind unklar. Möglicherweise will der Kassationshof dem Gedanken der Gleichbehandlung Rechnung tragen, indem er der klagebedingten Einbeziehung der Eltern des Schädigers in den Schadensfall die direkte Einbeziehung der Eltern des geschädigten Kindes in die Mitverschuldensanrechnung entgegensetzt.

In der französischen Rechtslehre ist die Differenzierung der Rechtsprechung nach den jeweils geltend gemachten Anspruchsgrundlagen noch gar nicht erkannt worden[18].

D. Zusammenfassung und kurzer Vergleich mit dem deutschen Recht

Die französische Rechtsprechung zur Anrechenbarkeit des elterlichen Aufsichtsverschuldens auf das Mitverschulden ihres geschädigten Kindes kommt der deutschen Rechtsprechung im Ergebnis sehr nahe, soweit es um Ansprüche nach Artt. 1382, 1383 und 1384 Abs. 1, 2. Alt. C.c. geht. Während man in Frankreich hier jede Anrechnung ablehnt, versteht die deutsche Rechtsprechung § 254 Abs. 2 S. 2 BGB als Rechtsgrundverweisung auf § 278

[15] Durry, obs. Rev.trim.dr.civ. 1969, S. 127.

[16] Cass.civ.II, 15.5.1968, Bull.civ.II, Nr. 139, S. 100; obs. Durry, Rev.trim.dr.civ. 1969, S. 127; 11.12.1974, G.P. 1975.1.68; 28.10.1987, G.P. 1988.1, Somm. 153.

[17] So die vorstehend zitierten Urteile; ferner Cass.civ.II, 25.6.1981, G.P. 1981.2, Pan. 22, note F.C.

[18] Ein entsprechender Ansatz findet sich nur bei Warembourg-Auque, S. 348 ff., Nrn. 25 ff., die aber nicht zwischen Ansprüchen aus Artt. 1382, 1383 C.c. und solchen gemäß Art. 1384 Abs. 4 C.c. unterscheidet.

BGB, so daß es im Rahmen des Deliktsrechts nur dann zur Anrechnung des elterlichen Mitverschuldens kommt, wenn das aus der Schädigung resultierende Schuldverhältnis bereits entstanden ist, z.B. im Falle von Versäumnissen bei der Minderung des bereits eingetretenen Schadens gemäß § 254 Abs. 2 S. 1, 3. Alt. BGB[19].

Eine Sonderstellung nehmen die Ansprüche aus der Elternhaftung gemäß Art. 1384 Abs. 4 C.c. ein. Hier deutet der Kassationshof an, daß das vom Schädiger zu beweisende Aufsichtsverschuldens der Eltern des geschädigten Kindes dessen Ansprüche unmittelbar reduzieren könnte.

---

[19] RGZ 156, S. 193, 205 m.w.N. (verspätete Konsultation eines Arztes); zu weiteren Einzelheiten Staudinger/Medicus, § 254 Rn. 82 m.w.N.; siehe ferner bereits oben S. 23 f.

Zusammenfassung der wichtigsten Ergebnisse

1. Mangels ausdrücklicher gesetzlicher Regelungen für die deliktsrechtliche Haftung von Kindern hat es in Frankreich auch ohne direkte gesetzgeberische Eingriffe in jüngster Zeit starke Veränderungen der Rechtslage durch die Rechtsprechung gegeben. Das französische Recht hat eine radikale Wandlung durchgemacht von der grundsätzlichen Freistellung der noch einsichtsunfähigen Kinder von der Haftung zu ihrer vollen Haftung als gardiens und für objektiv sorgfaltswidriges Verhalten. Diese Wandlung ist durch die vorhergehende Änderung der Rechtslage für Geistesgestörte in Gang gesetzt worden.

2. Billigkeitserwägungen wie in § 829 BGB spielen im französischen Recht zur Haftung der einsichtsunfähigen Personen keine Rolle. Zwar werden die in Einzelfällen unbefriedigenden Auswirkungen der beiden möglichen Extremlösungen (volle oder gar keine Haftung der infantes) erkannt. Angesichts der Kehrtwendung der Rechtsprechung zur vollen Haftung der infantes sieht man aber in der Schaffung einer obligatorischen Haftpflichtversicherung der Eltern für Schädigungen durch ihre Kinder die sinnvollste Lösung. Diese hätte auch entscheidende Vorteile gegenüber dem aktuellen deutschen Recht, weil die Rechtsunsicherheit im Hinblick auf die schwierigen Fragen der Deliktsfähigkeit, des Verschuldens und der Billigkeitsabwägung nach § 829 BGB gegenstandslos werden würden. Damit könnten die Vielzahl langer Rechtsstreitigkeiten zu diesen Problemen abgebaut und die daraus entstehenden hohen sozialen Kosten vermieden werden. Dies gilt um so mehr, als das traditionelle deutsche Haftungssystem zu diesem Problemkreis auf das Gegenübertreten individueller Rechtssubjekte ausgerichtet ist, während heutzutage in vielen Fällen nur noch die beiderseits beteiligten Versicherungsgesellschaften am Ausgang solcher Rechtsstreitigkeiten unmittelbar interessiert sind.

3. Der Kassationshof hat mit den Grundsatzurteilen vom 9.5.1984 zur Haftung der infantes und zur Elternhaftung wahrscheinlich die Ergänzung dieser Lösungen durch den Gesetzgeber im Sinne der Schaffung einer obligatorischen Haftpflichversicherung der Eltern für Schädigungen durch ihre Kinder provozieren wollen. Diese geplante Dialektik der Rechtsquellen hat indes bisher nicht funktioniert. Der Gesetzgeber hat nicht reagiert.

4. Bei der faute gemäß Artt. 1382, 1383 C.c. hatte man in Frankreich traditionell die subjektive Zurechnungsfähigkeit als zweiten Bestandteil neben der objektiven Pflichtverletzung anerkannt. Nachdem sie schon 1968 durch die Einführung des Art. 489-2 C.c. über die Haftung Geistesgestörter in Frage gestellt worden war, ist sie nun endgültig abgeschafft worden. Da der Minderjährigenschutz bisher auch nicht typisiert mittels des alterstypischen Sorgfaltsmaßstabs erfolgt, geht das französische Recht bedenklich weit bei der Objektivierung des Haftungsrechts. Es bleibt abzuwarten, ob diese Situation in Zukunft entsprechend der zu vermutenden Intention des Kassationshofs und gemäß den mehrfach geäußerten Forderungen in der Lehre durch die Schaffung einer Pflichtversicherung der Eltern für von ihren Kindern verursachte Schädigungen entspannt werden wird.

5. Auch die gardien-Haftung gemäß Art. 1384 Abs. 1, 2. Alt. C.c. ist vom Erfordernis der Einsichtsfähigkeit befreit worden. Dabei hält der Kassationshof an der traditionellen Begriffsbestimmung der garde ("usage", "direction" und "contrôle" über die Sache) fest. Die Rechtsprechung ordnet aber selbst bei Schädigungen durch bereits einsichtsfähige Kinder des öfteren den Aufsichtspersonen die garde zu, wenn eine besonders intensive Aufsicht ausgeübt wird bzw. wenn der Aufsichtsperson die Herbeiführung der Gefahrenlage eher zuzurechnen ist als dem Kind. Auf diese Weise könnte die gardien-Haftung von Kindern auch in Zukunft eingegrenzt werden.

Es ist aber nicht zu verkennen, daß in der Mehrzahl der Fälle mangels entsprechenden Einflusses von Aufsichtspersonen die Kinder selbst als gardiens der von ihnen bewegten Sachen haften. Dieser Weg ist für die bereits einsichtsfähigen Kinder 1966 freigelegt worden. Seitdem läßt es der Kassationshof zu, die Elternhaftung gemäß Art. 1384 Abs. 4 C.c. auch an die verhaltensunabhängige gardien-Haftung des Kindes anzuknüpfen. Zuvor gab es dogmatisch unbefriedigende Versuche, auch bei relativ selbständig handelnden, der Volljährigkeit nahen Jugendlichen den Vater direkt als gardien haften zu lassen, weil man dem Geschädigten oft nur auf diese Weise den gewünschten solventen Schuldner verschaffen konnte.

6. Die Elternhaftung nach Art. 1384 Abs. 4 C.c. ist erweitert worden, indem nicht mehr ein objektiv rechtswidriges Verhalten bzw. die vorgelagerte gardien-Haftung des Kindes, sondern nur noch eine direkte Kausalbeziehung zwischen seinem Verhalten und dem Schadenseintritt verlangt wird. Zwar hält die Rechtsprechung entgegen zunehmender Forderungen in der Lehre an dem traditionellen Verständnis der Haftung als vermutetem Aufsichts- und Erziehungsverschulden fest. An den Entlastungsbeweis gemäß Art. 1384 Abs. 7 C.c., der schon zuvor nur selten erfolgreich geführt werden konnte, werden aber inzwischen noch strengere Anforderungen gestellt, so daß in vielen Bereichen de facto bereits eine Garantiehaftung besteht. Auch

hinter dieser Entwicklung dürfte der Wunsch nach einer Versicherungslösung stehen.

Andere Aufsichtspersonen haften bisher nur nach allgemeinem Deliktsrecht, d.h. vor allem nach Artt. 1382, 1383 C.c., unter Umständen aber auch als gardiens der von den beaufsichtigten Kindern bewegten Sachen. Möglicherweise wird die weitere Entwicklung der Rechtsprechung zu einer Ausweitung dieser Haftung führen, nachdem der Kassationshof neuerdings auch Art. 1384 Abs. 1, 1. Alt. C.c. als selbständige Anspruchsgrundlage der Haftung für Dritte anerkannt hat.

7. Das Mitverschulden von Kindern hat im Rahmen der Haftung für faute gemäß Artt. 1382, 1383 C.c. die gleiche Entwicklung erfahren wie die faute des Schädigers, so daß heute bereits ein rein objektives Fehlverhalten zur Anspruchsminderung führt.

Ausgehend von der insoweit in Frankreich stärker als in Deutschland ausgeprägten Beschäftigung mit den Folgen obligatorischer Haftpflichtversicherungen fordert ein Teil der Lehre im Gegenteil die Subjektivierung des Mitverschuldens. Die vom Kassationshof ins Werk gesetzte Objektivierung des Mitverschuldens hat ferner zu Forderungen geführt, den Eltern neben einer obligatorischen Haftpflichtversicherung für die von ihren Kindern angerichteten Schäden auch eine Pflichtversicherung für von ihren Kindern erlittene Schäden aufzuerlegen.

8. Das Mitverschulden bei der strengen gardien-Haftung nach Art. 1384 Abs. 1, 2. Alt. C.c. hat außerordentlich starke Wandlungen erfahren. Sie sind geprägt von der Antinomie zwischen der obligatorisch versicherten und der nicht versicherten Haftung, die lange Zeit unter ein und dieselbe Regelung subsumiert werden mußten, obwohl eine einheitliche Rechtsfolge für beide Sachverhalte nicht sachgerecht war. Seit der Schaffung des Spezialgesetzes über die Haftung bei Unfällen im Straßenverkehr ist diese Antinomie vorerst beseitigt. Daher besteht jetzt ein Gleichlauf der Lösungen bei der Haftung für faute und bei der gardien-Haftung. Diese Kohärenz könnte indes durch die Schaffung neuer obligatorischer Haftpflichtversicherungen wieder in Frage gestellt werden.

9. Bei der Frage, ob das schadensmitursächliche Aufsichtsverschulden der Eltern den Anspruch ihres geschädigten Kindes gegen Dritte mindert, hat sich auch ohne gesetzliche Regelung im Code civil eine weitgehende Parallele der deutschen und französischen Rechtsprechung herausgebildet. Nur wenn die Eltern des Schädigers ihrerseits gemäß Art. 1384 Abs. 4 C.c. in Anspruch genommen werden, läßt der Kassationshof die Anrechnung des Aufsichtsverschuldens auf das eigene Mitverschulden des Kindes zu.

Literatur

I. Literatur zum deutschen Recht

Albilt, Hans Joachim: Haften Eltern für ihre Kinder? Zur Haftung von Aufsichtspersonen Minderjähriger. Pfaffenweiler 1987

von Bar, Christian: Das "Trennungsprinzip" und die Geschichte des Wandels der Haftpflichtversicherung, in: AcP 181 (1981), S. 289-327

— Empfiehlt es sich, die Voraussetzungen der Haftung für unerlaubte Handlungen mit Rücksicht auf die gewandelte Rechtswirklichkeit und die Entwicklungen in Rechtsprechung und Lehre neu zu ordnen? Wäre es insbesondere zweckmäßig, die Grundtatbestände der §§ 823 Absätze 1 und 2, § 826 BGB zu erweitern oder zu ergänzen? In: Gutachten und Vorschläge zur Überarbeitung des Schuldrechts, hrsg. vom Bundesminister der Justiz, Band II, Köln 1981, S. 1681-1778

Berning/Vortmann: Haftungsfragen bei von Kindern verursachten Schäden unter besonderer Berücksichtigung der Brandstiftung, in: JA 1986, S. 12-20

von Caemmerer, Ernst: Wandlungen des Deliktsrecht, in: Hundert Jahre Deutsches Rechtsleben, Festschrift zum 100jährigen Bestehen des Deutschen Juristentages, Band 2, Karlsruhe 1960, S. 49-136

Canaris, Claus-Wilhelm: Verstöße gegen das verfassungsrechtliche Übermaßverbot im Recht der Geschäftsfähigkeit und im Schadensersatzrecht, in: JZ 1987, S. 993-1004

— Die Verfassungswidrigkeit von § 828 Abs. 2 BGB als Ausschnitt aus einem größeren Problemfeld. Zugleich eine Besprechung des Vorlagebeschlusses des OLG Celle vom 26.5. 1989. In: JZ 1990, S. 679-681

Deutsch, Erwin: Einschränkung des Mitverschuldens aus sozialen Gründen? In: ZRP 1983, S. 137-139

— Haftungsrecht, Erster Band: Allgemeine Lehren; Köln, Berlin, Bonn, München 1976

— Unerlaubte Handlungen und Schadensersatz: Ein Grundriß; Köln, Berlin, Bonn, München 1987

— Zurechnungsfähigkeit und Verschulden, Ein Beitrag zum Anwendungsbereich des § 829 BGB, in: JZ 1964, S. 86-91

Dölle, Hans: Empfiehlt es sich, im Zusammenhang mit der kommenden Strafrechtsreform die Vorschriften des bürgerlichen Rechts über Schuldfähigkeit, Schuld und Ausschluß der Rechtswidrigkeit zu ändern? In: Verhandlungen des 34. Deutschen Juristentages, Erster Band (Gutachten), Berlin, Leipzig 1926, S. 98-135

Enneccerus/Lehmann: Recht der Schuldverhältnisse, 15. Aufl. Tübingen 1958

Erman, Walter: Handkommentar zum Bürgerlichen Gesetzbuch, 1. Band, §§ 1-853, 7. Aufl. Münster 1981 (zit. Erman/Bearbeiter)

Geigel, Reinhard: Der Haftpflichtprozeß, 20. Aufl. München 1990 (zit.: Geigel/Bearbeiter)

Geilen, Gerd: Beschränkte Deliktsfähigkeit, Verschulden und Billigkeitshaftung (§ 829 BGB), in: FamRZ 1965, S. 401-408

Goldschmidt, James: Bericht in: Verhandlungen des 34. Deutschen Juristentages, Zweiter Band (Stenographischer Bericht), Berlin, Leipzig 1926, S. 426-459

Hager, Johannes: Das Mitverschulden von Hilfspersonen und gesetzlichen Vertretern des Geschädigten, in: NJW 1989, S. 1640-1647

von Hippel, Eike: Zur Haftung Aufsichtspflichtiger für durch Kinder verursachte Schäden, Ein Ruf nach Reform, in: FamRZ 1968, S. 774 f.

Koebel: Billigkeitshaftung von Kindern und Jugendlichen, in: NJW 1956, S. 969-972

Kötz, Hein: Deliktsrecht, 4. Aufl. Frankfurt am Main 1988

— Ziele des Haftungsrechts, in: Festschrift für Ernst Steindorff, Berlin, New York 1990, S. 643-666

Kuhlen, Lothar: Strafrechtliche Grenzen der zivilrechtlichen Deliktshaftung Minderjähriger, in: JZ 1990, S. 273-279

Leser, Hans G.: Zu den Instrumenten des Rechtsgüterschutzes im Delikts- und Gefährdungshaftungsrecht, in: AcP 183 (1983), S. 568-602

Lorenz, Egon: Billigkeitshaftung und Haftpflichtversicherung - Ein Harmonisierungsvorschlag, in: VersR 1980, S. 693-703

Marschall v. Bieberstein, Wofgang Freiherr: Zum Einfluß von Versicherungsschutz auf die Haftpflicht, in: BB 1983, S. 467-473

Mertens/Reeb: Grundfälle zum Recht der unerlaubten Handlungen, in: JuS 1972, S. 35-40

Mezger: Haftet ein zurechnungsfähiger Jugendlicher nach § 829 BGB, wenn ihn wegen der typischen Eigenarten seiner Altersgruppe kein Verschulden trifft? In: MDR 1954, S. 598 f.

Münchener Kommentar zum Bürgerlichen Gesetzbuch, Band 2, Schuldrecht, Allgemeiner Teil (§§ 241-432), 2. Aufl. München 1985; Band 3, Schuldrecht, Besonderer Teil, 2. Halbband (652-853), 2. Aufl. München 1986 (zit.: MünchKomm/Bearbeiter)

Nipperdey, Hans Karl: Grundfragen der Reform des Schadensersatzrechts, München, Berlin 1940

Palandt, Otto: Bürgerliches Gesetzbuch, 50. Aufl. 1991 (zit.: Palandt/Bearbeiter)

Rauscher, Thomas: Haftung der Eltern für ihre Kinder - BGH, NJW 1984, 1958, in: JuS 1985, S. 757-763

Reichel, Hans: Empfiehlt es sich, im Zusammenhang mit der künftigen Strafrechtsreform die Vorschriften des bürgerlichen Rechts über Schuldfähigkeit, Schuld und Ausschluß der Rechtswidrigkeit zu ändern? In: Verhandlungen des 34. Deutschen Juristentages, Erster Band (Gutachten), Berlin, Leipzig 1926, S. 136-178

Reichsgerichtsrätekommentar: Das Bürgerliche Gesetzbuch, Kommentar herausgegeben von Mitgliedern des Bundesgerichtshofs, Band II, 5. Teil, §§ 812-831, 12. Aufl. Berlin, New York 1974-1989, Band II, 6. Teil, §§ 832-853, 12. Aufl. Berlin, New York 1980-1982 (zit.: RGRK/Bearbeiter)

Rodopoulos, Georges: Kritische Studie der Reflexwirkungen der Haftpflichtversicherung auf die Haftung, Frankfurt am Main 1981

Scheffen, Erika: Der Kinderunfall - Eine Herausforderung für Gesetzgebung und Rechtsprechung, in: 29. Deutscher Verkehrsgerichtstag 1991, S. 88-102 sowie in: DAR 1991, S. 121-126

— Zur Reform der (zivilrechtlichen) Deliktsfähigkeit von Kindern ab dem 7. Lebensjahr (§ 828 I, II BGB), in: ZRP 1991, S. 458-463

Staudinger, Julius von: Kommentar zum Bürgerlichen Gesetzbuch, II. Band, Recht der Schuldverhältnisse, 5. Teil, §§ 823-835, 10./11. Aufl. Berlin 1975 (zit.: Staudinger/Bearbeiter, 10./11. Aufl.), Zweites Buch, Recht der Schuldverhältnisse, §§ 243-254, 12. Aufl. Berlin 1983, §§ 823-832, 12. Aufl. Berlin 1986, §§ 833-853, 12. Aufl. Berlin 1986 (zit.: Staudinger/ Bearbeiter)

Sundermann, Werner: Schadensausgleich bei Mitschädigung Minderjähriger durch Vernachlässigung der Aufsichtspflicht und elterliches Haftungsprivileg (§ 1664 Abs. 1 BGB), in: JZ 1989, S. 927-935

Waibel, Erich: Die Verschuldensfähigkeit des Minderjährigen im Zivilrecht, Berlin 1970

Wille/Bettge: Empirische Untersuchungen zur Deliktsfähigkeit nach 828 BGB, in: VersR 1971, S. 878-882

Zöller, Richard: Zivilprozeßordnung, 16. Aufl. Köln 1990 (zit.: Zöller/Bearbeiter)

II. Literatur zum französischen Recht

Aden, Menno: Die Haftung der Eltern für die unerlaubten Handlungen ihrer Kinder im französischen und deutschen Recht, Diss. Bonn 1972

Aubert, Jean-Luc: L'arrêt Desmares: une provocation ... à quelles réformes? In: D. 1983, Chr., S. 1-6

Aubry/Rau: Droit civil français, tome sixième, 6. Aufl. Paris 1951 (bearbeitet von Esmein, zit.: Aubry/Rau, 6. Aufl.), 7. Aufl. Paris 1975 (bearbeitet von Ponsard und Dejean de la Batie)

von Bar, Christian : Neues Verkehrshaftpflichtrecht in Frankreich, in: VersR 1986, S. 620-629

Barbiéri, J.-F.: Inconscience et responsabilité dans la jurisprudence civile: L'incidence de l'article 489-2 du Code civil après une décennie, in: J.C.P. 1982.I.3057

Baudry-Lacantinerie/Barde: Traité théorique et pratique de droit civil, Des obligations, tome quatrième, 3. Aufl. Paris 1908

Bettremieux, Pierre: Essai historique et critique sur le fondement de la responsabilité civile en droit français, thèse Lille 1921

Bigot, Jean: L'arrêt Desmares: Retour au néolithique, in: J.C.P. 1982.I.3090

Blaevoët, Ch.: La responsabilité des inconscients, in: G.P. 1968.1, Doctr., S. 113 f.

Blanc, E.: La responsabilité des parents du fait de leurs enfants mineurs, thèse Paris 1952

Blanc-Jouvan, Xavier: La responsabilité de l'«infans», in: Rev.trim.dr.civ. 1957, S. 28-60

Bonjean, B.: Le fait personnel non fautif dans le droit de la responsabilité civile, thèse (dact.) Grenoble 1973

Boré, Jacques: La causalité partielle en noir et blanc ou les deux visages de l'obligation «in solidum», in: J.C.P. 1971.I.2369

Bosc, Jean: Essai sur les éléments constitutifs du délit civil, thèse Paris 1901

Bürger, Heinz-Dieter: Der Artikel 1384 Abs. 1 Code civil und die Entwicklung der «théorie du risque», Diss. Würzburg 1964

Burst, Jean-Jacques: La réforme du droit des incapables majeurs et ses conséquences sur le droit de la responsabilité civile extracontractuelle, in: J.C.P. 1970.I.2307

Carbonnier, Jean: Droit civil, 2. La famille, Les incapacités, 10. Aufl. Paris 1977, 4. Les Obligations, 13. Aufl. Paris 1988

Chabas, François: Fait ou faute de la victime? In: D. 1973, Chr., S. 207-210

— Le droit des accidents de la circulation après la réforme du 5 juillet 1985, 1. Aufl. Paris 1985, 2. Aufl. Paris 1988

Chazal, Jean: Considérations sur la responsabilité civile des mineurs délinquants et de leurs parents, in: G.P. 1947.1, Doctr., S. 1 f.

— Le petit enfant devant l'ordonnance du 2 février 1954 relative à l'enfance délinquante, in: G.P. 1955.1, Doctr., S. 26-28

Colin/Capitant: Traité élémentaire de droit civil, tome 2, Obligations, Théorie générale, Droits réels principaux, 10. Aufl. Paris 1959 (bearbeitet von Julliot de la Morandière)

Corbesco, Georges M.: Devoirs moraux et obligations légales, thèse Paris 1903

Dejean de la Batie, Noël: Appréciation in abstracto et appréciation in concreto en droit civil français, thèse Paris 1965

Demogue, René: Traité des obligations en général, I. Sources des obligations, tomes III und V, Paris 1923

Demolombe, C.: Cours de Code Napoléon, tome 31, Traité des engagements qui se forment sans convention, Paris 1882

Ducrocq, Théophile: Théorie des fautes, Paris 1854

Ferid, Murad: Das französische Zivilrecht, Erster Band, Allgemeine Lehren, Recht der Schuldverhältnisse, Frankfurt am Main/Berlin 1971

Ferid/Sonnenberger: Das französische Zivilrecht, Zweiter Band, Schuldrecht: Die einzelnen Schuldverhältnisse, Sachenrecht, 2. Aufl. Heidelberg 1986

Flour/Aubert: Droit civil, Les obligations, volume II, Sources: Le fait juridique, Paris 1981

Gaertner, Joachim: Verschuldensprinzip und objektive Haftung bei nachbarlichen Störungen (troubles de voisinage) nach französischem Recht verglichen mit dem deutschen Recht, Diss. Freiburg 1972

Gaudart, Jean: De la responsabilité délictuelle des majeurs incapables, in: G.P. 1973.1, Doctr., S. 209-211

Gaudemet, J.: Théorie générale des obligations, Neudruck der 1937 veröffentlichten Auflage, Paris 1965

Gény, Fr.: Risques et responsabilité, in: Rev.trim.dr.civ. 1902, S. 812-849

Goldman, B.: La détermination du gardien responsable du fait des choses inanimées, thèse Lyon 1946

Gomaa, Nooman: La réparation du préjudice causé par les malades mentaux, in: Rev.trim.dr. civ. 1971, S. 29-60

Groutel, Hubert: L'extension du rôle de l'implication du véhicule, in: D. 1990, Chr., S. 263-265

Hagopian, M.: Du cumul des présomptions de responsabilité, in: G.P. 1941.1, Doctr., S. 9 f.

Hellermann, Wolfram W.A.: Der Schutz geistesgestörter Volljähriger im französischen Zivilrecht, Diss. Bonn 1972

Hopt, Klaus: Schadensersatz aus unberechtigter Verfahrenseinleitung, Eine rechtsvergleichende Untersuchung zum Schutz gegen unberechtigte Inanspruchnahme staatlicher Verfahren, München 1968

Hübner, Ulrich: Zur Problematik der "Verkehrssicherungspflichten" im französischen Recht, in: VersR 1980, S. 795-797

Hübner/Constantinesco: Einführung in das französische Recht, 2. Aufl. München 1988

Huc, Théophile: Commentaire théorique et pratique du Code civil, tome VIII, Paris 1895

International Encyclopedia of Comparative Law, vol. XI, Torts (chief editor: A. Tunc), Part I, Tübingen 1983

Jourdain, Patrice: Recherche sur l'imputabilité en matière de responsabilités civile et pénale, thèse Paris 1982 (3 Bände)

Juris Classeur Civil: Kommentar in Loseblattausgabe (zitiert sind die Kommentierungen zu Artt. 1382-1386 C.c.)

Keller, Rolf: Mitverschulden als Generalklausel und als Spezialkorrektur von Einzelhaftungsnormen im deutschen, schweizerischen und französischen Recht, Diss. Tübingen 1965

Klein, Frédéric-Edouard (Hrsg.): Deutsch-französisch-schweizerisches Colloquium über die Grundlagen und Funktionen des Haftpflichtrechts, Basel und Stuttgart 1973

Labbé, J.E.: De la démence, au point de vue de la responsabilité et de l'imputabilité en matière civile, in: Rev.crit. 1870, S. 109-129

Laborde-Lacoste, Marcel: De la responsabilité pénale dans ses rapports avec la responsabilité civile et la responsabilité morale (Evolution des idées en France au XIXe siècle), thèse Bordeaux 1918

Lafon, Jean: La responsabilité des malades mentaux, Paris 1960

Lalou, Henri: Traité pratique de la responsabilité civile, 5. Aufl. Paris 1955 (bearbeitet von Azard)

Lambert-Faivre, Yvonne: Aspects juridiques, moraux et économiques de l'indemnisation des victimes fautives, in: D. 1982, Chr., S. 207-210

— Pour un nouveau regard sur la responsabilité civile, in: D. 1983, Chr., S. 102-104

Lapoyade-Deschamps, Christian: La responsabilité de la victime, thèse Bordeaux 1977

— Les petits responsables (Responsabilité civile et responsabilité pénale de l'enfant), in: D. 1988, Chr., S. 299-305

Larombière: Théorie et pratique des obligations, tome 5, Paris 1857

Lassez, Marie-Jeanne: L'évolution des idées en matière de responsabilité civile au dix-neuvième siècle, thèse Paris 1961

Laurent, F.: Principes de droit civil, tome 20, Bruxelles/Paris 1876

Leclercq, Paul: Le conducteur d'une automobile qui tue ou blesse un piéton commet-il un acte illicite? Bruxelles 1927

Legeais, Raymond: La responsabilté civile introuvable ou les problèmes de la réparation des dommages causés par les mineurs, in: Mélanges dédiés à Gabriel Marty, Toulouse 1978, S. 775-798

— Responsabilité civile des enfants et responsabilité civile des parents, in: Rép.Defr. 1985.1, S. 557-564

— Un article à surprises ou Le nouvel essai de généraliser la responsabilité civile du fait d'autrui, in: D. 1965, Chr., S. 131-134

— Un gardien sans discernement. Progrès ou régression dans le droit de la responsabilité civile? In: D. 1984, Chr., S. 237-242

Locré, Baron: La législation civile, commerciale et criminelle de la France, tome XII, Paris 1828

Magnus, Ulrich: Drittmitverschulden im deutschen, englischen und französischen Recht (Zur Auslegung des § 254 Abs. 2 S. 2 BGB), Diss. Heidelberg 1974

Malinvaud, Philippe: La responsabilité des incapables et de la femme dotale à l'occasion d'un contrat, Paris 1965

Marcadé, V.: Eléments du droit civil français, tome cinquième, 3. Aufl. Paris 1849

Markesinis, Basil S.: La perversion des notions de responsabilité civile délictuelle par la pratique de l'assurance, in: Rev.trim.dr.comp. 1983, S. 301-317

Martin, Raymond: Le juge devant la prétention, in: D. 1984, Chr., S. 35-38

Marty, Gabriel: Illicéité et responsabilité, in: Etudes juridiques offertes à Léon Julliot de la Morandière, Paris 1961, S. 339-350

— L'expérience française en matière de responsabilité civile et les enseignements du Droit comparé, in: Mélanges Maury, tome II, Paris 1960, S. 173-198

Marty/Raynaud: Droit civil, Tome II, 1er Volume, Les obligations, Paris 1962

Massip, Jacques: La réforme du droit des incapables majeurs, tome I, 1. Aufl. Paris 1971 (zit. Massip, 1. Aufl.), 4. Aufl. Paris 1983

Mazeaud, Henri: La faute dans la garde, in: Rev.trim.dr.civ. 1925, S. 793-855

— La «faute objective» et la responsabilité sans faute, in: D. 1985, Chr., S. 13 f.

Mazeaud/Chabas: Leçons de droit civil, tome II, premier volume, Obligations: Théorie générale, 7. Aufl. Paris 1985

Mazeaud/Mazeaud : Traité théorique et pratique de la responsabilité civile délictuelle et contractuelle, Tome premier, 1. Aufl. Paris 1931 (zit.: Mazeaud/Mazeaud I, 1. Aufl.), 6. Aufl. Paris 1965 (mitbearbeitet von Tunc, zit.: Mazeaud/Tunc I), Tome II, 6. Aufl. Paris 1970

Merlin, M.: Répertoire universel et raisonné de jurisprudence, tome I und III, 4. Aufl. Paris 1812

Michel, Léon: La responsabilité civile des patrons envers les ouvriers en cas d'accidents et la loi du 9 avril 1898, in: Rev.crit. 1901, S. 592-613

Motulsky, Henri: Die Zurechenbarkeit des Kausalzusammenhanges im französischen Schadenersatzrecht, in: RabelsZ 1960, S. 242-260

Néagu: La responsabilité extra-contractuelle de l'aliéné, thèse Paris 1929

Neumann-Schniedewind, Volker: Mitverursachung, Mitverschulden, Haftungsausschluß und Schadensteilung im französischen außervertraglichen Schadensersatzrecht, Diss. Kiel 1969

Ollier, Pierre-Dominique: La responsabilité des père et mère, Paris 1961

Orsat, Valentin: De l'imputabilité en matière de Responsabilité civile, thèse Paris 1912

Pascaud, Henri: La responsabilité des aliénés, in: Rev.crit. 1905, S. 219-232

Perreau, E.-H.: Examen doctrinal, Jurisprudence en matière de droit civil, Questions de responsabilité, in: Rev.crit. 1902, S. 401-427

Picker, Eduard: Der negatorische Beseitigungsanspruch, Bonn 1972

Pirovano, Antoine: Faute civile et faute pénale, thèse Paris 1966

Planiol, Marcel: Etudes sur la responsabilité civile, in: Revue critique de législation et de jurisprudence 1905, S. 277-292

— Traité élémentaire de droit civil, tome deuxième, 3. Aufl. 1905

Planiol/Ripert: Traité pratique de droit civil français, tome 6, Obligations, 2. Aufl. Paris 1952 (bearbeitet von Esmein)

Pothier, Robert Joseph: Traité des obligations, Paris 1883 (hrsg. von Masson)

Puëch, Marc: L'illicéité dans la responsabilité civile extracontractuelle, thèse Paris 1971

Puill, Bernard: Les caractères du fait non fautif de la victime, in: D. 1980, Chr., S. 157-164

— Vers une réforme de la responsabilité des père et mère du fait de leurs enfants? In: D. 1988, Chr., S. 185-192

Rabut, Albert: De la notion de faute en droit privé, thèse Paris 1948

Raymond, Guy: Droit de l'enfance, De la conception de la majorité, Paris 1983

Renner, Thomas: Der französische Grundsatz des "non-cumul" vertraglicher und deliktischer Schadensersatzansprüche als Vorbild für eine Reform des deutschen Schuldrechts, Diss. Mainz 1988

Répertoire de Doit civil, Encyclopédie Dalloz, Kommentar in Loseblattausgabe (7 Bände), nach Stichworten geordnet

Ripert, Georges: Examen doctrinal, Jurisprudence civile, in: Rev.crit. 1909, S. 129 ff.

Ripert, Georges: La règle morale dans les obligations civiles, 4. Aufl. Paris 1949

Rodière, René (Hrsg.): La responsabilité délictuelle dans la jurisprudence, Paris 1978

Saleilles, Raymond: Etude sur la théorie générale de l'obligation d'après le premier projet de Code civil pour l'Empire allemand, 2. Aufl. Paris 1901

— Les accidents de travail et la responsabilité civile, Paris 1897

Savatier, René: La responsabilité générale du fait des choses que l'on a sous sa garde a-t-elle pour pendant une responsabilité générale du fait des personnes dont on doit répondre? In: D.H. 1933, Chr., S. 81-84

— La veuve et l'orphelin demandant raison à l'homme dont la faute a contribué à la mort de leur époux ou de leur père, peuvent-ils négliger la part de la faute de cet époux ou de ce père dans l'accident? In: D. 1964, Chr., S. 155-160

— Le risque, pour l'homme, de perdre l'esprit et ses conséquences en droit civil, in: D. 1968, Chr., S. 109-116

— Traité de la responsabilité civile en droit français civil, administratif, professionnel, procédural, Tome I, Les sources de la responsabilité civile, 2. Aufl. Paris 1951; Tome II, Conséquences et aspects divers de la responsabilité, 2. Aufl. Paris 1951

Starck, Boris: Droit civil, Obligations, 1. Responsabilité délictuelle, 3. Aufl. Paris 1988 (bearbeitet von Roland und Boyer)

— La pluralité des causes de dommage et la responsabilité civile (La vie brève d'une fausse équation: causalité partielle = responsabilité partielle), in: J.C.P. 1970.I.2339

Stoll, Hans: Empfiehlt sich eine Neuregelung der Verpflichtung zum Geldersatz für materiellen Schaden? Gutachten zum 45. Deutschen Juristentag, München, Berlin 1964

Teisseire, M.: Essai d'une théorie générale sur le fondement de la responsabilité, Etude de droit civil, thèse Paris 1901

Touffait/Tunc: Pour une motivation plus explicite des décisions de justice, notamment de celles de la Cour de cassation, in: Rev.trim.dr.civ. 1974, S. 487-508

Toullier/Duvergier: Le droit civil français suivant l'ordre du code, t. XI, 6. Aufl. Bruxelles 1835

Le Tourneau, Philippe: La responsabilité civile, 3. Aufl. Paris 1982

— La responsabilité civile des personnes atteintes d'un trouble mental, in: J.C.P. 1971.I.2401

— La verdeur de la faute dans la responsabilité civile ou de la relativité de son déclin, in: Rev.trim.dr.civ. 1988, S. 505-518

Tunc, André: Accidents de la circulation: faute ou risque? In: D. 1982, Chr., S. 103-105

— La sécurité routière. Esquisse d'une loi sur les accidents de la circulation, Paris 1966

— Les causes d'exonération de la responsabilité de plein droit de l'article 1384, alinéa 1er, du code civil, in: D. 1975, Chr., S. 83-90

— Les paradoxes du régime actuel de la responsabilité de plein droit, in: D. 1976, Chr., S. 13-16

— Pour une loi sur les accidents de la circulation, Paris 1981

— Force majeure et absence de faute, in: Rev.trim.dr.civ. 1946, S. 171-211

Viney, Geneviève: La faute de la victime d'un accident corporel: le présent et l'avenir, in: J.C.P. 1984.I.3155

— La réparation des dommages causés sous l'empire d'un état d'inconscience: un transfert nécessaire de la responsabilité vers l'assurance, in: J.C.P. 1985.I.3189

— Le déclin de la responsabilité individuelle, thèse Paris 1965

— L'indemnisation des victimes de dommages causés par le «fait d'une chose» après l'arrêt de la Cour de cassation (2e Ch. civ.) du 21 juillet 1982, in: D. 1982, Chr., S. 201-206

— Réflexions sur l'article 489-2 du Code civil, in: Rev.trim.dr.civ. 1970, S. 252-267

— Traité de droit civil, Les obligations, La responsabilité: conditions, Paris 1982

— Vers un élargissement de la catégorie des «personnes dont on doit répondre»: la porte entrouverte sur une nouvelle interprétation de l'article 1384, alinéa 1er, du code civil, in: D. 1991, Chr., S. 157-161

Vranken, J.B.M.: Einführung in das neue Niederländische Schuldrecht, Teil II: Das Recht der unerlaubten Handlungen, Schadenersatz- und Bereicherungsrecht, in: AcP 191 (1991), S. 411-432

Vray, Henri: L'incidence de la faute de surveillance des parents sur la responsabilité du tiers étranger, impliqué dans un accident survenu à l'enfant, in: G.P. 1964.1, Doctr., S. 99-101

Warembourg-Auque, Françoise: Irresponsabilité ou responsabilité de l'«infans», in: Rev.trim. dr.civ. 1982, S. 329-359

Weill/Terré: Droit civil, Les obligations, 4. Aufl. Paris 1986

Wiederkehr, Georges: Les incidences du comportement de la victime sur la responsabilité en droit français, in: Weick, Günter (Hrsg.), Entwicklung des Deliktsrechts in rechtsvergleichender Sicht, Frankfurt am Main 1987, S. 113-140

Willems, Jos.: Essai sur la responsabilité édictée par les articles 1382-1386 du Code civil, in: Revue général du droit 1895, S. 110-150

Zweigert/Kötz: Einführung in die Rechtsvergleichung auf dem Gebiet des Privatrechts, Band II: Institutionen, 2. Aufl. Tübingen 1984

FSC
www.fsc.org
MIX
Papier | Fördert gute Waldnutzung
FSC® C083411

Kolibri 360 GmbH
Ferdinand-Jühlke Straße 7
99095 Erfurt, Deutschland
produktsicherheit@kolibri360.de

Druck:
CPI Druckdienstleistungen GmbH
im Auftrag der
Kolibri 360 GmbH
Ferdinand-Jühlke-Str. 7
99095 Erfurt